Catholic Church in China:
Under the Dual Tension between Sinicization and Catholicity

中国化
与大公性双重张力下的
中国天主教会

刘国鹏 著

社会科学文献出版社
SOCIAL SCIENCES ACADEMIC PRESS (CHINA)

鸣谢：文化更新研究中心（香港）资助出版

前　言

拙著以中国化与大公性双重张力下的当代中国天主教为论域，在结构上共分为三大部分：

第一部分，包括第一章、第二章：1978～2012年中国天主教会的实体发展与天主教文化主体建设；

第二部分，包括第三章、第四章：以辽宁教区和河北献县教会为例，论述天主教中国化的现实性与差异性；

第三部分，第五章：天主教中国化的历史视野、现实境遇及其困境。

上述三大部分试图兼及改革开放以来天主教中国化的普遍特征与地方差异，共性与个性，理论探索与现实处境，从宏观把握、微观考察双重面向来探析改革开放以来天主教中国化的境遇与挑战。

第一部分：第一章1978～2012年中国天主教会的实体发展；第二章1978～2012年中国天主教的文化主体性建设，突出的是1978～2012年30余年来，中国天主教会在自身实体发展与文化主体性建设双重领域中所表现出的一般特性与基本面貌。前者侧重于当代天主教中国化在实体建设方面的具体成效，涉及宗教活动场所，神职人员、信徒的数量及分布状况，社会服务和公益事业，天主教团体、组织及各级教育机构，天主教会的经济状况等5个方面；后者侧重的是对天主教中国化在文化主体性方面的考察与诠释，诸如：当代天主教神学建设和对信仰的诠释和理解，天主教文字出版事业，重要的天主教会议，天主教礼仪改革，宗教教育及信徒文化素质，中国天主教的自我定位等6个方面。这一部分业已收录于中国社会科学院世界宗教研究所卢国龙研究员主编的《宗教在文化战略中的地位和作用》（中国社会科学出版社，2014年）之中，此次出版，稍有修订。

第二部分为笔者及部分同事针对中国天主教会部分教区或地方教会所进行的田野调查和个案观察,选取的田野对象分别为辽宁教区(2011年)和献县教区(2012年),针对的论域分别为教区在自身发展中所面临的"政治表达、自我认同与社会角色的调适"以及"当代宗教、现代性与社会构建的关系"。

第三部分为笔者就中国天主教会所进行的基于个体视角的观察和思考,时间跨度以新中国成立以来的当代中国天主教会为主,但不限于此,而是辐射至天主教入华初传以至近代的发展变迁,试图从历时性上检讨天主教入华后,在不同时代所遇到的困境、挑战和解决之道。

不难看出,上述有关当代天主教中国化的理论梳理与实践检验,外在聚焦和介入式观察,多是采取宗教社会学的学术视角和方法,时间跨度40多年,以期对改革开放以来的中国天主教从整体到局部、从宏观到微观有一个全景和切片式的扫描和聚焦,尤其是对以往该领域的专业学者较少涉足和进行研究的某些地区和主题、地方天主教会的现实存续与自我调适、政教关系中的政治认同、中国天主教会与包括海外教会在内的世界范围内天主教会的交流与互动、中梵关系的近时段跟踪与考察等,笔者均试图给出一整全、纵深和动态视野。

自元朝孟高维诺(Giovanni da Montecorvino,1247~1328)将天主教正式传入中国,迄今已七百多年,中经有明之利玛窦(Matteo Ricci,1552~1610)、民国之刚恒毅(Celso Costantini,1876~1958)等人的苦心孤诣,天主教会历经接触、适应和中国化等诸多阶段,已在中华大地上扎下根来。

虽然相比全球天主教会的开放和包容、国内基督新教的活跃和一度的快速传播,当代中国天主教会多多少少带有一些被动、犹疑、畏惧、内讧等性质,而对于外部世界而言,则予人以保守、隔绝和神秘的印象,但有一点是可以肯定的,即天主教自身的教阶制和圣座的主权性质,有着不可比拟的特殊性。这一特殊性表现在,一方面,中国天主教会的管理被中国政府视为中国主权范围内的事务;另一方面,就中国天主教会作为全球天主教会的一员而言,其又表现出大公性这一天主教会自创立以来的普遍特征,即《使徒信经》中所言的"圣而公"之教会。

　　本书试图通过上述三大部分，以宏观和微观相结合的方式探讨改革开放以来天主教中国化的普遍特征与地方差异、共性与个性、理论探索与现实处境，进而探析改革开放以来天主教中国化的摸索与成就、机遇与挑战，从而为理解当代中国天主教的基本特征与内在逻辑提供一份具有导引性的阐释和说明，希冀填补国内在当代中国天主教领域研究的一大空白。

目 录

第一章　1978～2012 年中国天主教会的实体发展

　　自元代孟高维诺（Giovanni da Montecorvino，1247～1328）在中国建立教会以来，天主教传入中国无疑已有七百多年的历史。但是，天主教从一个具有"洋教"色彩的外来宗教转变为一个走中国化道路的宗教，不过区区八九十年的光阴。① 若是从 1949 年中华人民共和国成立之初天主教界的反帝爱国运动和"三自革新运动"来考察中国天主教的中国化成果，那么，中国天主教会实现真正的"自治、自传、自养"、走上完全自主的发展道路，其时间显然还要更短。

　　改革开放以来的 40 多年（截至 2021 年），则是中国天主教走中国化道路的时期。

　　借改革开放政策之东风，中国政府围绕落实"宗教信仰自由政策"制定了一系列的具体政策条文和法规，以期引导天主教与社会主义社会相适应，并不遗余力地将其纳入国家在经济发展和构建和谐社会等方面的一体化发展规划之中，从而加速了对天主教从政策引导向法制化管理的逐步转变。这一宗教信仰自由政策的逐步落实具体表现在以下三方面。

　　首先，中共中央统战部在 1978～1979 年召开了一系列针对宗教主管部门的工作会议，落实中国共产党一贯主张的"宗教信仰自由政策"，解决政府执法部门的合法性问题。

　　1978 年 7 月，中共中央统战部召开了由部分省、自治区和直辖市统战

---

① 李桂玲：《大陆的天主教与现代化》，《宗教》1996 年第 1、2 期，第 56 页。

部负责人参加的座谈会，提出要"恢复党的宗教信仰自由政策"。① 同年 12 月，中共中央统战部在北京召开了第八次全国宗教工作座谈会，此次会议是自 1962 年第七次全国宗教工作会议以来，党的领导部门召开的第一次重要的宗教工作会议。会议再次提出要"全面正确地贯彻执行党的宗教政策"。1979 年，党和国家的宗教工作宣告全面恢复。②

其次，有关宗教信仰自由政策的指导性原则的逐渐确立和宗教信仰自由政策的逐步落实。1982 年，全国宗教工作指导迎来了思想上的拨乱反正；而 1993 年 11 月 7 日中共中央总书记江泽民同志在全国统战工作会议上针对宗教工作的三条重要指示："一是全面、正确地贯彻执行党的宗教政策，二是依法加强对宗教事务的管理，三是积极引导宗教与社会主义社会相适应"，可谓我国宗教政策和宗教工作的重要指导性原则的最终确立。

最后，政府部门逐步颁布管理宗教事务的具体行政法规，使我国的宗教事务管理日益迈上依法管理的道路。1994 年 1 月 31 日，国务院颁布实施的《宗教活动场所管理条例》和《中华人民共和国境内外国人宗教活动管理规定》，以及 2004 年 7 月 7 日颁布的《宗教事务条例》。《宗教事务条例》的出台和实施，直接取代了 1994 年所颁布的《宗教活动场所管理条例》。目前，《宗教事务条例》是我国有关宗教事务管理方面比较系统、详尽的第一部综合性行政法规。《宗教事务条例》共分 7 章 48 条，系统地囊括了有关宗教管理部门的权限、职责以及宗教团体的相关权利和义务。

与上述两项由国务院所颁布的行政法规相呼应的，则是由国家宗教局及其相关部门所颁布的一系列行政规章。此外，各省级政府部门也颁布了一系列地方性法规和政府规章。上述从国务院到地方行政部门所颁布实施的行政法规和行政规章无疑为日后宗教立法道路打下了坚实的基础和准备，并为宗教管理的法制化提供了有益和有效的尝试，③ 避免了以往人为管理所带来的随意性、不可持续性和规则误判。

---

① 何光沪主编《宗教与当代中国社会》，中国人民大学出版社，2006，第 355 页。
② 中国天主教爱国会、中国天主教主教团编《中国天主教独立自主自办教会教育教材》（试用本），宗教文化出版社，2002，第 157 页。
③ 卓新平：《"全球化"的宗教与当代中国》，社会科学文献出版社，2008，第 169~173 页。

与上述宗教信仰自由政策的逐步落实和深化相呼应的，则是中国天主教教务活动的恢复和积极重建。

首先，各级党政部门先后下达一系列文件，落实教产，拨款维修遭到破坏的教堂，恢复天主教正常的信仰活动，为"文化大革命"中受到不公正待遇的天主教神职人员和普通信徒平反昭雪、恢复名誉。

其次，建立健全中国天主教会的各项制度建设，如中国天主教爱国会、中国天主教教务委员会和中国天主教主教团①的恢复、建立及其调整。

再次，对全国各教区的划分及管理、选圣主教和晋升神父方面进行了详细的规定。

复次，创办一系列全国性和地方性修院和修女院，为司铎和修女的培育创造了坚实的条件。印刷出版了数量众多的《圣经》、教理教规礼仪类书籍和报刊，为福传和提升信徒素质提供了充分有益的平台。

最后，天主教会还在民主办教、与社会主义社会相适应、抵制境外宗教渗透、参与社会服务及公益事业方面进行了一系列积极尝试。

可以说，经过 30 多年来教务活动的恢复和重建，中国天主教会在教产落实、教堂重建、修院建设、司铎培育、福传事业、提升信徒素质、开展与世界范围内天主教会的交往与对话、积极参与公益社会服务等方面取得了相当大的进展。因此，相比中国天主教在其他历史阶段的存在和发展，有学者以为，当今教会的发展无疑处在一个千载难逢的"黄金时期"②。据报道，截至2011 年，中国天主教共有 97 个教区，全国有信徒近 600 万人，教堂 6300 余

---

① 1980 年 5 月 23 日至 30 日，于北京召开的中国天主教第三次全国代表会议，宣告新成立中国天主教主教团和中国天主教教务委员会，加上之前的中国天主教爱国会，时称"两会一团"。这两个教务组织的成立，对推进教务发展起到了非常重要的作用。宗怀德主教当选为中国天主教爱国会主席，张家树主教当选为首任中国天主教主教团主席。后由于教务发展的需要，在 1992 年举行的中国天主教第五次全国代表会议上，对全国性的组织机构进行了调整，将原有的三个机构（即"两会一团"）调整为中国天主教主教团和中国天主教爱国会两个机构，将中国天主教教务委员会调整为中国天主教主教团下属的一个专门开展教务工作的委员会，从此中国天主教的全国性机构简称为"一会一团"，并沿用至今。

② 卓新平：《基督教与中国文化的相遇、求同与存异》，香港中文大学崇基学院，2007，第168 页。

座；每年约有 10 万人领洗入教；① 改革开放以来共出版圣经 300 多万册，其他教会书籍 1200 多万册。② 教务和牧灵福传事业取得了较大发展。

尽管如此，从内部建设和与西方教会的关系来看，天主教会依然存在着种种的问题、挑战和障碍，比如其在福传事业上的推进相比基督新教要迟钝，在神学建设上乏善可陈，对社会的参与还相对被动和消极，在教会管理方面存在"官方教会"与"地下教会"之间权力斗争和合一困境。③ 但是，瑕不掩瑜，以上种种问题，相信会随着中国改革开放政策的持续推进、政治环境的日益宽松、现代化进程的日益深化而逐步得到解决或出现转机。

笔者拟从宗教实体建设和文化主体性的塑造两个方面，多视角、多层次地聚焦中国天主教自改革开放以来所产生的变化及其背后凝结的问题和困境。

第一节　中国天主教宗教活动场所数量及规模

一　宗教活动场所的恢复与建设

改革开放以来，天主教教务活动的恢复和开展首先始自 1978 年中国天主教爱国会（以下简称爱国会）重新恢复工作。一些在 50 年代负责爱国会工作的人士先后回到了北京，协助政府为"文化大革命"中受迫害的广大神职人员和平信徒平反冤假错案，同时还着手搜集"文化大革命"中被大量毁坏、流失的弥撒经本、祭衣等宗教用品，以便为恢复宗教活动做准备。同年，经党和国家领导人的批准，位于北京市委党校校园内的利玛窦等西方传教士的墓地也得到了修复。④

事实上，早在"文化大革命"期间，出于外交工作的特殊需要，周恩

---

① 参见马英林《同心同德谱写中国天主教爱国爱教事业新篇章——在中国天主教第八届全国代表会议上的工作报告》，《中国天主教》2011 年第 1 期，第 6 页。

② 参见《中国天主教》编辑部《中国天主教图集》（内部发行）。

③ http://www.chinacatholic.org/XindeNews.asp？Id=13715.

④ 何光沪主编《宗教与当代中国社会》，中国人民大学出版社，2006，第 356 页。

来总理就顶住"四人帮"的压力，于 1973 年破例在北京宣武门南堂恢复了宗教活动，以便为在京的外国使节提供专项宗教服务。当时，北京宣武门南堂是全国唯一一所可以举行弥撒活动的宗教场所。[①]

继 1980 年 5 月中国天主教爱国会第三届代表会议和中国天主教第一届代表会议召开之后，全国各省、自治区、直辖市先后恢复和建立了天主教爱国会和教务委员会，这两大群众团体成员、神职人员陆续返回各自的岗位，许多地方教会的教产开始归还教会，教堂得以重新开放或拨款修缮，各地信徒终于可以集会、祈祷、望弥撒，过正常的宗教生活了。

1980 年 7 月 16 日，国务院同意了国务院宗教事务局、国家基本建设委员会、外交部、财政部和国家城市建设总局合拟的《关于落实宗教团体房产政策等问题的报告》，报告要求"将宗教团体房屋的产权全部退还给宗教团体，无法退还的应折价付款"，而在"文化大革命"期间被占用的教堂、寺庙、道观及其附属房屋，属于对内对外工作需要继续开放者，应退还各教使用，如宗教团体不许收回自用者，由占用单位或个人自占有之日起付给租金，房屋被改建或拆建者，应折价付款。[②] 根据该报告的精神，各级人民政府宗教部门在敦促占用单位退还"文化大革命"中被占用或改作他用的教堂或附属房屋方面做了大量的协调和实施工作。

1980 年圣母升天瞻礼，北京南堂和上海的徐家汇天主教堂首批恢复了正常活动，各自举行了隆重弥撒和庆祝活动。同年，天津西开天主教堂于圣诞节前修复开放，沈阳、济南、武汉、成都等大城市的教堂也恢复宗教生活并举行了隆重的圣诞庆祝活动。

1989 年 2 月，中共中央办公厅和国务院办公厅转发中央统战部、国务院宗教事务局《〈关于在新形势下加强天主教工作的报告〉的通知》。其中第二点"继续抓紧落实政策，帮助天主教会解决自养问题"特别提到了天主教房地产退还及落实工作进展缓慢给教会自养带来的现实困境，并将此

---

① 中国天主教爱国会、中国天主教主教团编《中国天主教独立自主自办教会教育教材》（试用本），宗教文化出版社，2002，第 160 页。

② 中国天主教爱国会、中国天主教主教团编《中国天主教独立自主自办教会教育教材》（试用本），宗教文化出版社，2002，第 160 页。

提高到"会影响党和政府同天主教界人士的关系，天主教爱国团体也难以团结广大教徒群众贯彻独立自主自办教会的方针"的高度，并极力敦促各地政府、军队系统和人民团体"应对被占用教堂及教会房产（包括教堂、修院及其附属的房屋使用的土地）情况进行一次认真的清理。凡是按照党中央、国务院有关政策规定处理了的，不再重新处理；尚未落实的，应尽快落实"，以便"积极帮助天主教会拓宽自养的路子"，并"最终实现天主教完全自养"。

可以说，到1990年代初，经过十多年时间的努力，在各级政府的直接敦促和帮助下，中国天主教会的房产大多得到退还和修复，天主教活动在中国几乎恢复正常。为了满足不断增长的信徒宗教生活需要，在各级政府的直接支持和帮助下，全国各地教会或扩建，或自筹资金新建了教堂。据统计，从1980年代到新千年伊始，为了宗教房产政策的落实，全国各地各级党政部门先后拨款数十亿元，用于维修、重建包括天主教宗教活动场所在内的各大宗教团体的宫观寺庙，以及支持占用宗教活动场所的企事业单位和个人搬迁新址。上述拨款和资助，有力地保障了天主教活动场所的正常使用。[①]

事实上，由于受天主教会自养能力的局限，中国各级政府针对天主教会恢复和新建宗教活动场所的支持和扶植工作从来就没有中断过。比如，作为广州市天主教重要活动场所的石室教堂，自1979年10月2日重新开放以来，在长达数十年的修复和建设中，各级政府对其向来不乏支持和资助。1984年，国务院宗教事务局拨款10万元，维修该堂瓦面，重新装上避雷针，修复花岗岩大十字架，并对教堂内外进行全面清洗及修葺。1986年，政府拨款5万元，维修石室全部钢窗，把所有窗户换上国产彩色玻璃。1990年，广州市政府拨款3万元，维修石室广场地面和教堂前的五级石阶，同年12月24日修复大时钟芯和南、西、北三向钟面。1992年，广州市政府再度拨款3万元修葺教堂内的四根大石柱。2004年7月18日，石室教堂全面维

---

① 中国天主教爱国会、中国天主教主教团编《中国天主教独立自主自办教会教育教材》（试用本），宗教文化出版社，2002，第160~161页。

修工程正式动工，维修费用除天主教自筹资金 300 万元外，其他大部分由广州市财政拨款支持。①

截至 2000 年，全国新建或修复开放的教堂及祈祷场所达 5600 余所，平均每一天都有一座新建或修复的教堂开放；② 到 2004 年，全国新建或修复开放的教堂及祈祷场所则更是突破 6000 余所，③ 而到了 2008 年，这一数字又有了新的变化，即 6300 余所，④ 可以说，截至 2012 年，全国教堂和祈祷场所的数量已基本满足了广大天主教信教人士过正常宗教生活的需要。

二 全国教区的划分与现状

1946 年 4 月 11 日，教宗庇护十二世应田耕莘枢机主教之请在中国建立教阶制，将全国教会分为 20 个教省，其中，主教区 99 个，监牧区 38 个，共计 137 个教区。每教省设立一个总主教，即南京、北平、绥远、沈阳、济南、太原、西安、兰州、安庆、开封、重庆、汉口、长沙、南昌、杭州、福州、广州、南宁、贵阳和昆明。20 个总主教当中，有 3 位为中国籍，他们分别是北平总主教田耕莘枢机、南京总主教于斌、南昌总主教周济世。此外，尚有 21 名中国籍人员担任主教职务，7 人担任监牧，共计 28 位。⑤

到了 1949 年，根据当年出版的《中国天主教年鉴》，全国天主教教区总数增加至 139 个，即有 139 位主教；依然是 20 位总主教，其中 3 位中国籍，17 位外籍。⑥ 但也有资料认为，若包含当时的澳门教区、香港教区、台湾监牧区在内的话，1949 年中国全国教区共有 144 个⑦。

---

① 余庆斌：《广州石室教堂》，《中国宗教》2004 年第 12 期。
② 中国天主教爱国会、中国天主教主教团编《中国天主教独立自主自办教会教育教材》（试用本），宗教文化出版社，2002，第 162 页。
③ 何光沪主编《宗教与当代中国社会》，中国人民大学出版社，2006，第 360 页。
④ 马英林：《同心同德谱写中国天主教爱国爱教事业新篇章——在中国天主教第八届全国代表会议上的工作报告》，《中国天主教》2011 年第 1 期，第 6 页。
⑤ 参见《专载：成立中国教会正常体制命令》，牛亦未译，《圣心报》1947 年第 61 卷第 3 期，第 80~82 页。
⑥ 参见教宗庇护十二世《成立中国教会圣统制诏书》，转引自罗渔、吴雁编著《大陆中国天主教四十年大事记（1945~1986）》，台湾辅仁大学出版社，1986，第 2 页。
⑦ 刘志庆：《中国天主教教区沿革史》，中国社会科学出版社，2017，第 26 页。

此后，台湾于 1952 年 8 月 7 日建立教阶制，为中国第 21 个教省。自此，中国天主教会共被划分为 21 个总主教区。澳门①的情况有些特殊，根据《圣心报》所载有关 1946 年教宗庇护十二世成立在华圣统制的谕令翻译件——《专载：成立中国教会正常体制命令》（牛亦未译），澳门和香港均属于第十八省，而根据赵庆源所著《中国天主教教区划分及首长接替年表》（同为牛亦未译），刊载于《铎声月刊》1947 年第一卷第二期上的同一份谕令，其中在第十八教省名单中，并无澳门教区的名称②；而根据维基百科的记载，澳门教区在 1946 年仍在果阿总主教的管辖之下，1961 年果阿作为葡属殖民地并入印度后，澳门教区转由圣座直接牧养③。

改革开放之后，经过近半个世纪的情况变化，鉴于某些教区与国家新的行政区划不相一致，有的教区牧灵状况也发生了重大变化。为了便于管理和适应新的发展形势，1986 年 11 月，中国天主教主教团和教务委员会通过了《关于教区调整的规定》。内中提道："为了便于教区的管理和牧灵工作的需要，凡教区辖区与市、区一级行政区划不同时，可根据实际需要，由（省、区、市）教务委员会，会同省、区、市内有关教区共同协商进行调整"。从当时起，中国天主教主教团根据所在省、区、市教务委员会和有关教区的意见，陆续对一些教区进行了调整。④ 调整后全国教区的数目由原来的 137 个，合并为 97 个。⑤

事实上，早在《关于教区调整的规定》出台之前，中国的教区重组就已拉开了帷幕，比如 1981 年 9 月，辽宁省天主教第一次代表会议决定将沈阳、营口、抚顺、热河四教区合并，组建天主教辽宁教区，徐振江任

---

① 从 1946 年，圣座在中国建立圣统制到 1949 年底，澳门教区范围除葡属澳门以外，还包括广东省香山、封川、开建、德庆、广宁、高要、高明、鹤山、开平、恩平、新兴、阳春等 12 县。1957 年后，澳门教区实际上不再包括上述 12 县。
② 赵庆源：《中国天主教教区划分及首长接替年表》，（台南）闻道出版社，1980，第 127 页；林瑞琪：《近代天主教在华传播史论集》（第二版），（香港）圣神研究中心，第 199~200 页。
③ https://zh.wikipedia.org/wiki/天主教澳門教区。
④ 晏可佳：《中国天主教》，五洲传播出版社，2004，第 111 页。
⑤ 中国天主教爱国会、中国天主教主教团编《中国天主教独立自主自办教会教育教材》（试用本），宗教文化出版社，2002，第 229 页。

主教。① 而且，作为一个动态的发展过程，从改革开放之初到 2000 年以后，这一趋势就从未停止过，

有时候，一个教区的合并、调整和更名是出于牧灵的需要，如 1999 年湖南省原有 9 个教区被合并为长沙一个教区。同年 12 月，贵州省将贵阳、安龙和石阡 3 个教区合并为一个贵州教区。② 2000 年，湖北将 11 个教区调整为 5 个教区，将原汉口总主教区、武昌和汉阳教区合并为现在的武汉教区，牧灵范围涉及武汉 13 区及孝感地区。③ 安徽教区原来划分为三个教区和一个监牧区：蚌埠教区、芜湖教区、安庆教区和屯溪监牧区，但是，由于安徽省教职人员整体短缺的实际情况，2001 年 7 月 3 日，经中国天主教主教团的批准，上述三个教区和一个监牧区合并为一个教区，即安徽教区。④

有的时候教区的名称则是随着所在地区行政区划的变化而进行调整的，比如梅州教区在新中国成立前被称为嘉应教区，1981 年随着政府行政区划的调整被更名为天主教梅县教区。后来梅县升级为梅州市，于是教区也就相应地改为天主教梅州教区。⑤

事实上，不仅如此，天主教的教区划分和调整也将会随着中国社会的变化而出现新的变化，以深圳为例。深圳特区成立后，大批的信徒从全国各地来此寻求发展。于是，从 1993 年开始，天主教"一会一团"先后从 3 个省市抽调 10 位神父前往深圳进行福传和建立教会的工作。截至 2010 年，深圳已有神父 6 位、修女 8 位、教堂 9 座、信徒 32000 余人。⑥ 其中有些教会还努力发展具有国际视野，能举行多语弥撒的新式教会，如坐落于深圳福田区农林路、占地面积 3994.80 平方米的圣安多尼教堂。⑦ 按照深圳教会

---

① 郭树民：《辽宁教区张化良主教祝圣大典侧记》，《中国天主教》1988 年第 3 期，第 16~18 页。
② 河北信德社：《中国天主教手册（2010）》，河北信德社，2010，第 348 页。
③ 河北信德社：《中国天主教手册（2010）》，河北信德社，2010，第 278 页。
④ 河北信德社：《中国天主教手册（2010）》，河北信德社，2010，第 206 页。
⑤ 河北信德社：《中国天主教手册（2010）》，河北信德社，2010，第 301 页。
⑥ 《七年来的深圳天主教爱国会》，《中国天主教》1996 年第 6 期。
⑦ 参见天主教深圳圣安多尼堂官方网站：http://www.szsadn.com。

目前的发展态势，未来可能会单独划分出一个深圳教区。

为了比较 1949 年新中国成立前夕所划分的教区和截至 2004 年经中国天主教"一会一团"审核批准后划分的教区二者之间在名称、合并与裁撤状况、地理位置和数量等方面的差异，笔者特意制作了表格，以便清晰比对（见表 1-1）。

表 1-1　1949 年和 2004 年中国天主教教区划分对比情况①

省份	2004 年划分的教区	1949 年划分的教区
北京	北京教区	北京教区
天津	天津	天津
河北	石家庄教区	正定教区
	邢台教区	顺德
		赵县
		威县
	邯郸	永年
	衡水	景县
	沧州	献县
	保定	保定
		安国
		易县
	唐山	永平
	承德	热河
	张家口	宣化
		西湾子
辽宁	沈阳教区	奉天
		营口
		抚顺
		（热河）

① 沙百里：《中国天主教指南（2004）》，新加坡中华公教联络社，2004，第 23~28 页。

续表

省份	2004 年划分的教区	1949 年划分的教区
吉林	吉林教区	吉林
		四平
		延吉
黑龙江	哈尔滨教区	哈尔滨
		齐齐哈尔
		佳木斯
山西	太原	太原
	榆次	晋中教区
	汾阳	吕梁教区
	长冶	潞安教区
	洪洞	洪洞教区
	运城	绛州教区
	朔州	雁北教区
	大同	大同教区
内蒙古	呼和浩特教区	绥远教区
	乌盟教区	集宁教区
	昭盟教区	赤峰教区
		林东教区
	巴盟教区	宁夏教区
宁夏	宁夏教区	宁夏教区
陕西	西安教区	西安教区
	周至教区	周至教区
	凤翔教区	凤翔教区
	汉中教区	汉中教区
	安康教区	兴安教区
	三原教区	三原教区
	渭南教区	同州教区
	陕北教区	延安教区
甘肃	兰州教区	兰州教区
	平凉教区	平凉教区
	秦州教区	天水教区

续表

省份	2004 年划分的教区	1949 年划分的教区
青海	西宁教区	西宁监牧区
新疆	乌鲁木齐教区	新疆教区
重庆	重庆教区	重庆教区
	万县教区	重庆教区
四川	成都教区	成都教区
	南充教区	顺庆教区
	宜宾教区	叙府教区
	乐山教区	嘉定教区
	康定教区	雅州教区
		康定教区
	西昌教区	宁远教区
云南	昆明教区	昆明教区
	大理教区	大理教区
	昭通教区	昭通教区
西藏	西藏天主教会	康定教区
贵州	贵州教区	贵阳教区
		安龙教区
		石阡教区
广西	南宁教区	南宁教区
		北海教区
	梧州教区	梧州教区
		桂林教区
海南	海南教区	海南监牧区
广东	广州教区	广州教区
	韶州教区	韶州教区
	梅县教区	嘉应教区
	汕头教区	汕头教区
	江门教区	江门教区
	湛江教区	（北海教区）
香港	香港教区	香港教区

续表

省份	2004 年划分的教区	1949 年划分的教区
澳门	澳门教区	澳门教区
安徽	安徽教区	安庆教区
		芜湖教区
		屯溪教区
		蚌埠教区
江西	南昌教区	南昌教区
		馀江教区
		南城教区
		赣州教区
		吉安教区
湖南	湖南教区	长沙教区
		湘潭教区
		宝庆教区
		常德教区
		澧州教区
		沅陵教区
		岳州教区
		衡阳教区
		永州教区
湖北	汉口教区	汉口教区
		武昌教区
		圻州教区
		随县教区
	蒲圻教区	汉阳教区
		蒲圻教区
	宜昌教区	宜昌教区
	沙市教区	沙市教区
		施南教区
	襄樊教区	老河口教区
		襄阳教区

续表

省份	2004 年划分的教区	1949 年划分的教区
河南	郑州教区	郑州教区
	开封教区	开封教区
	商丘教区	归德教区
	洛阳教区①	洛阳教区
	驻马店教区	驻马店教区
		信阳教区
	南阳教区	南阳教区
	新乡教区	新乡教区
	安阳教区	（卫辉教区）
上海	上海教区	上海教区
江苏	南京教区	南京教区
		扬州监牧区②
	苏州教区	（苏州教区）③
	海门教区	海门教区
	徐州教区	徐州教区
山东	济南教区	济南教区
	周村教区	周村教区
	潍坊教区	益都教区
	青岛教区	青岛教区
	烟台教区	烟台教区
		威海教区
	兖州教区	兖州教区
	菏泽教区	曹州教区
	聊城教区	阳谷教区
		临清教区
	临沂教区	沂州教区
浙江	杭州教区	杭州教区
	宁波教区	宁波教区
	台州教区	（林海）台州教区
	温州教区	永嘉教区
		（丽水）处州教区

续表

省份	2004 年划分的教区	1949 年划分的教区
福建	福州教区	福州教区
	闽北教区	建瓯教区
		邵武教区
	闽东教区	福宁教区
	厦门教区	厦门教区
		（长丁）丁州教区

注：①现由郑州教区代管。

②扬州监牧区成立于 1949 年 6 月 9 日，参见刘志庆《中国天主教教区沿革史》，中国社会科学出版社，2017，第 26 页。

③1949 年 6 月 9 日成立。参见刘志庆《中国天主教教区沿革史》，中国社会科学出版社，2017，第 26 页。

为了进一步促进教区管理的制度化和规范化，2003 年 3 月 22 日中国天主教爱国会常务委员会和主教团联席会议审议通过了《中国天主教教区管理制度》，其中第一章第 1~5 条详细规定了教区的定义、范围以及成立新的教区和重新划分教区时须遵循的程序。该制度的出台无疑为天主教福传事业打下了牢固的基础，并确保中国教会沿着正确的道路健康发展。

表 1-2 为《天主教法典》和中国天主教"一会一团"颁布的《中国天主教教区管理制度》有关教区的规定对比表，从中我们可以看出二者的差异和《中国天主教教区管理制度》的"立法"来源。

表 1-2　《天主教法典》与《中国天主教教区管理制度》有关教区的规定对比情况

《天主教法典》[①]	《中国天主教教区管理制度》[②]
368 条　地区教会系由之并在其内存在的统一而唯一的天主教会。其中首要者为教区，与此类似者有自治监督区、自治会院区、宗座代牧区及宗座监牧区，以及固定建立的宗座署理区	第一条　教区是天主子民的一部分，托付给主教在司铎们的协助下所牧养，借着福音与圣体在圣神内结合，组成地区教会。因此，至一、至圣、至公传自宗徒的基督教会，的确在地区教会内临在而运作
369 条　教区乃天主子民之一部分，托付给主教在司铎们协助之下所牧养；他们依附自己的牧人，借着福音及圣体在圣神内结合，组成地区教会；因此至一、至圣、至公，传自宗徒的基督教会，的确在地区教会内临在而运作	第二条　教区应划出固定的地区界限，其中包括在该区居住的所有领洗信徒

续表

《天主教法典》	《中国天主教教区管理制度》
370 条　自治监督区或自治会院区，是天主子民的一部分，是在一地区内成立，因特殊环境而托给某一监督或院长管理，他有如教区主教，以该区的本有牧人之身份治理之	第三条　每个教区应划分为若干不同的堂区，为教区牧灵工作的需要，临近的几个堂区可组成总铎区
371 条-1 项　宗座代牧区或宗教监牧区，是天主子民的一部分，因特殊环境而未成立为教区，委托宗教代牧或宗教监牧牧养，并以教宗名义治理之 371 条-2 项　宗座署理区是天主子民的一部分，因为特殊而非常重大之理由，未经教宗成立为教区，而将牧养之事托给宗座署理照管，并以教宗名义治理之	第四条　成立新的教区或重新划分教区，须按中国天主教主教团有关规定的程序和办法进行，并报中国天主教爱国会、中国天主教主教团（以下简称"一会一团"）主席联席会议审议
372 条-1 项　为使一部分天主子民成立为教区或地区教会，通常应划出固定的地区，其中包括在该区内居住的所有信徒 372 条-2 项　不过当教会最高权力，聆听有关主教团意见后，如认定为某地区有利益，可在该地区因信徒礼仪或其他类似理由，成立不同的个别教会	第五条　教区应在省、自治区、直辖市政府民政事务部门登记
373 条　只有教会最高权力能成立个别教会；当其合法成立后，即依法享有法人之身份	
374 条-1 项　任何一个教区或其他个别教会，应划分为不同部分或堂区 374 条-2 项　为借共同的行动推行牧灵工作，可联合几个临近的堂区成为特别的组合，如总铎区即是	

　　注：①参见 1983 年《天主教法典》（拉丁文一中文版），第 179~181 页。
　　②参见中国天主教爱国会和中国天主教主教团的官方网站：http：//www.catholicchurchinchina.org/index.php/zcfg/444-jiaoqu-guanlizhidu/。

　　从表 1-2 不难看出，二者的差异和共同点主要表现在如下几个方面。

　　其一，《天主教法典》中有关教区的规定内涵和范围远为广泛，其内容不但涉及正式成立的教区，还包括自治监督区、自治会院区、宗座代牧区和宗座监牧区，以及固定建立的宗座署理区。

　　其二，《中国天主教教区管理制度》的第一条至第三条，分别来自《天主教法典》中的第 369 条、第 372 条-1 项、374 条-1 项和 374 条-2 项。可见，其制定教会内部规章制度的立法依据源自《天主教法典》。

　　其三，二者所不同的是，《天主教法典》认为，划分、成立教区的权限来自罗马天主教会的最高权力，即教宗（参见第 372 条 - 2 项、第 373 条），而《中国天主教教区管理制度》则认为，成立新教区或重新划分教区的审批权来自中国天主教主教团，[①] 并应报中国天主教爱国会、中国天主教主教团主席联席会议审议（第四条），而且教区一经成立或重新划分，还应在省、自治区、直辖市政府民政事务部门登记（第五条）。

第二节　中国天主教神职人员与信徒数量及分布状况

根据 1949 年出版的《中国天主教年鉴》的统计，当时，全国天主教共分为 139 个教区，由 139 位主教加以管理；其中，总主教为 20 位（3 位中国籍，17 位外籍）。普通神职人员的情况如下：5788 位神父（2698 位中国籍，3090 位外籍）；1107 位修士（632 位中国籍，475 位外籍）；7463 位修女（5112 位中国籍，2351 位外籍）。信徒约有 3274740。[②]

1949～1955 年，罗马教廷先后任命了 18 位中国神职担任主教，如此一来，截至 1955 年，中国天主教的教区总数虽然保持在 139 个，但只有 30 名中国籍主教。鉴于当时在华外籍神职人员纷纷撤离大陆，中国天主教的大多数教区不可避免地出现了主教空缺的局面。

鉴于这种情况，1957 年 12 月 16 日，在成都教区爱国会会议上，李熙亭神父被选为主教，此乃国内自选主教的先声。1958 年 3 月 18 日、19 日，汉口和武昌两教区分别选举董光清、袁文华神父为主教候选人，并于同年 3 月 24 日、26 日荣发电报呈报罗马教廷，请求批准上述两位候选人。中国天主教会从此走上了独立自主、自办教会和自选自圣主教的道路。同年，中国天主教会先后选举了 24 位主教，并分 12 次进行祝圣。1959 年至 1963 年，中国天主教会又先后选出主教 27 人，分 14 次祝圣。这样，从 1958 年到 1963 年，"文化大革命"前的自选自圣主教人数共达到 51 位，客观上保证

---

① 根据 1989 年 3 月中国天主教主教团在北京开会学习相关文件，主教团被认为是管理教区的主要责任者。参见任延黎、王美秀《中梵关系研究》（内部报告），中国社会科学院世界宗教研究所，1998，第 82 页。

② 参见教宗庇护十二世《成立中国教会圣统制诏书》，转引自罗渔、吴雁编著《大陆中国天主教四十年大事记（1945-1986）》，台湾辅仁大学出版社，1986，第 2 页。

了中国天主教牧灵生活和教区秩序的正常化。

改革开放之后，随着 1980 年 5 月中国天主教第一届代表会议的闭幕，中国天主教主教团顺利产生，这标志着我国天主教会在组织建设方面的一个历史性进步。① 成立后的中国天主教主教团共由 33 位各教区主教组成，这当中，除 4 位主教邓及洲、王学明、段荫明和韩廷弼为教宗庇护十二世亲自任命外，其余皆为 1958 年至 1964 年间自选自圣的主教（傅铁山除外）。当时，全国范围内尚有数位主教未能参加主教团，他们是：上海的龚品梅主教、保定的范学淹主教和广州的邓以明主教等。②

从 1980 年中国天主教主教团的成立，到 1986 年 11 月中国天主教爱国会第四届代表会议和中国天主教第二届代表会议召开时，中国天主教再次自选自圣 20 位主教，使得改革开放之后的天主教会在教区管理和信仰生活上日渐走上正常轨道。

改革开放以来中国天主教会平稳发展，截至 2009 年底，根据河北信德文化研究所的最新统计资料，中国天主教内地教会共有神职人员（主教、神父、执事）3397 位，其中，3268 位神父分布在百余个教区。全国 10 所大修院共有 628 位大修生。106 个女修会有 5451 位发愿修女。30 所备修院有小修生 630 位。男修会会士约有 350 多位。全国有 5967 座教堂或祈祷所。据不完全统计，全国有天主教信徒共计约 5714853 人。③

如果我们将 1949 年到 2009 年前后有关中国天主教会福传事业的统计数字进行对比的话，不难看出，半个多世纪以来中国天主教会在神职人员和信徒的数量上，除男修会会士略逊于 1949 年的数字之外，其他如中国司铎、修女、信徒数量方面，均大大超过以前。

从对信徒牧养的统计来看，除了天主教传统大省河北省（150 万名信徒）之外，全国其他天主教徒比较集中的省份还有浙江省（36 万名信徒）、四川省（31 万名信徒）、内蒙古自治区（30 万名信徒）、福建省（29.6 万

---

① 任延黎、王美秀：《中梵关系研究》（内部报告），中国社会科学院世界宗教研究所，1998，第 79 页。
② 任延黎、王美秀：《中梵关系研究》（内部报告），中国社会科学院世界宗教研究所，1998，第 78 页。
③ 参见《信德报·2010 年春节特刊》，2010 年第 5 期第 3 版。

名信徒)、重庆市（28 万名信徒)、广东省（26 万名信徒)、陕西省（25 万名信徒)、山西省（20 万名信徒)、河南省（20 万名信徒)、江苏省（19 万名信徒)、山东省（18.5 万名信徒)。而全国天主教徒分布比较稀少的地区则集中在新疆、西藏、海南、青海、宁夏、广西、甘肃、湖南等地。

此外，从 2000 年以后到今天，中国天主教会先后祝圣了 45 位年轻主教（含助理主教和辅理主教)，其中，从 2004 年中国天主教第七届代表会议到 2010 年中国天主教第八届代表会议，中国天主教"一会一团"更是先后审批并选举和祝圣了 25 位主教，其中助理主教 10 位，辅理主教 1 位。[1]

2000 年以后中国天主教大批量地自选自圣主教，恰恰反映出目前中国天主教主教普遍年迈、青黄不接的现实状况。据有关方面的资料统计，截至 2007 年，主教当中 70 人年逾 80 岁，10 人年逾 90 岁，有 46 个教区没有主教。[2] 截至 2009 年，则有 49 个教区主教出缺；全国有 50 多位主教，其中 55 岁以下的主教仅有 24 位，而一些八九十岁的老主教依然坚守岗位。[3] 主教的缺乏，无疑给教会的牧灵和福传工作带来了巨大的压力和不利影响，并使得中国天主教自选自圣事业受到严峻的考验。

第三节 中国天主教社会服务和公益事业

一 中国天主教社会服务事业的起步与发展

参与社会、服务他人、开办慈善事业向来被作为天主教面对世俗世界的传统。早在四世纪中叶，在当时的埃及就形成了名为"服务中心（Diaconia)"的天主教社会服务性机构。这些机构的行动首先从隐修院开始，并在六世纪发展为具有完全法律地位的社会服务组织。这一传统日后在施行拉丁礼仪

---

① 马英林：《同心同德谱写中国天主教爱国爱教事业新篇章——在中国天主教第八届全国代表会议上的工作报告》，《中国天主教》2011 年第 1 期，第 6 页。

② 参见《教廷中国会议二十专家协助圣座制定长远方向》，《公教报》2007 年 2 月 18 日第 19 版。

③ 王美秀：《中国天主教观察》，金泽、邱永辉主编《中国宗教报告（2010)》，社会科学文献出版社，2010。

的教会和希腊礼仪的教会中均获得了长足的进展。据悉，截至 2006 年底，罗马天主天主教会在全球开办的社会公益及慈善机构已达 83522 所，遍及五大洲，其服务类型包括医院、门诊、麻风病院、老人院、智障残疾人士中心、孤儿院、儿童乐园、婚姻咨询和其他机构。①

新中国成立前，根据 1947 年中国天主教会所做的统计，当时教会开办的各类社会服务与慈善公益事业取得了长足的进展，其中创办大学 3 所，中学 156 所，小学 2009 所，医院 216 间，诊所 847 间，育婴院 272 所，② 产生了良好的社会影响。

改革开放之后，随着各宗教活动场所的恢复和重建，某些地方教区的社会服务和实践也同步展开。③ 各基层教会开展社会服务工作的途径主要是陆续恢复和开办诊所、养老院、残婴院、艾滋病关爱机构和基金会等慈善公益性服务机构。

据不完全统计，截止到 2007 年 5 月，中国天主教各基层教会在全国各地开办了 345 个公益实体组织（不包括麻风病院），其中包括 212 个诊所或医院、68 家养老院、35 所幼儿园、4 所学校、13 家残婴院、8 家慧灵智障人士康复机构和 5 个防治艾滋病的关爱机构。④

而截止到 2009 年底，根据河北信德社的统计资料，中国天主教各基层教会开办的慈善公益文化组织增加至 422 个。其中包括 1 所中学、2 所培训学校、3 家出版社、3 个研究机构、220 个诊所、11 座医院、81 家养老院、44 所幼儿园、22 家残婴院或康复中心、35 个区域性或教区性的社会服务机构。与此同时，80 多位修女服务于 20 多个由政府开办的麻风病康复机构。⑤

---

① 张克祥：《天主教组织在构建和谐社会中角色的思考》，北京天主教与文化研究所编《天主教研究论辑》第 5 辑，宗教文化出版社，2008，第 364~365 页。

② 罗渔、吴雁编著《大陆中国天主教四十年大事记（1945-1986）》，台湾辅仁大学出版社，1986，第 6 页。

③ 石衡潭、王潇楠、赵健敏、邓绍曦：《改革开放以来天主教北京教区社会服务与实践》，卓新平、萨耶尔主编《基督宗教与当代社会国际学术研讨会文集》，宗教文化出版社，2003，第 285 页。

④ 张士江：《从进德公益展望有信仰背景的公益事业的发展》，张士江、魏德东主编《中国宗教公益事业的回顾与展望》，宗教文化出版社，2008，第 3 页。

⑤ 参见《信德报·2010 年春节特刊》，2010 年第 5 期第 3 版。

　　为了对改革开放以来，中国天主教会在参与社会、开办慈善公益事业所开展的活动和取得的发展上有一个全面的认识，笔者将从中国天主教公益事业的出发点及其理念、发展阶段、类型与特点等三个方面进行多向度的立体观察和分析。

（一）中国天主教公益事业的出发点及其理念

　　首先，天主教公益事业是天主教倡导爱德的实践和体现。

　　在《圣经·新约》当中，"天主是爱"被作为对天主的最基本的断言，这一伟大的爱在耶稣基督被钉十字架为人类赎罪而赢得世人与天主的再度和解这一行动上可谓体现得淋漓尽致。爱是天主的本质，因此，按照天主教信仰教义，天主关心每一个人，也希望每一个人因信仰和追随他而获得永恒的生命，其中，"爱天主"和"爱人如己"就是天主赐给人类的两条最大的诫命。

　　在梵蒂冈第二届大公会议（以下简称"梵二"大公会议）颁布的《教会传教工作法令》（_Decretum De Activitate Missionali Ecclesiae Ad Gentes Divinitus_, AG）中，特别提到"置身于人群中的基督徒，要怀有爱德"，"要努力，并且要与他人合作，在经济及社会问题上寻求合理的解决"。这些合理的解决包括关注专门教育青年儿童的各类学校，帮助后发现代国家提高人权，创造更人道的环境，这些都被认为是最有价值的服务。此外，基督徒还要和各种"反抗饥饿、文盲、疾病，通力建设更完美的生活环境、巩固世界和平的那些民族，并肩奋斗"。①

　　可见，天主教在对基督徒爱德的理解上，不仅仅要求人们宣讲爱德，还要努力践行爱德，与一切可以合作的机构、个人在社会服务与慈善公益事业方面通力合作。

　　其次，施行公益是教会参与天主救世计划和圣化世界的必要组成部分。

　　天主教的个人和机构在从事社会服务和慈善公益事业时，其出发点除了体现爱德之外，还在于"以超性精神所行的善事"，是传播福音和圣化人

---

① 台湾地区主教团秘书处编译《梵蒂冈第二届大公会议文献》，（台北）台湾天主教教务协进会，2006，第 518 页。

的传教工作的必要的组成部分。[①] 教会和平信徒希望通过对贫穷者（精神和物质）和不幸者的帮助来达到祈求天主圣神开启其心智，最终认识天主，皈依天主的目的，[②] 无论其在从事该事业和行为时，是否将传福音作为一种附加条件。

（二）中国天主教公益事业发展阶段

中国天主教公益事业的发展可以大致分为两个阶段，从 20 世纪 80 年代初到 1994 年为恢复和草创期；从 1994 年到 2012 年为发展期。

这一划分的依据在于，1994 年 1 月 31 日，国务院颁布了两个管理宗教事务的重要行政法规：《宗教活动场所管理条例》和《中华人民共和国境内外国人宗教活动管理规定》。作为我国关于宗教事务管理上比较系统、详尽的第一部综合性行政法规，《宗教活动场所管理条例》的颁布标志着我国进入了依法管理宗教事务的新阶段。以此为分水岭可以发现，1994 年以前，中国天主教会所开展的公益事业存在着规模较小、力度不大、参与人数有限、形式较为单一、组织管理方面制度化色彩较弱、尚未建立一批服务机构和实体等问题，对社会的整体影响比较有限。

1994 年之后，随着《宗教活动场所管理条例》的颁布实施，国家宗教事务管理部门开始对包括天主教在内的各大宗教采取依法管理的工作模式，同时也为中国天主教会开展公益事业迈向制度化、组织化和体系化创造了条件。尤其是 1998 年"中国天主教经济开发和社会服务委员会"的成立，标志着中国天主教在开展慈善社会公益事业方面有了一个全国性的指导和协调机构。2004 年，"中国天主教经济开发和社会服务委员会"更名为"中国天主教社会服务委员会"。2005 年 7 月 14 日，中国天主教社会服务委员会向全国各基层教会发出了《关于广泛开展社会服务活动的倡议书》，号召

---

① 台湾地区主教团秘书处编译《梵蒂冈第二届大公会议文献》，（台北）台湾天主教教务协进会，2006，第 461~462 页。

② 康志杰：《见证信仰 活出信仰——当代中国天主教公益事业卫生事业的现状集体特点分析》，张士江、魏德东主编《中国宗教公益事业的回顾与展望》，宗教文化出版社，2008，第 278~279 页。

"有条件的省（市、区）'两会'和教区，考虑建立专门的社会服务机构，负责组织协调本地区的社会服务活动，将各种活动逐步有序，把各种资源整合好、利用好，并主动争取政府及社会各界的支持帮助，力所能及地兴办一些公益事业……"[①]

中国天主教社会服务委员会成立虽没有很好有效地发挥整合和协调全国天主教社会服务工作的作用，但它的成立和迄今的工作，显示出政府有关部门和中国天主教"一会一团"对天主教社会服务工作的重视，也为各基层教会在开展社会公益事业方面提供了一个可供交流和协作的全国性平台和广阔空间。

除了作为全国性协调机构的中国天主教社会服务委员会之外，全国各基层教会还逐渐成立了 18 个教区性的社会服务组织机构，如 1997 年成立的北方进德天主教社会服务中心、2002 年成立的天主教西安教区社会服务中心、2004 年成立的辽宁省天主教社会服务中心——盛京仁爱等。上述机构已突破以往天主教开展慈善公益事业的模式，正日渐向高度组织化和机构化的宗教 NGO 方向发展。

（三）中国天主教公益服务事业的类型

目前，中国天主教会在政策范围内所从事开办的各类社会服务与慈善公益事业按工作内容可分为如下四个类型。

一是社会服务型。医药卫生：乡村诊所、门诊部、专科医院、艾滋病预防、临终关怀等。教育培训：幼稚园、专科学校、各种培训、中英文师资、专项教育资助等。房地产业：出租原教会房地产，开办招待所、宾馆、学生食堂、学生宿舍等。

二是文化艺术型。文化出版：研究所、出版社、音像中心、工艺室等。新闻媒体：教会内部的报刊社、互联网等。

三是慈善服务型。残婴院、麻风病院、孤寡老人院、养老院、收养所、

---

① 张士江：《从进德公益展望有信仰背景的公益事业的发展》，张士江、魏德东主编《中国宗教公益事业的回顾与展望》，宗教文化出版社，2008，第 6 页。

妇女庇护所等。

四是募捐机构型。各类基金会、社会服务机构，包括农村水利、粮食、果树、绿化、环保和社区专案、紧急援助等。[①]

在四类社会服务工作中，慈善公益事业按其方式和渠道可细分为以下八类。[②] 一是社会紧急救助：主要表现为寻求社会援助的失学少年儿童和危重病人；二是关怀弱势群体：表现为接济穷人，关爱老人、病人、饥民，帮助特困户，助残扶贫等，体现了当代中国天主教会以博爱的胸襟关注人性尊严和维护社会弱势群体的责任感；三是扶贫办学：针对贫苦地区无力完成学业的少年儿童和某些基层教学单位，予以资助；四是参与赈灾救灾：此为中国天主教社会关怀的重要内容，由于中国是个自然灾害频发的国家，教会几乎都会举办和参与全国或地区性的赈灾救灾活动；五是关心救助儿童：主要内容为收养弃婴，创办儿童收容中心、孤儿院等；六是艾滋病与麻风病防治：除关心帮助病患者外，教会还组织了防治艾滋病培训等活动；七是创办医院诊所：经常举办义诊等活动，为社区群众服务；八是社会自愿服务：在国家重大节庆期间，或为某些由政府主导的大型公益活动提供志愿者服务。

二 宗教 NGO

改革开放以来，在中国社会公益事业快速发展的同时，一些有着信仰背景的非营利的公益事业组织日渐脱颖而出，为中国社会平衡而健康的发展做出了积极贡献，成为构建和谐社会的一支不可或缺的重要力量。[③]

虽说宗教通过社会公益事业切入社会有各种各样的可能性，存在着各种各样的问题，但是，许多有识之士认为：公益事业是宗教切入社会的最

---

① 张士江：《反省当前中国天主教会的使命》，南怀仁文化协会：《中国教会的今天与明天》，（台北）光启文化社，2006，第219页。

② 康志杰：《宗教能够促进和谐——以当代中国天主教为例证》，北京天主教与文化研究所编《天主教研究论辑》第4辑，宗教文化出版社，2007，第404页。

③ 张士江：《从进德公益展望有信仰背景的公益事业的发展》，张士江、魏德东主编《中国宗教公益事业的回顾与展望》，宗教文化出版社，2008，第2页。

好的途径之一。[①] 也有学者认为，宗教公益事业是构建和谐社会的有益方式。[②] 事实上，社会需求的日益突出和慈善事业方面的落后状况，使宗教社会服务无疑有着广阔的前景，在此意义上，宗教类 NGO 作为近年来宗教在提供社会服务方面的崭新模式，发挥的作用和影响越来越引起人们的重视。

中国天主教各基层教会目前已成立了 18 个教区性的社会服务组织机构，它们分别来自西安教区、北京教区、辽宁教区、衡水教区、邯郸教区、重庆教区、万州教区、南宁教区、昆明教区、上海教区、汕头教区、兰州教区、吉林教区、临沂教区、太原教区、忻州教区和长治教区。这其中，河北进德公益事业服务中心、辽宁省天主教社会服务中心和天主教西安教区社会服务中心为 3 个工作和服务比较突出的社会公益机构。

（一）进德公益

"河北进德公益事业服务中心"，系河北省天主教爱国会、教务委员会创办。其前身为 1997 年 5 月于石家庄成立的"北方进德天主教社会服务中心"。1998 年 8 月，其获得政府批准，为中国大陆首家天主教 NGO/NPO。2006 年 4 月 11 日，北方进德天主教社会服务中心在河北省民政厅注册更名为河北进德公益事业服务中心，简称"进德公益"。[③]

经过多年努力，2011 年 5 月 31 日，河北省民政厅正式为进德公益签发了"河北进德公益基金会"注册证书及机构代码证。这既标志着进德公益踏上了一个新台阶，也标志着有着天主教会背景的社会公益机构深度参与社会、广泛开展国际交流成为可能。从 2011 年 8 月 1 日起，河北进德公益基金会的新名称、新公章和新账号同时启用，并继续保持其信仰身份、背景和特征。

进德公益成立的宗旨是：笃行仁爱，践行信仰，发扬教会服务社会的优良传统，加强与地方教会、社会各界、海外民间机构的积极合作，分享资源，造福人群，推动社会的均衡发展。

---

① 李向平：《公益事业是宗教切入社会的最好途径之一》，《中国宗教》2007 年第 8 期。
② 陈红星：《宗教公益事业是构建和谐社会的有益方式》，《中国宗教》2007 年第 8 期。
③ 张士江：《进德公益的实践与启示》，《中国宗教》2007 年第 8 期，第 41 页。

其目标是：促进社会平衡与持续发展，加强与海内外民间机构的友好往来，为广大信友和教会团体提供服务社会人群的机会，加强教会与社会之间的了解与合作。

进德公益有一套专业性分工明确的组织架构，包括六大部门，分别为"个人及家庭紧急援助部"、"防艾办"、"社会发展部"、"助学金部"、"筹资宣传部"和"安老服务部"。

目前，进德公益开展的公益慈善项目包括如下几项：

一是紧急人道主义援助，包括个人紧急援助和赈灾活动；

二是社会发展项目，包括水利、农业、环保、建校、残婴、智障与幼儿教育、医疗卫生等项目，以及开办慈善商店；

三是教育培训，能力建设、团体培训、资助学术研讨会、与大学以及社科机构的合作；

四是助学金，按捐款人意向分别为贫穷的大中小优秀学生及男女修道生提供学费补助；

五是进德公益"防艾办"，举办防治艾滋病培训、关怀艾滋病患者等活动；

六是反拐卖儿童；

七是安老服务，支持老人院项目、提供安老服务和家政培训；

八是为教会经营的各类社会服务性项目提供资助服务。

进德公益注册基金会成立之后，其较之以前的最大区别在于"在中国社会获得了一个合法的专业从事公益慈善事业的基金会身份，属于无须办理纳税的单位，也可以为捐款者开具由国家财政部门统一印制的正规捐赠收据"。①

河北进德公益基金会属于民间"非公募基金会"，除不能在社会与公共场合公开募捐外，其他运作与要求基本与公募基金会类似。目前该基金会可以接受来自海内外的捐款，特别是来自国内许多地方的天主教信徒和部

---

① 参见"天亚社"记者对"进德公益"相关负责人的采访：http：//76.75.216.139/2011/08/09/e5%9c%8b%e5%85%a7%e9%a6%96%e5%ae%b6%e5%a4%a9%e4%b8%bb%e6%95%99%e6%85%88%e5%96%84%e5%9f%ba%e9%87%91%e6%9c%83/? variant = zh-hans。

分非信徒，以及其他合作伙伴的捐款，为机构的发展和天主教会在社会服务领域的交流提供了广阔的国际、国内平台。

河北进德公益基金会的成立，标志着其专业化、规范化和透明化的管理与运作模式得到了政府部门和社会各界的认可，也为其他有着天主教信仰背景的社会服务机构迈向政策认可、社会认同开辟了建设性的道路。

（二）辽宁省天主教社会服务中心

"辽宁省天主教社会服务中心"，又称"盛京仁爱"，英文缩写：CSSC，是专门开展社会服务和慈善公益事业的教会组织，2004 年 4 月于沈阳正式成立。该中心以"实践爱德、见证信仰、服务社会、缔造希望"为宗旨，积极发挥自身优势，开拓多种渠道服务社会，尤其关注社会弱势群体。现该中心共有专职员工 10 名，专家顾问 9 名，义工若干名，并与欧美多家 NGO 建立了伙伴关系。

辽宁省天主教社会服务中心由张克祥神父创办，成员包括教区主教、神父、修女、大学教授、企业老总、高级知识分子，服务对象涵盖众多领域，既有信徒，亦有教外人士。

辽宁省天主教社会服务中心开展的服务领域主要包括：心理咨询、家庭探访、资助组活动、生产自救活动、工作技能培训、面向大众进行艾滋病知识和反歧视宣传教育、义诊及健康讲座、医疗支持和转介服务等。

关注艾滋病感染者向来是该中心的主要工作之一。盛京仁爱一方面与沈阳市疾病控制中心保持专业和业务上的协作，另一方面也借助省宗教局的积极协调，在社会—政府—教会三者之间建立起可持续发展的，具有深度信任的协作关系。

在 2008 年汶川大地震之后，该中心先后向灾区派遣了 36 名志愿者，其中既有神职人员，亦有平信徒。此外，中心还为灾区送去了棉衣、棉被、食品、药品等救援物资。

盛京仁爱成立之初，即坚持 NGO 的专业化发展方向。其虽然具有宗教背景，但在社会服务活动中，不以传教为附加条件，也不区分服务对象的信仰背景。开展社会服务工作不仅仅是该组织践行爱德这一信仰的内在诉求，也是天主教会发挥自身优势、服务社会的价值路径。[①]

（三）天主教西安教区社会服务中心

"天主教西安教区社会服务中心"是一个立足陕西农村、服务社会弱势群体的基层教会机构。20世纪80年代，随着社会服务项目的增多，西安教区李笃安主教委任教区秘书长陈瑞雪神父为主任，于2002年7月正式成立天主教西安教区社会服务中心。其愿景是：在基督爱的感召下，尊重每一个生命，丰盛每一颗心灵。

该服务中心的使命在于"秉承天主教服务社会的传统，以谦和仁爱的心服务穷人，合理改善贫困人群的生存、生活条件，提高其自身发展能力，以促进中国西部社会和谐发展。"

目前，该服务中心提供的公益服务事业包括如下方式和内容。

一是支持和协助社会弱势群体的团体和组织（残障、孤儿、艾滋病、麻风病、养老院）；

二是帮助改善贫困人群的基本生存、生活条件（引水、修路、通电、医疗诊所、小额信贷、无公害农业、迷你图书室），提升其自身发展能力；

三是贫困助学（中小学生、大学生、女性）。

作为一种宗教参与社会服务的富有活力的新模式，天主教NGO的相关活动和操作方式可以说一方面继承了宗教组织的理念和资源，另一方面采用了NGO的管理和运作模式，从而使得其在提供社会服务时，能够有效地结合上述两个方面的优势，以较低的成本提供优质的服务，这一模式无疑正日益成为中国慈善公益事业的重要组成部分，同时也提供了一种天主教与社会主义社会相适应、促进和谐社会发展的积极而崭新的方式。[②]

三　中国天主教社会服务与慈善公益事业存在的问题

不可否认，自改革开放以来，中国天主教各基层教会在努力恢复宗教

---

① 张克祥：《心存感恩　服务社会——记辽宁省天主教社会服务中心》，《中国天主教》2011年第2期，第21~22页。

② 邓国胜：《宗教类NGO：宗教服务社会的新模式》，张士江、魏德东主编《中国宗教公益事业的回顾与展望》，宗教文化出版社，2008，第123页。

建设、落实教产、培养神职人员、出版印刷教会圣典书刊的同时，力所能及地、逐步开展了大量具有社会公益和慈善性质的服务工作，既为促进社会和谐贡献了力量，也为践行天主教"荣主益人"的信仰理念提供了具体的途径，并树立了良好的社会形象。但是，也应当看到，中国天主教从理论到实践也存在一些问题，笔者将从如下几个方面逐一加以分析。

第一，中国天主教会的社会理论探索严重滞后。社会理论研究处于不应有的边缘化状态，其无法为天主教社会服务实践提供基础性的、超前的和具有先导性的理论指导，与积极引导宗教与社会主义社会相适应的宏观社会环境极不协调，也不利于实现建构和谐社会的长期目标。①

第二，发展不平衡，社会服务机构处于初级发展阶段。截至 2009 年，虽说天主教各类社会、文化服务组织已达 422 个，但是，这一数字与近 600 万名信徒总数相比极不协调；此外，18 个公益事业机构也与全国上百个教区的数量相差悬殊。根据调查统计，全国大多数教区迄今为止尚未成立社会服务中心或办公机构，有些教区甚至没有成立公益实体机构，其对社会和弱势群体提供的服务和支持就不能不受到巨大限制。

第三，政策环境影响具有信仰背景的公益事业的发展。这一影响体现在如下三个方面。一是政教关系的影响：由于中国现阶段的宗教事务管理还处在由行政法规型向依法管理型转变的过程中，各地政府对政教关系的处理在某种程度上还存在较强的人为因素。在那些政教关系正常或良好的地区，基层教会开展社会公益事业的空间较为宽裕，相反则比较狭窄。二是天主教服务公益实体机构注册、营业难问题：在基层教会开办的各类社会服务和慈善公益机构中，一般而言，诊所和养老院等机构比较容易注册，而残婴院则比较困难，截至 2005 年，全国 13 家教会开办的残婴院只有 3 家获得了注册。此外，18 家天主教背景的 NGO 目前也只有进德公益获得了正式注册。三是国家相关法规不完善，导致很多优惠政策难以享受和落实：在河北进德公益基金会成立之前，全国所有的天主教背景的社会服务机构

---

① 刘继同：《天主教社会理论体系特征与社会服务实践模式理论研究》，北京天主教与文化研究所编《天主教研究论辑》第 3 辑，宗教文化出版社，2006，第 361 页。

皆无法为社会团体和个人的慈善捐款开具免税发票，导致社会上很多企业、团体和个人无法与天主教背景的社会服务机构开展合作。据统计，截至2006年6月，全国只有22家基金会或公益组织有权享受社会捐款全额免税的优惠，这一政策的限制，势必严重制约和影响包括天主教在内的有信仰背景的非政府组织的正常发展。

第四，社会认同度不高、接纳有限。受"文化大革命"的影响，国内很多人对宗教存在着较强的偏见，有的甚至将其与"封建迷信""鸦片"等同视之，这就严重地阻碍了人们正确理解、接纳和最终认同有信仰背景的公益组织。①

第四节　中国天主教团体、组织及各级教育机构

一　中国天主教代表会议制度

中国天主教代表会议制度是在中国教会坚持走独立自主自办教会道路上，经过反复实践，不断改进并完善起来的中国天主教会的基本组织形式。1957年8月2日通过的《中国天主教爱国会章程》第三条规定："本会最高机构为中国天主教友代表会议，其职权为制定和修改本会章程；听取和审查委员会的工作报告，推选委员会委员，组成本会委员会"。第四条规定："本会委员会，在中国天主教友代表会议闭会期间，负责执行代表会议的决议，推进会务"。

1980年，根据中国天主教的教务工作的需要，在第三届中国天主教爱国会代表会议之后召开中国天主教第一届代表会议，会上成立了中国天主教主教团和中国天主教教务委员会，具体负责研究中国教会的教务问题和指导全国教务工作。按照会后通过的《中国天主教教务委员会章程》第三条的规定：中国天主教代表会议是中国教会推进教务工作的最高执行机构，

---

① 上述对天主教社会公益事业存在问题的分析得益于张士江神父的相关文章。参见张士江《从进德公益展望有信仰背景的公益事业的发展》，张士江、魏德东主编《中国宗教公益事业的回顾与展望》，宗教文化出版社，2008，第9~11页。

每五年召开一次。其职权为：制定和修改教务委员会章程；听取和审查委员会的工作报告；选举产生教务委员会，建立中国天主教主教团。

20 世纪 90 年代，中国天主教根据教务工作日益开展的需要，进行了机构改革。鉴于中国天主教代表会议和中国天主教爱国会代表会议的代表基本相同，为了便于代表们出席，决定将两个代表会议合并，统称为"中国天主教代表会议"，以 1957 年"中国天主教教友代表会议"为第一届会议，以此排列。

1998 年 1 月 17 日至 21 日第六届代表会议所通过的《中国天主教爱国会章程》明确规定："本会的最高权力机构为中国天主教代表会议"。而《中国天主教主教团章程》第五条也规定："本团向中国天主教代表会议负责"。

中国天主教代表会议的职权为：根据民主集中制的原则，制定和修改中国天主教爱国会和中国天主教团章程，听取和审议"一会一团"的工作报告，审议和通过有关重要决议和决定，选举"一会一团"主席、副主席、秘书长和常务委员。代表会议每五年召开一次，爱国会和主教团都应对代表会议负责。[①]

而在 2010 年 12 月 7 日至 9 日召开的中国天主教第八届代表会议上，与会代表分别修订并通过了《中国天主教爱国会章程》和《中国天主教主教团章程》。其中，修订后的《中国天主教爱国会章程》第三章第八条规定：本会最高权力机构为中国天主教代表会议；而修订后的《中国天主教主教团章程》的第三章第九条也规定，"在社团组织上向中国天主教代表会议负责"；第三章第十二条则对中国天主教代表会议的召开作出了具体规定："全国代表会议由本团常务委员会与爱国会常务委员会共同决定召开，每五年召开一次。"[②]

---

① 中国天主教爱国会、中国天主教主教团编《中国天主教独立自主自办教会教育教材》（试用本），宗教文化出版社，2002，第 221~222 页。

② 上述有关全国代表会议的规定参见最新修订的《中国天主教爱国会章程》和《中国天主教主教团章程》，《中国天主教》2011 年第 2 期，第 7、11 页。

二 中国天主教全国性组织

"文化大革命"以前，中国天主教爱国会是我国天主教唯一的全国性组织，中国天主教爱国会代表会议共举行过两届。改革开放以来，中国天主教会全国性的团体先后成立过三个：一是中国天主教爱国会（成立于1957年，原名为中国天主教友爱国会），二是中国天主教教务委员会（成立于1980年）；三是中国天主教主教团（成立于1980年）。其中，中国天主教教务委员会于1992年中国天主教第五届代表会议上被调整为中国天主教主教团的下属机构，自此，经过几次机构调整，中国天主教的全国性组织便只有中国天主教爱国会和中国天主教主教团两个，简称中国天主教"一会一团"。①

（一）中国天主教爱国会

中国天主教爱国会成立于1957年7月，其最初的名称为"中国天主教友爱国会"。其目的在于贯彻中国共产党提出的"三自革新"宗教政策，即中国天主教必须在积极参与"反对外国帝国主义"这一革命斗争的国家政策领导下，实现教会行政自治、财政自养、信仰自传的三个原则。

中国天主教爱国会不是教会机构，它是中国神长教友在政治上体现爱国精神的群众性组织。中国天主教爱国会的性质和任务，从中国天主教爱国会成立之日起就已明确。1957年7月末至8月初召开的第一次中国天主教教友代表会议，通过的《中国天主教爱国会章程》第二条就明确规定："本会为中国天主教神长教友组成的爱国爱教的群众团体。其宗旨为：团结全国神长教友，发扬爱国主义精神，积极参加祖国社会主义建设和各项爱国运动，保卫世界和平，并协助政府贯彻宗教信仰自由政策。"

1998年中国天主教第六届代表会议修订通过的《中国天主教爱国会章程》第二条仍然规定：中国天主教爱国会"为中国天主教神长教友组成的爱国爱教的群众团体。其宗旨为：拥护中国共产党的领导，高举爱国爱教

---

① 乐峰、文庸：《基督教知识问答》，宗教文化出版社，2009，第245~246页。

旗帜，团结全国神长教友维护宪法尊严，维护人民利益，维护民族团结，维护国家统一，贯彻独立自主自办教会原则。"

改革开放之后，中国天主教爱国会经历过两次重大改组。

首先，1980 年 5 月 22 日至 30 日，中国天主教爱国会第三届代表会议和中国天主教第一届代表会议在北京举行，这是"文化大革命"后中国天主教的第一次盛会。全国 26 个省、区、市的 198 位主教、神父、修女和信徒代表参加了中国天主教爱国会第三届代表会议。会议选举宗怀德主教为中国天主教爱国会主席，通过了《中国天主教爱国会章程》。该章程规定："中国天主教神长教友组成的爱国爱教的群众团体，其宗旨为：团结全国神长教友，在中国共产党和人民政府的领导下，发扬爱国主义精神，遵守国家政策法令，积极参加祖国社会主义现代化建设，促进与国际天主教人士的友好往来，反对帝国主义、霸权主义，保卫世界和平，并协助政府贯彻宗教信仰自由政策"。①

鉴于中国天主教爱国会是神长教友组成的爱国爱教的群众团体，而非教会教务的管理机构，其无法名正言顺地履行制订和执行教会法规、监督和开展教务活动、开展神学教育、改革教会礼仪等方面的职能。因此，1980 年 5 月下旬，中国天主教爱国会第三届代表会议甫一结束，中国天主教第一届代表会议就随之召开。参加会议的主教、神父、修生、修女和教友代表共计 207 人。经过与会代表的协商和讨论，会议决定成立中国天主教教务委员会和中国天主教主教团，并一致选举上海主教张家树担任教务委员会主任和主教团团长。这样，1980 年，中国天主教就由原来的仅有一个全国性机构，变为三个全国性机构，即所谓的"两会一团"：中国天主教爱国会、中国天主教教务委员会和中国天主教主教团。

其次，1998 年中国天主教第六届代表会议对中国天主教爱国会和中国天主教主教团进行了机构调整和新的人事安排，选举产生了新一届中国天主教爱国会的领导班子。新领导班子的特色：中国天主教爱国会主席和主

---

① 国务院宗教事务局政策法规司编《中国宗教团体资料》（第一辑），中国社会出版社，1993，第 382~383 页。

教团两个职务不再由同一人兼任，而是分别由两位人士担任。① 其中，傅铁山主教担任中国天主教爱国会主席，而刘元仁主教则担任中国天主教主教团团长。这一惯例在中国天主教爱国会第七届代表会议和中国天主教爱国会第八届代表会议人事任命上获得了延续。

2010年12月7日至9日，中国天主教第八届代表会议在北京召开，房兴耀主教当选为新一届中国天主教爱国会主席。副主席为郭金才主教、马英林主教、孟青禄主教、沈斌主教、黄炳章神父、雷世银神父、岳福生神父、吴琳修女、刘元龙教友、舒南武教友，秘书长由刘元龙教友担任。

（二）中国天主教主教团

中国天主教主教团成立于1980年，为全国性的教务机构。根据天主教的信仰和传统，主教团是教务性的教会组织。中国天主教主教团向中国天主教全国代表大会负责。

中国天主教主教团的基本职能：研究教会"当信当行"的教义教规；审批教区主教的选圣和教区划分与调整；设计牧灵职务，制定牧灵规章，制定牧灵工作；团结全国神长教友，遵守国家宪法、法律、法规与政策；培养各种圣职和献身生活人员；对外代表中国天主教会进行活动。

1980年，中国天主教爱国会第三届代表会议及中国天主教第一届代表会议相继在京举行。此次会议决定成立中国天主教主教团，标志着我国天主教会在组织机构方面的一个重要变化，甚至是"一个历史性的进步"。② 也就是说，中国的天主教会也和世界其他国家的天主教会一样有了自己的主教团，而且，主教团在全国的教务工作中处于领导地位。这些历史性的变化，不仅显示出我国宗教政策的灵活性、开放性和富有建设性，还使得中国天主教会地位与世界各国天主教会平等，中国天主教会结构日趋完善。③

---

① 任延黎主编《中国天主教基础知识》，宗教文化出版社，2005，第310页。
② 任延黎、王美秀：《中梵关系研究》（内部报告），中国社会科学院世界宗教研究所，1998，第79页。
③ 任延黎、王美秀：《中梵关系研究》（内部报告），中国社会科学院世界宗教研究所，1998，第77页。

但是，如此重要的一个全国性机构，在成立之初却没有自己的组织章程，只是在《中国天主教教会委员会章程》的第七条简略地提到中国天主教主教团的任务——"研究、阐明当信当行的教义教规"，以及交流传教经验和与其他国家的天主教团体开展友好交流活动。这势必在很大程度上削弱中国天主教主教团的地位和重要性，也使得其权威性大打折扣，从而很难明确履行自己的职责。

中国天主教主教团对外代表中国天主教。此次会议选举张家树主教为中国天主教主教团第一任团长，副团长为王学明主教（呼和浩特）、杨高坚主教（常德）、宗怀德主教（济南）、董光清主教（汉口）、涂世华主教（汉阳）和傅铁山主教（北京）。主教团秘书长由杨高坚主教兼任。① 中国主教团由全国各教区主教组成，共计 33 名成员。②

1986 年 11 月 18 日至 29 日召开的中国天主教第二届代表会议对《中国天主教教务委员会章程》进行了修改，其中增加了助理主教也是主教团成员的内容。自此，中国天主教主教团成员增加至 52 人。

1988 年 3 月 25 日，中国天主教主教团团长张家树主教逝世。同年 4 月 10 日，中国天主教爱国会、教务委员会和主教团负责人在北京召开会议，决定由宗怀德主教任教务委员会主任和主教团团长。

1992 年召开的中国天主教第五届代表会议制订并通过了《中国天主教主教团章程》，按照章程规定，中国天主教主教团成为中国天主教会的全国性教务领导机构，对外代表中国天主教会，教务委员会被调整为主教团的附属机构，与修院教育委员会、礼仪委员会、神学研究中心、经济委员会和海外联谊委员会并列。此外，该章程规定，主教团成员由全国各教区的正权主教、助理（辅理）主教和顾问主教组成，还正式承认教宗的首席权并号召为教宗祈祷。③

1997 年 6 月 27 日，宗怀德主教在北京逝世。1998 年中国天主教第六届

① 任延黎主编《中国天主教基础知识》，宗教文化出版社，2005，第 307 页。
② 国务院宗教事务局政策法规司编《中国宗教团体资料》（第一辑），中国社会出版社，1993，第 403 页。
③ 任延黎主编《中国天主教基础知识》，宗教文化出版社，2005，第 308 页。

代表会议之后，南京教区刘元仁主教当选为中国天主教主教团主席。副主席为傅铁山、刘景和、李笃安；常委由刘元仁、傅铁山、刘景和、李笃安、金沛献、蒋陶然、房兴耀 7 位主教组成；马英林神父当选为主教团秘书长。

2010 年 12 月 7 日至 9 日在北京召开的中国天主教第八届代表会议上，昆明教区主教马英林当选为新一届中国天主教主教团主席。副主席为房兴耀、詹思禄、方建平、李山、裴军民、杨晓亭；郭金才主教当选为主教团秘书长。

2010 年 12 月 10 日，中国天主教"一会一团"召开了八届一次常委联席会、负责人联席会及委员联席会，其中，负责人联席会表决通过了中国天主教主教团副秘书长的成员名单：王仁雷主教、甘俊邱主教、朱立戈神父、刘新红主教、陈书杰神父、杨宇神父和何泽清主教。① 鉴于从 2004 年到 2010 年中国在经济、文化和社会建设等方面所发生的快速变化，加之中国天主教第七届代表会议以来，中国天主教会所取得的长足进展，以及教会在牧灵福传事业上所面临的新形势和新问题，中国天主教第八届代表会议重新修订并通过了《中国天主教主教团章程》。新的章程在中国天主教主教团的任务范围方面增加了"本团在信仰及福传事业上，依据主耶稣基督对宗徒们的派遣和圣神赋予宗徒们的权力，履行牧职使命，在当信当行的教义教规上，与宗徒之长伯多禄的继承人保持共融；在社团组织上向中国天主教代表会议负责"的内容。这就使得主教团与代表会议的关系更加清晰，权力来源更加明确，同时表明中国天主教与罗马天主教会在信仰上是保持一致的。②

（三）中国天主教教务委员会

中国天主教教务委员会曾经一度成为中国天主教全国性教务机构，由中国天主教代表会议选举产生。

1980 年，在北京召开的中国天主教第一届代表会议决定同时成立中国

---

① 资料来源：http://www.chinacath.org/news/china/2010-12-07/9725.html。
② 詹思禄：《关于〈中国天主教爱国会章程〉和〈中国天主教主教团章程〉修改的说明》，《中国天主教》2011 年第 2 期，第 6 页。

天主教教务委员会和中国天主教主教团，并制订了《中国天主教教务委员会章程》。按照章程规定，中国天主教教务委员会为全国性教务机构，其最高权力机构为中国天主教代表会议，其宗旨是以《圣经》为依据，继承发扬天主教会的传统精神，引导神长教友，恪守诫命，坚持独立自主和民主管理的原则，商讨并决定重大教务问题，办好中国天主教会。

第一届中国天主教教务委员会主任为张家树主教。

1986 年，在中国天主教第二届代表会议上，与会代表修订了《中国天主教教务委员会章程》，新章程增加了助理主教也是主教团成员的内容，规定主教团由各教区正权主教和助理主教组成。会议再次选举张家树主教为中国天主教教务委员会主任。

1992 年中国天主教第五届代表会议通过了《关于调整"中国天主教三机构"的决议》，决定将中国天主教教务委员会调整为中国天主教主教团的下属机构，与修院教育委员会、礼仪委员会、神学研究中心、经济委员会和海外联谊委员会并列。从此，中国天主教的全国性机构为中国天主教爱国会和中国天主教主教团，即"一会一团"。

三　宗教教育机构

1949 年之前，天主教会所开办的宗教教育机构包括各类学校和专门性的修院，其中大学 3 所，分别是震旦大学及其附属震旦女子文理学院、天主教工商学院（津沽大学）、辅仁大学，[①] 此外尚有 156 所中学和 2009 所小学。[②] 除施行公共教育的私立教会学校之外，中国天主教会还开办有大修院 924 所、小修院 2705 所，约有 200 名中国神职在国内外接受高等教育。[③]

1949 年新中国成立后，这些学校先后失去了国外的经济支持，无法继续维持。当时的中华人民共和国政务院文教委员会接管了所有向社会开放的教会学校，成为公办院校的一部分，与教会完全脱离了关系。

[①] 顾裕禄：《中国天主教述评》，上海社会科学院出版社，2005，第 114~115 页。

[②] 《中国天主教年鉴》1949 年版，罗渔、吴雁编著《大陆中国天主教四十年大事记（1945－1986）》，台湾辅仁大学出版社，1986，第 6 页。

[③] 沙百里：《中国基督徒史》，耿昇、郑德弟译，中国社会科学出版社，1998，第 304 页。

1962 年，中国天主教爱国会第二届代表会议上，代表们曾建议成立一所完全由中国神职人员管理的全国性修院，并作出了筹建中国天主教神哲学院的决议，成立了神哲学院的董事会。后因"左"的思想干扰以及发生了"文化大革命"，这一决议在全国修院筹建过程中不幸夭折。

20 世纪 80 年代初，随着各地天主教堂陆续归还教会，各地教会都面临着原有中国天主教会神职人员队伍的老化和神职人员数量紧缺的问题，因此，年轻神职人员的培养工作再一次提到了中国教会的面前。

1980 年中国天主教爱国会第三届代表会议暨中国天主教第一届代表会议通过了《关于筹办中国天主教神哲学院的决议》。决议中说："为了宣扬耶稣基督福音，继承宗徒传教事业，适应中国圣教会的需要，培养传教司铎和神、哲学专业人才，会议决定开办中国天主教神哲学院，并责成中国天主教教务委员会筹办"。

中国天主教第一届代表会议召开以后，各地教会普遍认为：一所全国性修院已不能满足中国教会当前对年轻司铎的需求，于是决定可由一个省（自治区、直辖市）或几个省（自治区、直辖市）联合开办一些修院。

中共十一届三中全会以后，党中央、国务院对培养年轻宗教教职人员的工作十分重视。1980 年中央决定恢复宗教院校；有关文献指出："有计划地培养和教育年轻一代的爱国宗教职业人员，对我国宗教组织的将来面貌具有决定的意义。我们不仅应当继续争取、团结和教育一切现有的宗教界人士，也应当帮助各种宗教组织办好宗教院校，培养好新的宗教职业人员。"[1]

在党政宗教部门和天主教会各级爱国会组织的支持与具体协助下，1982～1998 年，北京天主教神学学院、中国天主教神哲学院、佘山修院、沈阳神哲学院、陕西神哲学院等一批全国和地方联办的地方修院纷纷开办起来了。

此后，1996 年 7 月，国务院宗教事务局发出的《关于加强和改进宗教院校工作的意见》，均对中国宗教团体开办宗教院校表示支持，并指出了宗教院校应该发展的正确方向。

---

[1] 中共中央文献研究室综合研究组、国务院宗教事务局政策法规司编《新时期宗教工作文献选编》，宗教文化出版社，1995，第 65～66 页。

进入 21 世纪，尤其是中共十六大以来，国家对宗教院校建设十分重视，投入巨额资金，全面改善全国宗教院校的办学条件。天主教神职培育机构开始进入一个新的发展阶段。

中国天主教爱国会统计数据显示，中国天主教神职人员在数量上一直存在缺口。与新中国成立初期的 1100 多位神父相比，截至 2006 年，中国现有神父 1800 多个。在中国的 97 个天主教教区中，有 42 个教区没有主教，29 个教区主教年龄在 85 岁以上，40 岁左右的主教 16 个，50 岁至 60 岁之间的只有 1 个。因此，神学院的设立和创办无疑解决了神职人员青黄不接的问题。中国天主教要有所发展，就必须造就大批人才，提高神职人员的整体素质。[①]

中国天主教主教团修院教育委员会的统计结果显示，截至 2000 年 7 月，在全国范围内各地已开办大小修院 36 所，其中大修院（神哲学院）12 所，包括全国性修院 1 所，即中国天主教神哲学院；地方联合举办的修院 5 所：上海佘山修院、沈阳神哲学院、中南神哲学院、四川神哲学院、陕西神哲学院；由省（自治区、直辖市）教会举办的修院 6 所：河北省天主教神哲学院、北京天主教神哲学院、山东济南圣神修院、吉林神哲学院、内蒙古神哲学院和山西省神哲学院。[②] 此外，全国各教区共建立了近 100 所修女会，其中，发愿修女 6000 多人。

截至 2000 年，全国各类大修院在读修生共有 1900 余名，已毕业修生中祝圣神父有 1500 余人。到了 2004 年，这一人数跃升至 2000 人，[③] 而到了 2007 年，在校修生人数却陡然下降到 1200 多名；[④] 2010 年，在校修生的人数略有回升，达到了 1300 多名；[⑤] 在这些年轻神父中，有的已被选圣为主

---

① 资料来源：http://www.rmzxb.com.cn/zxtz/mzzj/t20061122_108017.htm。

② 中国天主教爱国会、中国天主教主教团编《中国天主教独立自主自办教会教育教材》（试用本），宗教文化出版社，2002，第 174~175 页。

③ 参见傅铁山主教在中国天主教第七届代表会议上的工作报告——《爱国爱教，与时俱进，推进福传，服务社会》，转引自陈建明、杨舜涛《盛世开盛会 做光又做盐——中国天主教第七届代表会议胜利闭幕》，《中国天主教》2004 年第 4 期。

④ 刘柏年：《中国天主教爱国会 50 年的成就与经验》，《中国宗教》2007 年第 8 期，第 8 页。

⑤ 马英林：《同心同德谱写中国天主教爱国爱教事业新篇章——在中国天主教第八届全国代表会议上的工作报告》，《中国天主教》2011 年第 1 期，第 6 页。

教，成为教区的主要领导人。此外，还先后有 300 多名年轻神父、修生、修女被选派到美国和欧洲等 10 多个国家攻读神学学位，其中有 100 多位业已取得神学硕士或博士学位，回国后在修院和教区中担任重要职务。

（一）中国天主教神哲学院

在全国各大修院中，中国天主教神哲学院是唯一一所由中国天主教主教团直接管理的全国性天主教修院，为中国天主教神职人员培训的最高学府和神学研究中心。该院于 1983 年 9 月建成开学，学制六年，面向全国招生，第一任院长为涂世华主教，第二任院长为宗怀德主教。该修院曾多次搬迁，校舍最初与中国天主教爱国会同在一栋大楼；1990 年底迁至北京海淀区三环北路厂洼街新校舍。1996 年 12 月 3 日，中国天主教神哲学院在新址（北京大兴区黄村）举行工程奠基仪式。2000 年 3 月，中国天主教神哲学院师生员工迁入新址。2006 年 9 月 28 日，中国天主教神哲学院历经建设，终于宣告正式落成，总占地面积 72 亩，建筑面积达 19000 平方米。中国天主教神哲学院已先后建成包括教学楼、学术报告厅、图书馆、小圣堂和宿舍在内的 10 座建筑，共有 24 位中外籍教授在校内任教，是亚洲天主教界设施最为现代化的、教学水平最高的学府之一。

中国天主教神哲学院不仅担负着培养中国天主教会较高级人才的任务，也是中国天主教会神学研究的主要基地。自开办以来，中国天主教神哲学院共毕业了 8 届修生，有 200 余名修生已晋升神父。

作为全国规模最大的天主教修院，中国天主教神哲学院被认为是“中国天主教的心脏”、中国天主教“一会一团”在神学方面的“参谋部”，以及中国天主教神学思想创新的基地。

1983 年至 2012 年，中国天主教神哲学院已先后招收了 10 届共计 419 位学员，培养司铎 240 多位，目前有 60 多位修生在读。2003 年至 2012 年，中国天主教神哲学院已举办了 3 届司铎进修班，学员都是已祝圣神父 5 年以上的神职人员，主要进行礼仪、牧灵、灵修、论理、（教会）法律及文献等方面的培训。

（二）上海佘山修院

上海佘山修院由上海、江苏、浙江、安徽三省一市天主教会联合举办，于 1982 年 10 月 11 日正式开学，首批招收了 34 名修生入学，学制为六年。第一任院长为上海教区金鲁贤主教。后来，山东、福建和江西三省教会也参加了该修院的董事会，因此，上海佘山修院成为华东地区六省一市教会联合举办的修院。1985 年，上海佘山修院进行了扩建。扩建后的修院位于上海市郊淀山湖风景区，占地 1.33 公顷，建筑总面积近 5000 平方米。

截至 2000 年，上海佘山修院先后共培养了 200 余位年轻神父，就读的修生有五个班级，116 位修生，并在上海市郊的青浦泰来桥和江苏省的苏州市设有两所分院。①

上海佘山修院董事会每年召开一次，各教区董事长聚集一堂，就修院的培育工作、教学质量、师资队伍建设等事项进行讨论和总结，并负责对日后的修院工作做出指示和调整。

上海佘山修院培育神父 8 人，修生 114 位，分 7 个年纪。修生在修院生活以灵修和学习为主。修院还办有院刊《葡萄园》，为半年刊。修院中修生团体除学生会外，还成立有圣母会，该会以祈祷和服务为宗旨，带动整个修院的灵修气氛。修院图书馆成立于 1986 年，1998 年 3 月被命名为"爱德图书馆"。现该图书馆已成为国内天主教修院当中规模最大的图书馆之一，共有藏书 7.5 万册。

截至 2007 年，上海佘山修院共招生 621 名，其中毕业生 310 人，晋铎人数 294 名，在校就读 114 人。②

（三）沈阳神哲学院

沈阳神哲学院是由东北三省联办的地方性宗教院校。

---

① 中国天主教爱国会、中国天主教主教团编《中国天主教独立自主自办教会教育教材》（试用本），宗教文化出版社，2002，第 174 页。

② 中国天主教爱国会、中国天主教主教团编《圣神光照中国教会——中国天主教爱国会成立五十年来的辉煌足迹》，宗教文化出版社，2008，第 400~405 页。

1982 年，在辽宁省相关宗教部门的领导和帮助下，辽宁省联合黑龙江、吉林两省，于 1983 年 3 月创办了沈阳天主教神哲学院，简称沈阳神哲学院。第一任院长为赵佑民主教，副院长为杜世才神父。

沈阳神哲学院的办校宗旨是：以"梵二"文献《司铎之培养法令》（Optatam Totius）的精神及《天主教法典》的相关要求为基础，结合中国地方教会实际情况，以培养热爱祖国、热爱教会，具有较高神哲学造诣，品学兼优的圣职人员；其目标是：塑造修生以福传使命为己任，终生宣扬基督，追随基督，献身基督。

自 1983 年到 2009 年，沈阳神哲学院共毕业修生 244 人，已晋铎神父 196 人。自 2005 年起，沈阳神哲学院开始招收修女进修班，其中，2005 年招收 19 人，2007 年招收 19 人，2009 年招收 18 人。

截至 2012 年，沈阳神哲学院共有在校修生 68 人，分为 4 个班；此外还设有修女进修班，招生人数 19 人。学员分别来自辽宁，黑龙江，内蒙古赤峰，河北沧州、衡水、邢台、邯郸，天津，山西太原、长治、榆次，山东等十多个教区。

师资建设方面。从 1997 年起，有多位留学人员归国，充实了神学院的教师队伍，并使该院教学水准有了明显提高。神哲学院现有专职教师 12 人，主要负责专业课教学。此外，学院还聘请海内外知名的专家学者、教授前来讲授个别学科及专题讲座。神哲学院于 2001 年取得了聘请外籍教师的资格证。同时，每学期聘请约 10 名专业教师担任文化课的教学任务，这些教师来自东北大学、辽宁大学、沈阳大学等大专院校，为具有教授、副教授等职称的资深专职教师。

课程设置方面。学院施行 6 年学制，其中哲学 2 年，神学 4 年。课程分为专业课（宗教课）、必修课（文化课）和选修课三类。专业课实施系统化的神哲学教育。神学方面主要分为：圣经学、信理神学、伦理神学、灵修神学、礼仪神学、牧灵神学、教父学、教会史等部分。哲学方面主要分为：士林哲学、西方哲学史、中国哲学、中国哲学史、现代哲学等部分。文化课按整体教学计划的 30% 的比例设置，其中包括：中国文学（古代汉语、现代汉语、古典文学、现代文学、大学语文等）、写作、外国文学、外语

（英语）、历史学（中国通史、世界通史）、法学、心理学、社会学和管理学等诸多学科。

学院的管理制度。沈阳神哲学院在管理上实行董事会和院长负责制的管理制度。董事会负责聘请院长并负责处理学院重大的问题。董事会负责审查教学计划，听取学院的工作报告和筹措办学经费等。现在的董事会由辽宁和黑龙江两教区共 11 人组成，其中辽宁教区 7 人，黑龙江教区 4 人。现任董事长由辽宁教区裴军民主教担任。

出版方面。沈阳神哲学院于 1999 年创办院刊——《勘破》，出版周期为每学期一期。1993 年，沈阳神哲学院曾出版建院十年纪念刊物一本。2006 年，沈阳神哲学院还创办了《圣言报》。①

（四）中南神哲学院

中国神哲学院为中国中南地区的河南省、湖南省、湖北省、广东省、广西壮族自治区和海南省 6 省区天主教会联合举办的修院，于 1983 年 10 月 18 日开办，院址设在武汉市原天主教两湖总修院内，院长为董光清主教。

1995 年，学院已招收修生 12 届，约 300 余人，其中 100 余人晋升了神父。至 2008 年，共有 428 人在该院学习，毕业晋铎 170 人。截至 2010 年，毕业生中共 200 多人晋铎。

学院学制六年，即哲学二年，神学四年。

学院设有教学楼、修生宿舍楼、职工生活楼，三栋共约 6000 平方米，设有圣堂、图书馆、电脑室、医务室、理发室，外宾室等。

在修院管理方面，董事会为学院最高决策机构，由六省（区）教长、"两会"秘书长组成，每年召开会议一次，决定学院的重大的事情，如：选举院长、决定招生事项、筹备办学经费等。该院受师资所限，原则上每两年招生一次。

学院的行政管理以院务委员会为领导核心，下设教务处和办公室。院

---

① 有关沈阳神哲学院的部分数据来自董洪昌神父提供的《走过二十五年——沈阳天主教神哲学院简介》一文。

务委员会原则上每两周召开一次，由院长主持，商讨或布置学院有关事项，或检查、落实具体工作。①

（五）四川神哲学院

四川神哲学院为西南三省一市联合开办的西南地区天主教神哲学院，由云南、贵州、重庆两省一市天主教"两会"委托四川省天主教"两会"具体管理。学院董事会根据圣教会有关培养司铎的规定和我国宗教院校办学方针办院，其宗旨是：培养热爱社会主义祖国，接受党和政府领导，热爱圣教会，具有较高的神哲学造诣，善度超性生活，立志终身献身教会，宣扬基督的福音，服务人群，坚持独立自主自办教会的原则、培养具有较高综合素质的新一代神职人员。

1984 年 3 月，四川神哲学院开办于成都教区主教座堂，其地址位于四川省成都市平安桥街 29 号。1996 年，学院迁往成都市郊的郫县，与此同时学院学制由原来的 5 年改为 6 年（第 1~2 年为哲学年，第 3~6 年为神学年）。共开设灵修、要理、哲学、旧约、新约、信理神学、伦理神学、礼仪、拉丁语、教会史、要理讲授、讲道学、牧灵神学、天主教法典、政治、语文、历史、地理、英语、体育、书法、教育学、心理学、公共关系、美学概论、基督教与中国文化、现代科技概论、儒释道简介、伊斯兰教简介、当代罗马天主教等 32 个学科。

学院施行院长负责制，院长和副院长主持日常工作，下设教务处、总务处。前者负责教学课程设置、聘请教师、评审教学质量、圣召培训、灵修指导、道德素质教育等；后者负责行政事务、外事接待、社交联络和后勤保障等工作。②

截至 2010 年，四川神哲学院已毕业 6 届修生，祝圣司铎 80 多位，该校现有修生 47 人。③

---

① 资料来源：http://wxy8184.blog.163.com/blog/static/79513473200810161042499 3/。
② 中国天主教爱国会、中国天主教主教团编《圣神光照中国教会——中国天主教爱国会成立五十年来的辉煌足迹》，宗教文化出版社，2008，第 406~407 页。
③ 河北信德社：《中国天主教手册（2010）》，河北信德社，2010，第 2 页。

（六）陕西神哲学院

陕西神哲学院是经国家宗教局〔1982〕60 号文件正式批准开办的宗教院校，其前身为西安德兰修院。不过，早在 1981 年 12 月，陕西省西安教区便开始了相关的修士培育工作。1982 年，陕西天主教神哲学院起先将在"文化大革命"中被政府占用的西安市糖房街北堂作为院址，但落实的土地面积仅有 2 亩。

1985 年，陕西神哲学院正式宣告成立。1991 年，学院迁至西安市五星街南堂；1995 年，复迁至城外西南鱼化寨老烟庄村西，新学院占地面积28.95 亩，建筑面积 8000 多平方米。学院内有宿舍楼、教学楼、图书馆、修女培训楼、餐厅、圣堂及运动场等。

陕西神哲学院为西北五省：陕西、内蒙古、青海、宁夏、新疆五省区联合举办的神哲学院。自神哲学院开办以来，西北五省区各级政府和各个教区均非常注重该学院在师资力量、教学管理、课程设置等方面的建设，并给予了大力支持和帮助。

1995 年 9 月，应各方面的要求，学院特别成立了修女培训班，在全国属首创。起初，限于师资力量，培训期定为一年。随着师资力量的逐渐增强，2003 年，修女培训的期限被延长至两年。截至 2008 年，陕西神哲学院培训了 12 期修女，共计 490 人，现接受培训的修女人数为 97 人（大班 49 人、小班 48 人）。[①]

（七）北京天主教神哲学院

北京天主教神哲学院是由北京教区主办的地方性宗教院校。

北京天主教神哲学院是改革开放之后国内最早恢复、开办的神学院之一。北京天主教神哲学院于 1981 年创办，最初院址设于市郊西北旺，院长为王基志神父。第一批招收修生共计 6 名，学习内容包括：语文、拉丁文、

---

① 中国天主教爱国会、中国天主教主教团编《圣神光照中国教会——中国天主教爱国会成立五十年来的辉煌足迹》，宗教文化出版社，2008，第 430 页。

英语、神哲学和圣经等。

北堂归还给北京教区之后，北京天主教神哲学院于 1989 年 9 月迁入北堂。[①] 三年后，即 1992 年 9 月，北京天主教神哲学院又被迫迁到朝阳区平房正街 87 号。1999 年，北京市政府出资 1500 万元，并于海淀区东升乡征地 15 亩，修建了一座总面积达 6700 平方米，集学习、培训和住宿于一体的大型现代化修院。2001 年 9 月，新学院竣工并投入使用。

现在学院面向山西、内蒙古、天津等地招生。学制为四年至六年。

30 年来，北京修院共招生 180 余人，毕业后祝圣神父的有 100 余人，其中有 50 多位神父服务于北京教区，另外 50 多位服务于其他教区。北京天主教神哲学院一直以来给予修生在人格陶成、个人灵修、信仰和文化知识以及牧民实习上严格的训练及耐心的培育，使得他们能更好地融入社会，服务自己本地的教会。

（八）河北省天主教神哲学院

河北省天主教神哲学院成立于 1984 年，系省内 10 个教区联合主办。学院原位于石家庄教区北堂（新华区北大街 54 号），1989 年春迁至学府路 3 号（原属天主教本笃会神乐院），占地 80 余亩。1984～1999 年为四年制（以神学为主），1999 年 9 月改为六年制（哲学两年、神学四年）。学院自 2002 年 9 月实行初试制度，即在哲学毕业后作一年的圣召反省。截至 2006 年 7 月，共培养修生 470 人，其中晋铎人数约 370 余位。学院现有修生 151 人，本院讲师和客座讲师 20 余人。河北省天主教神哲学院持守基督化和全人培育的教育原则。

教学设施：综合楼采纳中西结合的建筑风格，集教学、办公和住宿于一体，并配有教堂、祈祷室、图书馆、多媒体阶梯教室、电脑室、语音室、网络室、会议室等。

运动设施：环形跑道、足球场、篮球场、排球场、羽毛球场、健身房、乒乓球室、蜻蜓湖、圣母山。[②]

---

① 顾裕禄：《中国天主教述评》，上海社会科学院出版社，2005，第 228～229 页。

② 参见 http://www.hbcseminary.org/website/ch/About.asp。

（九）山东济南圣神修院

山东济南圣神修院是由山东省天主教教务委员会主办的一所省级大修院。其前身为山东省天主教圣神小修院，学制两年。1982 年开始筹备，1984 年 1 月 1 日修院正式成立。起初，修院设立于山东省济南市将军庙街 25 号济南教区主教府内。1986 年正式更名为山东省天主教圣神修院，学制 6 年，面向全省各教区招生。1996 年 7 月，修院迁入洪家楼原天主教若翰小修院。新整修的修院占地 6.5 亩，建筑面积 2964 平方米。1997 年 9 月起，修院增加两年预科班，学制改为 8 年，两年招生一届。截至 2010 年，修院共有 80 多位修生晋铎。

修院还经常选派部分修生前往上海佘山修院和中国天主教神哲学院进修深造。①

（十）吉林神哲学院

吉林神哲学院成立于 1987 年 11 月 10 日，最初共招收修生 15 名，首任院长为吕隐声神父。

1990 年 7 月，学院由长春教会迁至吉林圣母山，最初的校舍为 400 平方米；1994 年，在德国某传教机构的资助和社会各界的大力支持下，又增建了一栋 1600 平方米综合性楼房。如今，修院在师资和办学设备方面已日趋完善。修院还主办院刊——《晨曦》。

学院学制 6 年，为吉林省培养神职人员，另外有河北两教区在该校培养修士。截至 2008 年吉林神哲学院一共招生 200 余人，毕业 8 届，共计 55 人，已晋铎 49 人，现有 19 位修生。

（十一）内蒙古神哲学院

其前身为绥远省归绥市（即现今的呼和浩特市）天主教神哲学院。

---

① 王勇训：《不平凡的二十年——献给山东省圣神修院建院 20 周年》，《中国天主教》2004 年第 2 期。

1935 年内蒙古教省（属比利时圣母圣心会负责）所属各教区，因山西大同神哲学院容纳不了众多的修道生，归绥市另建哲学院。1946 年，大同神哲学院在国内革命战争中被毁后，大同神哲学院便迁往归绥市，神哲学院又重新合并在一起。该学院先后培养出许多国籍神父，如今内蒙古五教区还健在的老神长，几乎都就读于该修院。1960 年学院停办。

党的十一届三中全会后，宗教信仰自由政策得到贯彻落实，经过多方面的努力，1985 年 3 月经内蒙古自治区人民政府的批准，成立了学制 4 年的"内蒙古神哲学进修班"，校址设在呼和浩特教区主教府内。

1990 年，内蒙古神哲学进修班正式更名为"内蒙古神哲学院"。学制也改为 6 年，王学明主教任院长，李英神父任常务副院长，王希贤神父任教务长，并增加一位年轻神父（孟青录）为教员。至此内蒙古神哲学院的教学和管理工作开始迈向规范化。2001 年起学制由 6 年增加为 9 年。

经过 18 年辛勤的耕耘，内蒙古神哲学院取得了令人欣慰的成绩。截至 2008 年共招收修生九届 224 人，已毕业 119 人，晋铎 90 多位（包括转入其他修院的），除三位留院任教外，其余全都奔赴在内蒙古五教区的传教第一线。

学院现有修生 33 名（三届学生），专职教师 6 人，外聘教师 5 人，义务教师 3 人。内蒙古神哲学院图书室自 1985 年建院以来，便多方面收集资料和图书。目前，图书室约有图书万余册，有力地保证了师生的借阅需求。①

（十二）山西省神哲学院

山西省神哲学院于 1985 年创办，学制 6 年，为山西八教区培养神职人员，已毕业 6 届，培养出 160 位神父。

2000 年山西省神哲学院由原址圪潦沟迁至原孟高维诺总修院内，② 占地 62.4 亩，建筑面积 7018.71 平方米，设有学生宿舍区、老师办公区、教学区、饮食区、娱乐活动区、客房区六个区，并在此基础上配备了相应的硬

---

① 部分内容参照中国天主教爱国会、中国天主教主教团编《圣神光照中国教会——中国天主教爱国会成立五十年来的辉煌足迹》，宗教文化出版社，2008，第 425~426 页。
② 河北信德社：《中国天主教手册（2010）》，河北信德社，2010，第 2 页。

件设施。修院有图书近万册。师资方面，除自身的教会师资外，学院还从山西大学、太原理工大学等高校聘请专门的大学老师前来任教。

学制及课程设置：学院根据《司铎培育法令》，制定了 6 年的培育计划：哲学两年、神学四年。课程方面，学院设有宗教专业课和文化专业课以及选修课；专业课按照全球天主教会的标准，并参照国外修道院教学科目的安排而设置，进行系统的教会神哲学教育。神学课程包括圣经学、信理神学、伦理神学和牧灵神学四个部分。此外，大学的文化课程所占比例为整体课程的 30%。[①]

第五节　中国天主教会的经济状况

一　天主教会的经济来源

就神学教义层面而言，天主教有其独特的经济观。在天主教的信仰中，economy 被特别用来指天主的救赎安排或计划，即天主对自己家庭，也就是世界的管理。为了治理世界，天主必须进入并经由这个世界，与世界发生关联，就此而言，耶稣基督的"道成肉身"无疑是天主与世界关系的最高表达。在神圣的 economy 中，特别是在耶稣基督内，人类历史得以与天主之爱联系起来。因此，如果没有这一 economy，人的历史就永远无法与天主的慈爱发生关联，天主的超验性也永远不为人所及。[②]

自 19 世纪末以来，历代教宗均对如何建构社会生活和经济生活发布了大量通谕，有其完整的理论，这些通谕中体现的理论被全球天主教会作为指导神职人员和信徒面对现代社会，尤其是面对现代经济生活的指导性原则。

天主教会的经济来源决定了其在政治上的归属和向心力，而教会的经济实力也会影响教会的活动能力、社会影响和社会地位。1949 年之前，天主教在经济上主要依靠外国传教团体和罗马教廷，而教会建造的房地产也成为天

①　中国天主教爱国会、中国天主教主教团编《圣神光照中国教会——中国天主教爱国会成立五十年来的辉煌足迹》，宗教文化出版社，第 419～420 页。

②　谭立铸：《经济的人与人的经济——从〈在真理中的爱德〉通谕看天主教的经济观》，卓新平、许志伟编《基督宗教研究》第十三辑，宗教文化出版社，2010，第 15 页。

主教的主要收入来源。1949 年之后，由于国家政治体制的变化，教会的经费来源陷入困境，当时，党和政府为了解决教会的经济困难，在百废待兴、资金紧缺的情况下曾拨款修理有一定影响力的宗教活动场所，并从政治层面制定了教会自养的政策，这样一来，教会的经费来源便有了保障。[①] 但是，"文化大革命"期间，中国天主教会受到了不公平的待遇，资金困顿。

改革开放之后，中国天主教会坚持独立自主自办的发展道路，在恢复教产的同时，还力所能及地兴办了各种产业，逐步解决了自养问题，并开始面向社会提供各类具有公益性质的服务。

目前，各基层教会在解决和维持自养方面，一般而言，有如下几个渠道。

（一）教产清理与落实

改革开放以后，随着党的宗教信仰自由政策的落实，教产的归还和落实逐步得到解决，有的地方甚至还补还教会"文化大革命"中所欠的房租租金。[②]

坚持落实宗教教产有利于中国教会的健康有序发展，有利于宗教教职人员和宗教团体的自养和自力，也有利于中国教会以健康心态与全球天主教会进行交流和互动，有利于宗教和社会主义社会相适应，有利于创建和谐社会，更有利于提高中国在国际社会和世界事务中的诚信与尊严。

鉴于各地情况不一，在处理教产归还问题上进度差异较大，其中，山西、江苏等省在此方面的进度较快，截至 1996 年，山西省应落实的教会房地产 94.5% 已得到落实；[③] 而江苏省 90% 的教产也已得到落实。[④] 截至 1998 年，四川省天主教会全省范围内共计 50 万平方米房产已基本上得到清理，拆除和损坏的教会房产已折价赔偿。[⑤]

有些地区的教产落实和归还工作极不顺利，直至今日依然进度缓慢，

---

① 张化：《当代上海宗教特点、发展趋势及问题》，《当代宗教研究》1995 年第 2 期，第 11~12 页。
② 刘志敏：《山西天主教会的自养渠道及其作用》，《中国宗教》1996 年第 2 期，第 26 页。
③ 刘志敏：《山西天主教会的自养渠道及其作用》，《中国宗教》1996 年第 2 期，第 26 页。
④ 何光沪主编《宗教与当代中国社会》，中国人民大学出版社，2006，第 366 页。
⑤ 黄孝勋：《四川省天主教召开自养经验交流会举办财会人员培训班》，《中国天主教》1998 年第 6 期。

不仅给基层天主教会过正常的宗教生活造成极大的障碍，也给当地的政教关系、教会与周围社会的关系带来了不利影响。比如陕西陇县天主教会，原有教产 3 个院子，房屋 50 余间，占地面积 4000 平方米需要落实和归还，截至 2009 年，除其中一个院子被部分改造、拆除、维修归还外，其余基本还在非法占用中。对此情况，当地省人大、政协、市委、市政府领导曾亲往视察、督办，县委、县政府每年开会研究落实方案，截至 2010 年还仅只落实在文件中，使党的宗教政策无法得到全面的贯彻和执行。①

无论如何，在改革开放初期，归还后的教堂和房产亟须资金维修，各项宗教活动也需要大量的资金支持，因此这一阶段不仅是教会新生的开始，也是教会艰苦奋斗的开始。在此情况下，落实后的教产房屋除部分用于教务活动外，余下的出租，这些租金成为各基层天主教会自养经费的基本来源。

（二）信徒奉献和社会捐款

20 世纪 90 年代以前，中国人均收入低下，生活水平普遍不高，信徒的奉献相对教会的自养生存差距巨大，在此情况下，教会的物质条件能够维持正常的宗教活动已实属不易，更谈不上积极适应社会的发展需要。②

但是，随着中国经济改革的持续深化，普通老百姓收入的持续提高，很多天主教徒的生活水平也随之改善。如江苏无锡市裕旺村共有渔民 56 户，其中天主教家庭就占 54 户，属于名副其实的"天主教村"。1978 年时该村人均年收入 520 元，1994 年该村各类收入总数达 100 万元，劳动力人均收入 8500 元，极大地改善了生活状况。

信徒生活的改善，势必直接影响到教会的收入，比如平时的弥撒献金和临终膏油等圣事所付给神父的奉献金就会相应地提高。除了信徒整体的奉献在不断提高之外，许多从事开矿办厂而富裕起来的个体天主教徒给教会的额外奉献和捐献有时也相当高。尤其在一些发达富裕的沿海地区，教会的自养能力往往随着信徒收入的显著提高而增强。如苏州市杨家桥天主

---

① 参见中国人民政治协商会议陕西省委员会办公厅相关文件：http://www.sxzx.gov.cn/0/1/2/16/1315.htm。

② 何光沪主编《宗教与当代中国社会》，中国人民大学出版社，2006，第 366 页。

教堂在 20 世纪 90 年代中期年收入已达 20 万元；浙江平阳县的钱库教堂 1996 年耗资 200 多万元盖起了新教堂，其中一半经费来自 1000 名信徒的捐献。①

（三）自主创收

各基层教会在利用多余房产加以出租并收取租金解决部分自养负担而外，还开办各种创收活动，也达到提高自养能力、改善教会宗教活动条件的目的。目前，中国天主教各基层教会的创收方式包括如下几项。

一是开办医院、诊所、幼儿园、托儿所、教友安息所、灵修中心等各类慈善公益事业，在服务社会、关怀他人的同时也相应地增加教会收入。

二是创办各类文化、语言补习班。利用留学归来的神职人员外语能力突出的优势，举办各类文化班和语言班。

三是以自办、联办和帮办等形式创办经济实体，为教会维持宗教活动广开收入来源。比如河北省涿鹿县东小庄乡双树村，是个有 1352 户、4638 口人的大村。其中天主教信徒 275 户，1132 口人，是该县信仰天主教人数最多的一个村。为了解决该村教会应酬多、开支大的问题和压力，该村教管会在各级政府的支持下，自 1987 年起利用政府退还给教会的房屋，相继办起了绣花厂、眼科诊所等自养企业，并取得了一定的经济效益和社会效益。这样，不仅给教会的自养提供了经费，减轻了信教群众的负担；也解决了部分农村剩余劳动力就业问题，增加了群众的收入；同时也为附近群众提供了方便。②

四是在宗教活动场所内经销宗教用品、宗教艺术品和宗教出版物。

五是为非信徒举办婚礼等。

（四）各级政府的出面协调

由于各基层教会收入来源有限，一些大的工程项目往往需要当地政府

---

① 何光沪主编《宗教与当代中国社会》，中国人民大学出版社，2006，第 367 页。
② 贾明文：《涿鹿县双树村教会是怎样走自养道路的》，《中国天主教》1990 年第 4 期，第 45~46 页。

出面协调甚至扶持，比如维修一些年代久远，具有一定历史和文物价值的大型教堂、主教座堂和主教府，筹建、搬迁、扩建修院等。

如 2001 年新落成的北京天主教神哲学院，北京市政府就曾对解决天主教神哲学院的固定院址问题给予了大力支持，并最终推动落实了其在海淀区的教会房产，先后拨款 1500 万元作为工程建设资金。

此外，经有关部门批准，于 2005 年 5 月开始建设的天主教广西教区主教府，占地面积 800 平方米，建筑面积 3886 平方米，七层，总投资 720 多万元。该建设工程先后得到了自治区、南宁市政府的大力帮助，共下拨资金 240 万元。广西教区主教府为广西天主教"两会一区"、主教办公所在地，是广西天主教的重要活动场所，政府在建设资金上给予扶植与支持充分体现出各级政府全面贯彻党的宗教工作基本方针，正确执行党的宗教信仰自由政策的决心和力度。①

西藏唯一的天主教堂——盐井天主教堂，在其恢复重建的过程中，也得到了当地各级政府的大力支持和资金帮助。盐井天主教堂在"文化大革命"初期被盐井民办小学占用。从 1986 年开始，各级政府先后拨款 95000元，教民自己集资 7000 元，盐井天主教堂在原有的墙基上重新修筑而成。②

(五) 国外捐助

随着我国改革开放的深入、中国天主教会与全球天主教会交流的日益频繁，接纳国外慈善、专项或自愿捐款就势必成为一种常态。但是，按照国家有关规定，这一捐赠只要不附带条件的，宗教团体和组织就可以接受，并须按有关规定报批。

如 20 世纪 90 年代中期，山西省吕梁教区引进外资 24 万美元建起一座现代化医院；运城教区新绛县教会则接受了比利时捐赠的一批先进医疗设备，提高了医疗水平，增强了社会服务能力。

而国内著名的天主教 NGO 进德公益，除接纳国内个人捐助款项外，也

---

① http://news.qq.com/a/20080502/000884.htm.
② 资料来源：http://www.chinatibetnews.com/wenhua/2008-07/14/content_127111_3.htm.

得到了国外，尤其是国际天主教慈善组织"明爱网络联盟"等团体的大力援助与支持，据统计，2008 年汶川地震后，进德公益共收到国外捐款 728 万元，占获捐现金总数的 82.22%。①

二 市场经济处境下的天主教会

众所周知，中国的改革开放是以经济建设为中心的，那么在这一市场经济成为时代潮流的环境和背景下，中国天主教如何处理信仰活动和经济活动的关系，教会及其信徒从事经济活动将对其宗教活动和信仰生活造成何种影响，以及党和各级政府如何协调宗教工作与经济建设的权重，将会成为市场经济时代天主教会不可避免的问题和挑战。

笔者将从农村教会、企业家天主教群体、非营利性机构和市场经济与宗教的张力四个方面分析市场经济条件下天主教会自身的调适和变化及其相关问题。

（一）社会转型时期的"天主教村"

1949 年之前，与基督教会有所不同的是，天主教会将自己的传教重点一直放在广大的乡村社会。1949 年之后，这一情况尚未改变。农村依然是天主教徒集中的地区和中心所在。扎根于农村的天主教会和前现代时期的中国社会的结合往往显得过于紧密，其最突出的表现便是农村地区出现许多"天主教村"，即天主教依靠家族和宗族的力量建立起一种具有排他性的信仰城堡或孤岛。就全国来看，这类所谓的"天主教村"数量不少，今天，尽管外部社会环境发生了巨大变化，但是，这类具有超稳定结构的信徒村仍然保持着传统的内圈式生活形态，并以各自的方式适应着新的社会环境。②

美国著名宗教社会学家赵文词（Richard Madsen）认为，这一过于紧密的结合，导致天主教会往往没有多少资源，可以为以市场为驱动的经济和政治改革做出积极贡献。

---

① 王美秀：《中国天主教观察》，金泽、邱永辉主编《中国宗教报告（2009）》，社会科学文献出版社，2009，第 101 页。
② 何光沪主编《宗教与当代中国社会》，中国人民大学出版社，2006，第 368 页。

这一否定性判断主要来自其对天主教会自身问题的批评。这些问题包括：排他性的特殊恩宠论和对教阶制的特殊依赖。前者很难使天主教家庭信任当地信仰群体之外的人士；后者则容易陷入教阶制高层所发动的派系斗争，难以保持客观的态度。

同时期其他学者对某些农村地区"天主教村"的田野调查，具有积极的结论。

以上海松江县佘山镇江秋村为例。该村是全县闻名的天主教徒聚居村，截至 1996 年，全村 1002 人当中天主教徒就占了 80%。改革开放以来，江秋村同周围其他村子相比，其最大的不同，即在于宗教与经济皆获得了快速发展。从信教人数的增长比例来看，1988 年，天主教徒占全村总人口的60%，而到了 1996 年，这一比例则高达 80%，7 年间增长 20 个百分点。从经济发展来看，江秋村在全镇 27 个村发展中多年来位列前茅，而且，江秋村还是松江县两个文明建设的先进典型，1981~1996 年连续 15 年荣获上海市、农委、县、镇四级授予的先进党支部，计划生育先进、武装工作先进等各种锦旗、奖状计 51 面/块。①

另一组针对上海松江县佘山镇张朴村的田野调查也显示，宗教与经济可以保持同步快速发展。20 世纪 80 年代以前，张朴村 90% 以上的人口为天主教徒，到了 90 年代中期，信教人口比例虽有所下降，仍占到全村 1300 多村民中的 70% 以上。1979 年以前，张朴村的集体经济一直不景气。党的十一届三中全会以后，仅十余年时间，张朴村的经济产值明显上升，在佘山镇各村中居中上水平，1994 年全村利润达 60 万元，已拥有两家中外合资企业，三家村办企业。

调查人员发现，张朴村经济上台阶，是同神职人员在宗教活动中的积极引导和广大信徒的积极响应、摆正经济和信仰的位置分不开的。②

如果说以上两个例子均出现于南方沿海的上海，带有某种地域的特殊性

---

① 邢孟禧：《宗教与经济同步发展的典型村——江秋村天主教情况调查》，《宗教》1996 年第 1~2 期，第 111~115 页。

② 姚蓓琴：《从松江县宗教现状看宗教在农村精神文明建设中的作用》，《当代宗教研究》1995 年第 2 期，第 6 页。

的话，那么，调查人员在河北文安县辛庄村的调查结果则证明以上绝非特例。

辛庄村接受天主教已有 70 多年，是周围 20 多个村天主教徒进行宗教活动的中心。该村 206 户，1000 多口人，家家有人信奉天主教，是个教徒聚居村。改革开放之后，在党的富民政策的指引下，1986 年，该村率先在教会院内种了一亩多葡萄，在本地神父和县科技部门的积极支持下，1987 年，以 13 名骨干信徒为主成立了葡萄种植技术研究协会。1988 年，全村种植葡萄达 400 亩，年总收入达 20 多万元，每户平均收入 1000 元以上。除了依靠科学致富之外，该村在重视教育，正确处理少年儿童进堂念经问题，在移风易俗、促进社会风气好转方面，均有不俗的表现。[1]

（二）天主教信仰背景的企业家群体

改革开放 30 年来，随着经济活动的日益普遍化，经济观念无疑深刻地影响着人们的思维方式、价值判断和生活方式。在此情况下，有着天主教信仰背景的企业家群体会如何处理宗教信仰与市场经济的关系，则成为一个很有意思的问题。

有学者通过近一年时间（2006 年 9 月至 2007 年 7 月）对石家庄、河间、西安、兴平、周至、武功、扶风、贵阳、北京等地 45 个企业家个人的调查发现，大部分有着天主教信仰背景的企业家，不完全将信仰视为个人的"私务"，而是在其经济活动中不同程度地将其转变成企业的生存理念和生存基础。其具体表现在如下几个方面：

第一，企业家会将自己的信仰融入企业管理之中；

第二，企业家选择将宗教节日作为企业的节日，如圣诞节等大的瞻礼日；

第三，对招工对象的信仰背景有所侧重；

第四，企业管理中会将机遇向有共同信仰背景的人士倾斜；

第五，与客户交往以宗教伦理为基础；

第六，乐于参与宗教活动。

---

[1] 刘广玉、经跃民：《辛庄村教会在两个文明建设中发挥积极作用》，《宗教》1989 年第 2 期，第 37~38 页。

对有天主教信仰背景的企业家群体的调查结果证明，宗教信仰有利于企业家在经济活动交往中"信任"观的建立，并在一定程度上推动了市场经济活动走向正常和有序。①

（三）教会非营利机构的信仰本位

教会非营利机构，顾名思义，其性质是建立在非营利经营活动之上、由教会开办的公益事业。其目的是通过非营利的经营和服务为社会进行第三次财富分配，从而填补因第一次（市场）和第二次（政府）社会财富分配而留下的一些空白。由于第三次分配是人们通过爱心奉献，自觉自愿的一种捐赠，此类非营利机构具有改善社会、平衡社会和稳定社会的特殊功能和作用。②

此处以天津市望海楼教堂北洋医院为例，考察其在经营活动中符合处理经济收益和信仰身份之间的关系。

天津市望海楼教堂北洋医院，全称为"天津河北北洋医院"（以下简称"北洋医院"），由天津市天主教会主办，在天津市民政局注册登记时，其性质为"非营利性的一级综合医院"，该院同时还是天津市城镇职工医疗保险定点医院。其位置紧邻著名的望海楼教堂。

北洋医院规模不大，全部医疗卫生活动局限在一栋3层小楼里。医院虽小，但技术力量雄厚，主治大夫均为在全市乃至全国享有名望、医术高明、医德高尚的专家，这些专家大多是来医院义诊的，经常熬夜为病患做手术而不取分文。此外，还有7位天主教仁爱会修女在此护理病人，她们将照顾病患作为自己进行福传的最好的行动。

北洋医院的手术费较之其他医院便宜许多。而且，北洋医院不会让病患因为没钱而得不到救治，哪怕是自己掏钱，医院主办方也不会眼睁睁地看着患者失去生命，为此，医院的医生和护士经常为缺钱的病患捐款。在院长办公室里，李院长向调查人员出示了一张纸，上面写着："愈显主荣，

---

① 高师宁、杨凤岗：《宗教信仰与市场经济》，卓新平、许志伟主编《基督宗教研究》第十二辑，宗教文化出版社，2009，第311~314页。

② 张士江：《从进德公益展望有信仰背景的公益事业的发展》，张士江、魏德东主编《中国宗教公益事业的回顾与展望》，宗教文化出版社，2008，第1页。

上爱天主，下爱世人，医疗传道"。李院长自称，作为一家非营利机构，他们不宣传，不做广告，而是用心笃行上帝的教导——爱人如爱己。医院开业仅一年多，墙壁上就挂满了锦旗，副院长王修女说，每一面锦旗后面都有一个动人的故事。

通过调查人员对北洋医院医护人员和管理人员的调查走访可以发现，该营利机构在处理天主教信仰与社会关系方面，的确是以福传——"以上帝的名义传播爱"为本位而非以盈利和追求经济收益为重心。

（四）市场经济环境下宗教功能的"误用"

社会变迁是宗教与社会关系变迁的根本动因。改革开放以来，中国社会发生了天翻地覆的变化，这为人们客观评价天主教与社会关系提供了社会基础。但是，由于社会变迁本身的复杂性，天主教与社会的关系也变得更加复杂与扑朔迷离。

改革开放以后，中国的经济建设体制在转型的过程中，宗教发展也面临着如何为经济建设服务的问题。但是，如果不能恰当地处理宗教与经济建设的关系，那么很容易导致一种误区，这种误区表现在：一是某些个体和商业团体利用"宗教热"赚钱；二是宗教团体涉足商业活动，如某些宗教活动场所被用来从事投资开发，某些宗教教职人员兼职从事商业活动等。[1] 上述误区中，与天主教更为相关的则是后一种危险。近年来，某些地区的一些天主教会团体为增加收入，开办各种经济实体。此类教会参与经济活动的探索，如果离开自养这一目的，则势必会使宗教信仰活动与经济活动产生一定的冲突，也不利于教会事业的发展，并且会在客观上对社会主义建设造成一定的不利影响。

---

[1] 宗尧：《开放的经济形势与欠开放的宗教现状》，《当代宗教研究》1994 年第 1 期，第 15～16 页。

第二章　1978～2012年中国天主教的
文化主体性建设

第一节　中国当代天主教神学建设
和对信仰的诠释与理解

　　天主教神学为罗马天主教官方教义神学体系，以及天主教会历史上传统和现当代诸多学派的统称。传统的罗马天主教教义神学是一个精密而庞杂的系统。此系统主要从早期公会议决议、教宗谕令、神学家的独创体系以及中世纪和宗教改革时期的历次公会议决议产生。这些教义是教会信仰权威的标志，为"教宗无误"的权威所保障。其内容包含基督教教义的一切方面。较能体现传统天主教神学区别于新教神学的带有天主教独特性的观点主要有：《圣经》和圣传同为信仰和道德权威的观点；对教宗首席权（Primate）的强调和"教宗无误"（Infallibility）信条的遵奉；玛利亚作为"天主之母"无染原罪的教义；炼狱观念；七圣事说等。

　　传统的天主教神学以多玛斯·阿奎那的理论作为其哲学神学的基本框架。一般来说，天主教官方神学具有一定的稳定性，但这绝非说它是一成不变的。早期的文告和决议可能被后期的文件取代，这反映天主教官方神学也有一个发展的渐进过程。与此同时，天主教内的改革派传统也一直与官方体系并存。历史上出现的"高卢主义"、"詹森主义"、"天主教自由主义"以及"现代主义"皆属这一传统的反映。

　　1962年召开的"梵蒂冈第二届大公会议"标志着天主教寻求自身改革以适应现代社会的新时期的到来。这一事件遂成为传统天主教神学与当代天主教神学之间的分水岭。"梵二"神学所体现出的革新与转变主要表现在如下七个方面：

一是与《圣经》的结合更加紧密；

二是趋向于神学和牧灵实践、现实处境相结合；

三是关注人、主体性及其经验；

四是注重救恩历史的幅度；

五是注意神学的整体性；

六是关注合一运动与世界交谈的幅度；

七是注重本地文化处境，主张神学多元化倾向。[①]

一 历史上中国天主教神学建构的努力

综观天主教在我国的发展历程，可以说曾经有过三次本土神学探讨的高潮，分别是明末清初、民国时期和 20 世纪 50~70 年代的台湾天主教会。

首先，第一波的神学探讨发生在以利玛窦等人为代表的传教士，和以徐光启、杨庭筠、李之藻等为代表的中国本土教徒之间，二者在神学思想上追求的是与社会和文化相融合，人与人之间、人与自然之间和谐共处的理念。利玛窦等传教士在这方面的探索获得了一定成功。[②] 而利玛窦所著的《天主实义》，则可算作中国天主教最早的神学文本。[③]

无独有偶，新儒家的代表人物之一张君劢也曾就思想史的角度，将徐光启和利玛窦所宣扬的"天学"纳入代表晚明学者文人的五种代表性思想之中，它们分别是顾炎武提倡的经学、黄宗羲和李颙所代表的对阳明学的改良、第一个信奉天主教及西方科学的徐光启、回归朱子学的朱舜水，以及希望恢复张载学说的王夫之。

张君劢认为，徐光启在作为"道"的天主教和作为"学"的西方科学之间发现了一种和谐一致的关系，而这一关系的体现即是利玛窦，并将此

① 刘德宠：《回归与重建——梵二精神和中国教会的更新与复兴》，浙江省天主教教务委员会，2009，第 105~107 页。

② 周太良：《神学之是与不是》，《中国天主教》2009 年第 2 期。

③ 周太良：《利玛窦〈天主实义〉及其对中国天主教本地化神学发展之影响——为纪念利玛窦逝世 400 周年而作》，《中国天主教》2010 年第 3 期，第 8~14 页。

视为对徐光启信奉天主教的心理因素的正确解释。①

然而，由利玛窦和徐光启等人所开创的神学本土化的尝试因为康乾禁教而归于没落。

其次，民国时期神学建构的努力。

民国时期某些知名神职人员和平信徒从天主教教义和中国传统文化相互阐释的角度进行了非常独特而新颖的神学努力。如马相伯的思想有机地结合了天主教、科学精神、社会关怀和严格的法律精神及道德原则；陆征祥对天主教隐修传统和拉丁文传统的推崇、对儒家孝道观与天主教的基本教义结合，并将儒家的本性孝道，发展为耶稣的超性孝道；吴经熊试图从儒家、佛教和道家思想汇聚而成的华夏精神中看到基督教的光芒，并借助其独特的灵修神学达到融贯东西的超性努力。

再次，20 世纪 50~70 年代台湾天主教会建构神学的努力。

在 20 世纪 50~70 年代的台湾，参与中国神学探讨的既有神学家、哲学家，亦有从事牧灵工作的神父。经过长达 20 多年的神学探讨，台湾涌现出一批具有创见性的神学学者。其中具有代表性的为田良、谷寒松、温保禄（Paul Welte，OP）、赵宾实和成世光等人。

田良构想以"孝"为本，系统地构思中国神学；奥籍耶稣会士谷寒松（Luis Gutheinz，SJ.）神父预见到中国人将会在天主的内在万物性上对大公神学做出贡献，而"道"作为中国传统思想中的重要概念，亦可成为承载和阐释天主教基本真理的范畴性话语；德籍道明会神学教授温保禄神父提出了大公神学东方化的 7 点建议；成世光主教对伦理神学情有独钟，主张中国传统以注重修养的伦理为经，以教会注重法律的伦理学为纬，相互交织，创造出适合中国情景的伦理神学；赵宾实则强调以中国古圣先贤的言论来印证各种神学问题，使中国人明白天主教教会的教义与神修也是适合中国文化的，从而创造出一种"学术、教义与神修混合而成的神学"。②

① 张君劢：《新儒家思想史》，第 22 章为"明清交替与徐光启"，刘梦溪主编《中国现代学术经典·张君劢篇》，第 391~403 页，河北教育出版社，1996。

② 张春申等：《教会本位化之探讨》，天主教上海教区光启社，2003，第 4~25 页。

二 当代中国天主教本土神学的建构尝试

新中国成立以后，中国天主教会在福传事业上形成了一些较有价值的神学经验。随着"梵二"大公会议对地方教会自治的重视和鼓吹，某些人将中国天主教会所主张的"独立自主自办教会"的教会学和神学经验称为"处境神学的活样板"①。

首先，从中国天主教"一会一团"的角度来看，中国天主教会在过去的30年当中，将如何建构中国教会自身的神学思想体系放在了非常重要的位置上，为此举办了一系列相关神学研讨会，出版专门的神学研究刊物并加以积极推动。

1986年11月，中国天主教第四届代表会议提出了"努力创造条件，提供资料，组织力量，不断研究，探讨近代神学思想发展情况，经过整理编撰，逐步形成符合我国具体情况的神哲学思想"的要求。这是改革开放后，中国天主教在正式会议中第一次强调要进行神哲学思想的研究。② 会后，中国天主教主教团成立了神学研究小组，并于1987年召开了中国天主教第一次神学研讨会。1992年中国天主教第五届代表会议之后，中国天主教主教团原来的神学研究小组更名为神学研究中心，由涂世华主教担任研究中心主任。

进入20世纪90年代之后，神学研究中心就中国教会独立自主自办方针、中国教会的自身建设、民主办教等题目召开了多次神学研讨会，并在多元社会条件下对天主教的救赎观、教会观等进行了一系列神学探讨。

从1996年起，中国天主教神学研究中心开始不定期编辑出版《神学研究》内部通讯，至今已总共出版了21期，内容涉及神学译文、神学探讨、福传与文化、民主办教、自选自圣主教等内容。这对一些有条件的地区从事神学研究起到了一定的推动作用。

2014年中国天主教第七届代表会议之后，中国天主教神学研究中心更名为"中国天主教神学研究委员会"，成为中国天主教"一会一团"七个委

---

① 何光沪主编《宗教与当代中国社会》，中国人民大学出版社，2008，第361页。
② 何光沪主编《宗教与当代中国社会》，中国人民大学出版社，2008，第360页。

员会之一。"一会一团"下设研究室，负责日常研究工作，同时也与秘书处等部门合作，共同为"一会一团"起草有关文件。[1]

从各基层教会和个体神学工作者的角度而言，当代中国天主教在神学建构方面也涌现出一些可喜的成果。

（一）金鲁贤阐释天主论的传统视角

上海教区主教金鲁贤在天主论（上帝观）的性别上有其自己独到的见解。欧美神学家在天主的性别上——即男性还是女性——的问题上向来颇有争议，而金鲁贤主教却依据中国的传统思想中的"太极""阴阳"观念，认为：

> 我们中国以阴阳解说一切，阴在前，阳在后，对天主应用"他"还是"她"，我说兼有阴阳，我们中国在阴阳之上有太极，天主有慈父之心，也有慈母之心，说天主爱人，可以说她既是父又是母。[2]

金鲁贤主教以此将上帝的性别视为既有"阴"亦有"阳"，既是"他"，也是"她"，一身兼有二性，二性高度综合圆融无碍，可以说极为巧妙地解决了天主性别的争论，揭露并弥补了欧美神学家从西方固有思辨传统中理解天主论的短视和不足。

（二）圣神论

肖恩惠博士在其博士论文——《人的精神与神圣精神》中，试图结合教义神学和奥秘神学，从圣神出发观察天主教、东正教和中国儒道学说中对于人的成圣思想的异同。论文的展开和推进展示了一种系统性的分析和对比研究。肖博士分别选取了代表天主教的神学家龚加尔、代表东正教的厄多莫夫（Evdokimov，1901～1970）和代表中国传统思想的儒、道学说，试图寻找基督宗教信息和中国文化之间的相同点和不同点，论文最后指出，

---

[1]　周太良：《中国天主教神学思想建设回顾与前瞻——兼论圣保宗教宗徒福传思想及其对中国教会的启示》，未刊稿。

[2]　金鲁贤：《回忆录——绝处逢生》（上卷），天主教上海教区，2009，第 266 页。

圣德乃是人类对话的坚实基础。①

（三）从"处境神学"到"和谐神学"

中国天主教在独立自主自办教会的地方教会实践中，形成了一些具有现代特色的神学思想。前面提到，某些人将中国教会所形成的独特的"教会学"称为"处境神学的活样板"。

处境神学的特征，在于要求神学应体现具体文化处境和时代精神。这一神学主要形成于第三世界国家。因为大多数第三世界国家及其教会具有相同或相似的处境，曾为西方殖民主义的侵略对象，教会和神学带有西方模式和色彩。因此一些神学家要求教会应根据自身所处的环境和文化，建立适合当地环境的神学。陈剑光博士认为："中国教会的实践经验，正是对这一神学发展的贡献。"

不过，中国天主教会有部分人士认为，把中国天主教会发展出的独特经验称为"和谐神学"更为恰当。他们说，"上世纪五十年初期，中国社会面临着巨大变化。共产党取得了执政的权力，这一政权赢得了广大人民群众的拥护。可那时候，梵蒂冈当局却做出了错误选择，与新生的人民政权相对抗。在此紧要关头，一批有远见卓识的神长教友，毅然选择了拥护共产党领导，与广大人民群众同呼吸共命运。通过成立爱国组织，中国天主教选择了在政治、经济和教会事务方面走独立自主自办教会的道路，在当信和当行的教义教规上服从教宗。这一抉择体现了中国天主教具有识别时代征兆（sights of the time）、适应新的挑战和新环境的能力。其核心就是要把中国天主教建立在尊重我国文化，拥护人民政权，与广大人民群众同呼吸共命运的和谐关系上。我们把这一神学称之为'和谐神学'（harmony theology）未尝不可！"②

周太良认为，中国的"和谐神学"，其内涵应包括采用今日中国人的思想，发扬光大天主的启示，同时以启示的内涵创造新的中国神学。这一神学包含爱国主义、独立自主自办、民主办教、与社会主义社会相适应、与

---

① 参见该书序言部分。肖恩惠：《人的精神与神圣精神》，宗教文化出版社，2010。
② 周太良：《中国天主教神学思想建设回顾与前瞻——兼论圣保宗教宗徒福传思想及其对中国教会的启示》，未刊稿。

社会各界和谐相处等内容。在爱国主义方面：对于中国天主教徒来说，爱国是人们应尽的职责，爱教是教友应尽的本分，两者是一致的。这一精神符合圣保禄宗徒的教导。

中国天主教坚持独立自主自办教会，最易受到海外教会责难的是"独立"（independent）二字。他们指责中国教会的"独立"，就是脱离罗马天主教会。

对此，周太良认为这是混淆了"独立"在政治和神学领域的不同使用环境。从政治角度而言，独立自主自办是中华人民共和国宪法对所有宗教的规定，是在中国的所有宗教都必须遵循的原则。就神学层面而言，中国天主教独立自主自办教会是就政治、经济和教会事务方面而言，并不是在教义教规上另搞一套，这实际上保证了中国天主教在信仰上的大公性。[①]

当然，周太良的"和谐神学"上承利玛窦适应中国文化的努力，下接中国政府推行"和谐社会"建设的施政纲领，但是，"和谐神学"如何淡化其流于表面的政策性解读，而努力挖掘中国文化当中与基督教真理相契合的深层资源将是其不得不面对的问题和挑战。

（四）上海神学小组

1996年2月3日，在徐汇大堂原更衣室楼上，上海教区教友神学研讨小组宣告成立。最初该小组仅有14位教友，以后逐年吸收一些新成员，人数遂增加至30多位。该小组每月一次集体学习，每次3个小时。

在过去的15年当中，上海神学小组系统地学习和研究了《圣经》和一大批教会神学著作。最初5年，小组集体学习了《圣经》并通读了"梵二"大公会议的全部16个文献；随后3年，学习探讨《天主教教理》，接着阅读《光启神学丛书》，业已学习过的有：《圣事、礼仪与灵修生活》、《教会论》、《基督论》、《圣母论》和《圣洗圣事、坚振圣事》，并计划用3年时间学完七件圣事。

15年来，上海神学小组曾先后邀请朱梅芬修女、钟金星神父、高超朋

---

① 周太良：《中国天主教神学思想建设回顾与前瞻——兼论圣保宗教宗徒福传思想及其对中国教会的启示》，未刊稿。

神父、李虎神父、萧潇老师为其授课，并请光启社社长陈瑞奇神父担任小组指导司铎，不定期为小组成员讲解《圣经》。

该小组除采取集体学习、轮流发言、相互分享的研讨方式之外，还定期撰写相关神学文章或心得，并陆续发表在《神学研究》《中国天主教》《圣爱》等全国性和地方性的教会刊物上。①

上海神学小组15年的集体学习和研讨给平信徒参与中国天主教会的神学建设提供了可资借鉴的宝贵经验。

纵观改革开放以来中国天主教会从全国性组织机构到基层教会个体的神学建构努力上，不难发现，中国天主教虽然在教会实践中形成了一些具有现代和地方特色的神学思想，但还缺乏具体的归纳和系统的梳理，更缺少专门论述中国天主教神学思想的专著。可以说，当代中国天主教会神学的建构之路才刚刚起步，其所要完成的沟通中西方文化的工作既开阔又浩茫。

第二节　中国天主教文字出版事业

自天主教进入中国之日起，其在文字出版事业方面就从未懈怠。早在元朝时期，孟高维诺总主教就将部分《新约》和《圣咏》翻译为蒙语并在宗教礼仪活动和福传中加以运用。

明末清初的西方传教士，更是以其著述、翻译和书信在东西文化之间建起了相互认知的渠道，既向中国人大规模地介绍了西方的天主教、哲学、数学、天文、水利、几何、机械、农业、军事和植物学等领域的知识与文化成就，也将中国的古典著作翻译到西方，甚至间接地引起了近代西方的启蒙运动。

截至1920年，天主教在中国曾建有13家印书馆，办有多语种教会期刊15种，其中，法文9种、中文3种、葡萄牙文1种、拉丁文1种、英文1种。到了1949年，在华天主教兴办的报刊增至30余种，印刷所增至16家，工作所为40个左右。②

---

① 参见上海神学小组《上海神学小组的十五年》，《神学研究》（内部刊物）2011年第1期，第64~66页。

② 卓新平、张西平编《本色之探》，中国广播电视出版社，1999，第221页。

1949 年之后，中国天主教的面貌发生了很大的变化，其成为完全由中国神职人员和信徒兴办的、走独立自主自办的宗教。从 20 世纪 50 年代初到"文化大革命"之前，中国天主教创办的教会刊物主要有以下几种：

1951 年春由天津天主教革新运动促进会创办的《广扬》；

1952 年由湖南天主教长沙教区革新筹委会创办的半月刊《新声》，1955 年更名为《导光》，出版周期改为每月一期；

1951 年由上海市抗美援朝天主教支会创办的《信鸽》报，1964 年改为《信鸽》刊物。[①]

改革开放之后，中国天主教会从全国性到地方逐渐建立起了自己的编辑出版机构，组织印刷了大量的《圣经》与圣书，出版了数量丰富的报刊，在借助文字出版进行福传方面，取得了显著成绩。1980 年之后，中国天主教会建立了自己的出版机构，出版发行了《中国天主教》双月刊。上海、北京、保定等教区也都先后成立了自己的出版机构。上述机构在文字出版方面的兴趣和成绩主要体现在如下几个方面：《圣经》出版和发行、公开出版物、报刊，以及开办网站等虚拟媒体。

一　重要的文字出版机构

（一）上海光启社

天主教上海教区光启社（以下简称光启社）的前身是上海耶稣会创办的汉学研究所，主要出版在华耶稣会士在汉学、神学及传教史上的研究成果。20 世纪 40 年代末，随着大批传教士离华，该社一切工作完全停止。

改革开放之后，上海教区重建光启社，成立了中国天主教会第一家学术研究和出版机构。光启社的使命主要包括：出版教会书籍，用文字形式进行福传，满足广大神长教友的灵性需要；筹备和举行研讨交流活动，帮助当代人更好地认知天主的美善。

光启社在上海教区主教的支持和海内外人士的帮助下，为传扬基督福

---

① 何光沪主编《宗教与当代中国社会》，中国人民大学出版社，2008，第 360 页。

音和中国天主教会的复兴起了不可估量的作用。成立之初，除出版一些常用经本外，光启社花费了大量精力组织翻译、编辑、出版杂志《海外天主教动态资料》和《天主教研究资料汇编》，尽力把全球天主教会过去三四十年中的变化和教会的最新动态介绍给中国信徒和学术界，帮助介绍"梵二"大公会议的革新精神。其后，又以单行本、全集、注释本、袖珍本等多种形式出版了由金鲁贤主教根据新耶路撒冷版本翻译的《新约》，满足了部分信徒阅读《圣经》的要求。

在香港天主教会的帮助下，光启社率先出版了中文简体字版的《主日弥撒经本》、《平日弥撒经本》和专供修道人士使用的《每日颂祷》、《每日礼赞》，并赠送给全国各地的主教、神父和修女，推动了全国礼仪改革的进程。

此外，光启社还按照学术丛书与普及读物兼顾的原则出版书籍，共出版了数套神学丛书，其中包括翻译出版了美国著名神学家麦百恩（Richard P. McBrien）神父的《天主教》、法国著名神学家贝尔纳·塞斯布埃（Bernard Sesboüé）神父的《信》，还出版了华语教会中最具权威性的、由谷寒松神父主编的《神学词典》和《基督宗教——外语汉语神学词语汇编》，改善了中国天主教会中神学书籍的现状。此外，最近二十年来，光启社还出版了圣经导读、灵修牧养、伦理心理、圣事礼仪、故事传记、家庭教育等约五百种有关教理教义和灵修的专著。

除了重视出版宣传事业之外，光启社还多次举办学术研讨会，如举行的"徐光启学术研讨会"，为纪念方济各·沙勿略（Francis Xavier，1506~1552）诞生五百周年而举行的"福传研讨会"，为上海开教400周年所举办的研讨会等。

（二）信德文化研究所

信德文化研究所隶属于河北省天主教教务委员会，于2002年9月1日正式成立。

该研究所的成立可追溯至1999年"北方进德"邀请留学归国神职人员举办的"做时代青年司铎研习会"，其间拟出版《信德回顾》专集。而在信德创办十周年（1991~2001年）之际，为回应中国社会、教会和学术界的发展需要，信德文化研究所便应运而生，其目的是在有关部门和河北天主教务委员会的领导下，邀请教内外的专家学者，从事宗教文化思想研究以及参加相关学术研讨会和建立资料库，并不定期出版学术刊物。

该研究所成立的宗旨在于从教会和社会两个层面对基督教会及其思想文化进行客观实际的研究，探讨和推动宗教与社会相适应，为精神文明建设做贡献，为中国教会、神学和礼仪的中国化探讨出路。

目前，信德文化研究主要开展的工作包括如下四个方面。

一是广泛收集各种学术资料信息，与各宗教团体、学术机构加强交流，首先建立和充实"信德图书资料室"。

二是设立"学术奖学金和研究基金"，资助国内学者的专题研究，为大学或大学以上学者提供奖学金，与专家学者进行专题合作研究。

三是组织专家学者，有计划、有系统地从教会与社会相结合的角度进行学术研讨，打破目前国内从社会层面开展研究的单一局面，从教会自身角度出发进行反省和研究，以弥补学术界在此方面的不足，并与学术界密切合作，共同发展，服务社会。

四是出版不定期学术刊物、论文集，并与社会出版机构和学者合作，编辑翻译出版神学、圣经、神修教材、工具书及教会思想文化名著，协助国内学术界整理、出版一些历史资料。

组织架构方面，该研究所设理事会以及名誉理事长、顾问若干人；设所长一人，副所长若干人。①

（三）北京天主教与文化研究所暨上智编译馆

北京天主教与文化研究所隶属于北京教区，经批准于 2002 年 8 月 3 日正式成立。

北京天主教与文化研究所和上智编译馆属于两个机构，一套班子，均由赵健敏司铎担任领导。

该研究所成立的目的在于推动基督信仰与中国文化的对话和交流，并

---

① 参见信德网的相关介绍，http：//xinde.org/fics/hb/jj.htm。

借此对促进更加人性化的世界有所贡献。其宗旨在于强化基督信仰，尊重所有民族文化的传统与完整，探索追求真理与确知，推动宗教间对话，以开放的态度接纳天命的上智安排，拥抱整个世界和人类。其开展的文化学术活动主要包括如下几个领域：开展天主教神学和文化方面的学术研究；促进教会内学者与教会外学者的沟通与对话；为培养并发挥天主教内神职和教友学者提供学术平台；开展与国外基督宗教的学术文化交流；编辑并出版天主教学术研究资料。

1. 学术会议

研究所于 2002 年 12 月 2 日至 5 日召开了第一次学术会议。会议题目为"当代天主教与文化"学术研讨会，邀请了教内外 35 位学者参加会议。

2003 年 11 月 12 日至 14 日研究所主办了以"当代天主教与伦理道德"为题的第二次学术研讨会，共有教内外 35 位学者参加了会议。

2005 年 12 月 5 日至 7 日研究所举办了第三次学术会议，题目为"天主教社会理论与现代社会"学术研讨会，有教内外 45 位学者参加。

截至 2010 年，该研究所共举办了 7 次学术研讨会，有效地促进了学术界和教会界在学术研究领域的沟通与交流。

2. 神学理论辅导班

研究所组织举办过为时一年的"天主教神学理论辅导班"。此课程每周六上课，专门为大学毕业者或大学二年级以上的学生了解天主教神学理论提供辅导。

第一期辅导班于 2003 年 10 月 11 日开课，共有 20 位学员参加。第二期辅导班于 2004 年 10 月 16 日开课。此后，每年一期。2006 年 10 月 14 日第四期正式开课，有 30 位学员注册，至今已有 70 多位学员参加，有 40 多位获得结业证书。

3. 编辑出版《天主教研究论辑》

2004 年 10 月，研究所主办的《天主教研究论辑》首辑由宗教文化出版社正式出版。此论辑是 1949 年后公开出版的第一本有关天主教研究的学术性刊物。《天主教研究论辑》第二辑于 2005 年 10 月出版，第三辑于 2006 年 10 月出版。第四辑于 2007 年 9 月出版。研究所召开的学术研讨会部分会议论文及研究成果在每年的论辑上公开发表。

4. 特别研究项目

目前，研究所正在进行两项特别研究项目：第一，1949 年之前中国天主教出版书目；第二，天主教社会理论与中国现代社会的关系。

5. 设立上智奖学金项目

为促进天主教研究工作，研究所于 2007 年 1 月 6 日设立上智奖学金项目，用以鼓励和资助大学和宗教研究所从事天主教研究的学生、学者和教师。

上智编译馆隶属于天主教北京教区，1946 年 9 月由首位中国籍枢机田耕莘主教创立于北平，由复旦大学教授、史地学系主任方豪司铎担任馆长。

上智编译馆创立之初衷，在于通过编译书籍的方式，既宣传普及天主教信仰知识，同时还希望通过出版与天主教有关之书籍文章，将编译馆提升为国内、国际富有独立性和创见性的文化机构。①

上智编译馆成立不到两年的时间，先后出版了 20 余种书籍和《上智编译馆馆刊》3 卷 13 册，其中不乏名家很有价值之著作，时至今日仍然被研究天主教历史的学者参考引用。② 其中著名的如：《马相伯先生文集》、《宇宙观与人生观》、《公教与文化》、合校本《大西西泰利先生行迹》、《天主教浅说》、《天主教与科学》等一批书籍，并出版《上智编译馆馆刊》数期。

1997 年 12 月 8 日，经各方有识之士的努力，上智编译馆获准在北京教区内部恢复成立，由赵建敏司铎担任馆长。时过境迁，社会及教会都有了很大的发展与进步，但创馆之初的宗旨并未显得落后过时。"梵二"大公会议以后，天主教会的神学思想也有了长足的发展。但中国的天主教会在很大程度上留恋、滞留于"梵二"大公会议之前的思想观念之中。因此，复建后的上智编译馆将按照"梵二"大公会议后的神学思想，致力于为教内外人士编译相关天主教书籍，以高质量、高品位的图书向各界人士提供一个介绍、认识天主教文化知识的平台。同时，上智编译馆也致力于将基督

---

① 参见《上智编译馆馆刊》第一卷，第 88 页。
② 赵建敏：《"一棵树的栽培，可由它所结的果实看出"》，《中国民族报》2007 年 8 月 21 日第 7 版。

宗教的福音与中国五千年的悠久文化相结合，从而使其能够在中国文化中不断成长壮大。①

截至 2007 年，上智编译馆共编译出版了 20 余种图书，计 10 万册，内容涉及灵修类、祈祷默想类、传统中国楹联类、伦理类、圣经类、科学与宗教类等诸多方面。②

二 《圣经》翻译与出版

1949 年之前，在华天主教的《圣经》翻译要比新教远为滞后。1907 年上海教区曾出版李问渔司铎翻译的《新经释义》。1914 年萧静山神父以北方白话风格译就《新经全集》，并于 1922 年在献县出版，该版本于 20 世纪 50 年代曾在台湾再版。1949 年上海商务印书馆出版了马相伯于 1937 年翻译的《救世福音》。同年，由吴经熊译述、罗光集注的《新经全集》也得以出版。

1945 年，意大利籍雷永明神父（Gabriele Maria Allegra，1907～1976）在当时的北平创办"思高圣经学会"，目的是按照 1924 年在上海举行第一届全国主教会议的决议，重新整体翻译《圣经》。1948 年，该会迁往香港，并继续翻译和注释《圣经》，前后用了九年的时间（1945～1953）译释《旧约》，共分为 8 册，之后又用了 6 年的时间翻译完成了《新约》部分。1968 年，《思高圣经合订本》正式出版发行，很快成为今日华语天主教信众最普遍使用的圣经。

改革开放之后，中国的《圣经》出版获得了长足的进展。1980 年 11 月，中国天主教"两会一团"驻会负责人办公会议决定印刷出版原献县版《新经全集》。1981 年 8 月 15 日，中国天主教教务委员会印刷《新经全集》4 万册，之后陆续三次出版、印行 24 万册，共计印刷 28 万册。对于当时刚刚经历过十年动乱，圣书缺乏年代的广大神长教友来说，《新经全集》的出版无疑满足了他们过宗教生活的迫切需要。

1990 年 4 月 15 日耶稣升天瞻礼，中国天主教教务委员会将思高版《古

---

① 参见上智编译馆官网上的相关介绍：http://www.shangzhi.org/？url＝sapientia。
② 王辉、程濛：《上智编译馆神学与科学在此结合》，《中国民族报》2007 年 8 月 21 日第 7 版。

经》印刷 5 万册。新旧约虽然是两个版本，但毕竟中国天主教拥有了一套暂时拼合的新、旧约《圣经》，并为当时的修院教学和地方教会的牧灵福传解了燃眉之急。这是天主教自传入中国以来，首次在中国内地发行《圣经》全译本。①

1992 年中国天主教教务委员会在北京新华印刷厂印刷了首批 5 万册繁体字、竖排的思高版《圣经》。1994 年和 1996 年该版本又在北京再版各 5 万册，总计 15 万册。除印刷出版思高版《圣经》外，截至 1995 年，中国天主教会还出版有《古经》、《新经》、《四福音》、《古经大略》和《新经大略》等书籍 50 多万册；出版各种经本和用书 100 万册。②

从 1998 年开始，联合圣经公会与中国天主教"一会一团"合作，平均每年大约免费提供 10 万本圣经纸张，资助中国天主教会印刷圣经。截至 2006 年底，南京爱德印刷有限公司已承印思高版新旧约《圣经》全书 59 万册。近年来，中国天主教教务委员会还印行了各种开本的思高版圣经，如 64 开袖珍本《新约》（十万册）、32 开本《新约》（十万册），印刷总量达到 170 多万册。

1998 年《牧灵圣经》在香港问世。2000 年简体、横排版的《牧灵圣经》由中国天主教教务委员会付梓。目前《牧灵圣经》在内地共印刷 45 万册，其中袖珍 64 开本达 5 万册。《牧灵圣经》由于以简体字横排版方式印行，其译文浅显易懂，颇受内地一些读者的欢迎。但其中的一些译文错误也不同程度地困扰着神职人员和信徒。

除了中国天主教"一会一团"在出版印刷《圣经》方面所做的努力之外，上海教区金鲁贤主教等人也积极翻译了耶路撒冷圣经译本（*The New Jerusalem Bible*）的《新约》部分。为中国天主教会的《圣经》翻译与出版做出了积极的贡献。

1983 年上海教区金鲁贤主教着手翻译耶路撒冷圣经译本的《新约》（*The New Jerusalem Bible*）部分。上海光启社的卢树馨老师参与协助翻译和

---

① 刘柏年：《反省中国天主教会的过去及未来》，《鼎》1995 年 4 月总第 86 期，第 40 页。
② 刘柏年：《反省中国天主教会的过去及未来》，《鼎》1995 年 4 月总第 86 期，第 40 页。

校对工作。经过三年的艰辛翻译，1986年，上海教区出版了《新经》中的"四福音书"，之后陆续出版了《宗徒大事录》、《宗徒大事录》（注释本）、《保禄书信》和《给全体教友的信与启示录》等单印本。1994年《新约全集》合订本及其注释本分别在沪付梓。

耶路撒冷圣经译本是由耶路撒冷圣经学院出版的。近年来，该学院利用希伯来文、阿拉美文及希腊文等不同文种对圣经原文作了大量科学的考证和勘误工作，被公认是当代最佳的圣经译本。为保证《新约》全书翻译的准确性，从1995年开始，金鲁贤主教再次全身心地投入了译本的修订和翻译工作中。历经多次修订和反复润色之后，耶路撒冷译本《新约》得到进一步提高和完善。2004年重译修订后的《新约全集》注释本正式出版。从1986年到2004年，上海教区共出版印刷《新约》各类经书计约59万册。①

三　报刊出版物

众所周知，福传乃基督徒的使命，因此，天主教会创办的各类传媒不言而喻也承担着这样的责任。早在"梵二"大公会议通过的《大众传播工具法令》中就对天主教的出版事业进行了准确的定位："首先应当赞助健全的刊物。要使读者沐化于基督精神之中，必须提倡并发展确实公教化的出版事业，即直接由教会或信徒等主持并发行的刊物，其目的在于形成、巩固并推动符合自然律及公教教义与诫命的舆论，传播有关教会生活的事理，并加以正确解释。要信徒们明白阅读与传播公教刊物之必要，使其能站在信徒的立场上判断事实之真相。"② 具体到中国天主教会，改革开放的最初10年，是中国教会全面复苏的时期，也是地方教会传媒出版事业的起步阶段。其中，1981年《中国天主教》的创刊和1984年上海教区光启社的成立，标志着中国天主教出版事业的正式恢复。

此后，随着中国天主教会的快速发展，现代印刷出版技术的跃升和互联网等虚拟媒体的日新月异，一些地方教会的出版机构陆续成立，一些全

---

① 以上有关改革开放以后《圣经》的翻译与出版情况，参见张士江《当代中国教会的圣经推广与福传》，《鼎》2007年春季号。

② 《梵蒂冈第二届大公会议文献》，台湾地区主教团秘书处出版，2006，第613页。

国性和教区性报刊分别创刊，各类教会网站纷纷开通，中国天主教会的传媒出版事业得到了丰富和加强，并使其文字福传工作进入一个全新的阶段。①

（一）中国天主教"一会一团"主办的报刊

《中国天主教》是由中国天主教"一会一团"主办的全国性爱国爱教的综合性刊物。其宗旨为：对天主教神长教友进行爱国主义教育，协助政府宣传贯彻宗教信仰自由政策，奉行独立自主自办教会的方针，加强教会自身建设，主动与社会主义社会相适应，推进福传牧灵事业，团结全国广大神长教友以"爱主爱人"的精神，为构建社会主义和谐社会贡献力量。

《中国天主教》于 1964 年创刊，原名《信鸽》，后因故停刊；1980 年复刊并改名为《中国天主教》，初为不定期出版；1994 年起改为双月刊。1997年，《中国天主教》被中国期刊协会评为社科类核心期刊；从 2001 开始，《中国天主教》由原来的小 16 开改为大 16 开，增加了 4 个页码的彩色插图，使杂志从装帧到内容均有了质的飞跃。

《神学研究》为中国天主教"一会一团"下属中国天主教神学研究中心编辑出版的神学研究刊物，1996 年创刊。初为不定期刊物，自 2011 年起改为半年刊。内容涉及神学译文、神学探讨、福传与文化、民主办教、自选自圣主教等。

该刊物面向全国的天主教神长教友，内部发行。《神学研究》的目标是：在中国天主教会内推动神学研究，依据教会的福音精神和信仰传统，扎根中国教会的历史经验，放眼全球天主教会的思想潮流，探讨教会在中国社会文化中的积极作用，回应教会在牧灵福传中的问题。刊物内容包括天主教的神学、哲学、历史、法律、文化艺术等。

（二）各基层教区创办的报纸杂志

《天光》由天主教北京教区和北京市天主教"两会"主办，半月刊，共

---

① 张士江：《信德的过去、现在和将来——兼谈地方教会传媒与文字福传》，河北信德社、信德文化研究所主编《信德 15 周年庆典暨"基督信仰与现代传媒"学术研讨会专刊（1991-2006）》，第 90 页。

八版。1996 年 4 月创办，最初名为《北京天主教快报》，1996 年 6 月其更名为《天光》。每月 1 期，每期 8 版，16 开。1997～1999 年，改为 4 版，8 开。2000 年起，再改为 8 版，8 开。1997 年 10 月以前，每期印数 1500 份；1997 年 10 月以后，每期印数增加至 3500 份。截至 2001 年 9 月，《天光》累计印刷 197000 份。

《天光》目前开设有"教情通报"、"奉献生活"、"人物传记"、"信仰生活"、"信仰刊授"、"基督文化"和"堂区园地"等栏目。《天光》立足北京，面向全国，沟通各地天主教会。该报自创办以来，以提高教友的信仰素质、宣传福音、沟通教内信息和展示教会形象为宗旨。①《天光》注重舆论导向的把握，更注重时效性、可读性，以求更加贴近神长教友的信仰生活。

《信德报》由河北信德社创办。其前身为河北省天主教教务委员会的《会讯》。1991 年创刊，初期为 16 开 4 版的小报，不定期出版。发行方式为免费赠阅。发行范围仅限于河北省及全国部分大中城市。其办报方针是：让《信德报》成为"了解中国教会的窗口，丰富信仰生活的园地。"

1993 年起，版面增加一倍；1997 年报纸扩大为 16 开 16 版；1998 年改为半月报；2000 年，改为部分版面彩色印刷；2004 年实现全彩印刷；2006 年增为旬报。发行量初期为 5000 份，截至 2007 年，已突破 51000 份；至 2010 年，《信德报》的发行量更超过 6 万份。据《信德报》统计，其订阅读者遍及全国所有的省、自治区、直辖市的堂区，读者人数逾百万。《信德报》目前已成为国内最有影响力的天主教会报刊，为中国教会的文字福传事业做出了应有的贡献。②

《信德学刊》是河北信德文化研究所编辑出版的不定期刊物。自 2001 年至 2010 年，共出版 5 期。《信德学刊》的创刊目的，在于为改革开放以来的中国天主教会提供一块学术探讨园地，为教会内外学者搭起一个对话、

---

① 石衡潭、王潇楠、赵健敏、邓绍曦：《改革开放以来天主教北京教区社会服务与实践》，卓新平、萨耶尔主编《基督宗教与当代社会国际学术研讨会文集》，宗教文化出版社，2003，第 294 页。

② 张士江：《信德的过去、现在和将来——兼谈地方教会传媒与文字福传》，河北信德社、信德文化研究所主编《信德 15 周年庆典暨"基督信仰与现代传媒"学术研讨会专刊（1991-2006）》，第 93～94 页。

交流和分享的平台。①

《中国天主教手册》是由河北信德社编辑出版的反映中国天主教会现状的年鉴性手册。2000 年开始收集和编辑《中国天主教手册》试行本；2002 年出版了《中国天主教手册》的"征求意见本"；2003 年、2005 年再版了《中国天主教手册》"实行本"。② 至 2010 年，其共出版了 7 版。

《天主教研究论辑》由北京天主教与文化研究所主办，宗教文化出版社出版，自 2004 年 10 月创刊以来，截至 2010 年已出版 7 辑。该论辑为天主教界目前唯一公开出版发行的、专门针对天主教研究而展开的学术理论性刊物。

《天主教研究资料汇编》由上海光启社主办，32 开季刊，从 1985 年 12 月创办第一辑开始，至 2012 年已有 27 年的历史。该刊致力于把天主教会内最新、最正统的思想介绍给读者。随着全球一体化步伐的加快，身处中国大陆的天主教会面临着与国外教会越来越相似的问题。为此，该刊特别关注全球各地的天主教徒，在各自文化背景中对当代问题和自身信仰的反思，以及教会如何在面对当今社会的挑战的同时，将福音传播到世界的各个角落。

《日用神粮》由上海光启社主办，双月刊，32 开本。该杂志致力于对每日的弥撒读经进行默想。其写作成员有主教、司铎、修士、修女及平信徒，他们从神学、灵修、祈祷等各个方面诠释圣言。他们对当日福音的理解和深入的默想，有助于读者反省信仰生活和提升灵修。《日用神粮》的内容还包括每月的教宗祈祷意向；每日奉献祷文；晨祷及晚祷。该杂志面向的读者为平信徒、司铎、主教及度奉献生活者。

《海外天主教动态资料》由上海光启社出版，半月刊，小 16 开本。该杂志的特点是"广"：资料来源广、涉及领域广、读者群广。广泛收集海外各地教会资料、宗座各部及委员会的文献、教宗各地出访的最新情况及在各地的讲话等。作为一个让国内教友了解海外天主教教会的窗口，《海外天主教动态资料》适合教友、神父及教外人士阅读，从中可以定期了解世界教会的新闻动态。此外，为了适应时代的发展，该刊也致力于在天主教知

---

① 参见《信德学刊》创刊辞：http://xinde.org/fics/xdhg/a2.htm。

② 河北信德社：《中国天主教手册（2010）》，河北信德社，2010，序言。

识方面从事普及工作。

《忠仆》由上海光启社出版；月刊，32开本。《忠仆》主要面向神职人员，使之通过阅读从中获得有助于牧灵工作的益处。《忠仆》杂志刊登内容包括各类宗座文献、教宗通信、主教牧函、司铎牧灵、灵修生活反省、教会法典及各修会著名文典译著等，有助于神职人员反省司铎生活、引导牧灵指南、提升神修经验。该刊为教区内部的参考资料，现只对全国各教区中心、朝圣地及有较大牧灵需要的堂区投放。

《圣爱》由上海光启社出版，月刊，小16开本。《圣爱》在其创始之初，旨在推动上海教区内部人员的沟通与共融。但随着上海光启社主办的其他教会刊物的加入，为了每个刊物的内容更加明确和专业，《圣爱》将自己的目光投向中国大陆教会内负责信仰和灵修培育的神父、修女及教友。

《宗徒》由上海光启社出版，为每周发行的教区通讯小报，属上海本教区刊物。其具有篇幅短小、发行及时、传阅方便等特点，深受广大信徒喜爱。其中结合每周主日福音的反省及每周小故事等，都是特色板块，设有更新及时的教区资讯及光启社最新书目简介。上海教区的教友及外教区人士可以借《宗徒》这个媒介，及时了解上海教区的动态发展状况。

《圣神之光》1999年由天津教区创办，发行方式为免费赠阅，发行对象为教会内外的读者，最初由张良神父创办。

《益世》2007年12月创办于天津教区，月刊。该刊继承了1915年10月由雷鸣远神父所创《益世报》之风格，秉承以人文为主题，以社会为背景，以信仰为方法，以文字为途径，服务人群，使人们的生活回归真善美的宗旨。①

《圣心蓓蕾报》由天主教吉林教区吉林市耶稣圣心堂主办，2003年创办，并于短期内迅速成长为全国教区发行量仅次于《信德报》的第二大报刊，2007年因故停办。

《公教文摘》由内蒙古赤峰教区出版。2001年创刊，初期定名为《牧笛》，后更名为《公教文摘》。每年出版14~18期，16开本，4版。其宗旨为：回应"新世界、新福传"的号召；提供教友的信仰素质；培养能回应

---

① http://www.chinacath.org/news/china/2010-06-30/7349.html.

教会牧首训导的正统信仰观，丰富教友的信仰生活。

《教友生活》由山西潞安（长治）教区主办。1992 年圣诞节创刊，为一份仅限教区内流通的内部资料。

《真光报》由天主教山西长治教区张和申神父创办，得到教区各神长和教友的大力支持，实时报道教区新闻和国内外天主教动态，让广大教友能及时准确地了解天主教的各方面信息和咨询。

《光和盐》由重庆教区创办，为重庆教区天主教"两会"会刊。该刊于1999 年创刊，初期为手工装订、黑白复印、不定期出版的纯文字媒体，且仅限于重庆教区内部流通，后日渐发展为彩色套印，具有丰富的文字和图片内容，是面向全国教会发行的季刊。其宗旨为：谨遵耶稣基督"你们要成为地上的盐，世上的光"的教诲，弘扬教会"上爱天主，下爱世人"的精神，以言以行，传播福音，见证信仰。

《芥菜籽》由浙江宁波教区主办，系天主教宁波教区内部通讯刊物，主要介绍教区最新动态及公告，分享教友信仰生活，见证信仰，是学习圣经与教理的平台。1992 年复活节出版了第一期，由方维平修士创办。

《指南针》由广西教区主办。2003 年 7 月创办，每月一期。发行量不大，仅设立 4 个版面：教会新闻版、教理研讨版、见证言论版和综合趣味版。①

（三）虚拟媒体

随着互联网技术的发展和普及，以宣传普及信仰知识、交流心得、传播宗教资讯为目的的各天主教专门网站发展得异常迅速，网络福传业已成为天主教进行福传和与教会内外互动交流的新途径。

自 2000 年之后，中国天主教会所开办的各类网站开始呈现蓬勃发展的势头，据统计，截至 2010 年，中国天主教会已开办各类网站上百家，其中活跃的有 60 多家，② 主要以教区、修院和部分文化机构的门户网站为主，

---

① 黄义英：《寒暑三年、心系福传》，河北信德社、信德文化研究所主编《信德 15 周年庆典暨"基督信仰与现代传媒"学术研讨会专刊（1991-2006）》，第 111 页。

② 林纯慧：《教会媒体与福传》，河北信德社、信德文化研究所主编《信德 15 周年庆典暨"基督信仰与现代传媒"学术研讨会专刊（1991-2006）》，第 57 页。

如北京教区的"天光网"、信德社主办的"信德网"、真命工作室主办的"天主教"、佳音工作室主办的"天主教在线"等网站。各网站内容丰富，具有知识性、时事性、福传性、普及性、慈善性和互助互动性等特点，除了教会新闻外，《圣经》、神学、教理教义、教会文献、影音资料、论坛等，都大大促进了福传的广度和深度，以及信徒之间的互动交流。

除此之外，还有一些信仰者个体依赖个人博客、微博等交往方式，进行福传和普及信仰知识。

网络的开放性和匿名性为所有感兴趣的人提供了接触和交流的便利，为一些教徒及时大胆地就身边发生的事情，尤其是个人操守、恋爱、婚姻、家庭、教义教规、科学与理性、基层教会内部纷争等方面的疑惑，提出问题并迅速获得解决之道。这种网上答疑解惑的福传方式得到许多青年人的青睐。①

尽管网络福传存在着巨大的优势，但是，中国天主教利用虚拟媒介进行福传和交流的效果仍然存在很多问题。这主要表现在如下几个方面：首先，各天主教网站内容和栏目的雷同现象比较突出，大多缺少自己的特色，吸引力有限；其次，很多网站不够贴合自身教区或机构的宗教建设和信仰生活，内容更新比较滞后和缓慢；再次，一般而言，大多数网站，尤其是一些技术和编辑力量比较薄弱的教区网站，其对自身教区、堂区的历史、机构建设和服务内容的介绍缺乏系统性和逻辑性，点击率较低，公众参与度不够。

第三节　重要的天主教会议回顾

中国天主教全国代表会议制度是天主教在中国走上独立自主自办教会道路的重要成果和巨大特色之一，因而也是世界天主教会内的一大创举和特例。② 自 1957 年中国天主教召开第一届全国代表会议以来，截至 2010 年，

---

① 王美秀：《中国天主教观察》，金泽、邱永辉编《中国宗教报告（2009）》，社会科学文献出版社，第 99 页。

② 王美秀：《2010 年中国天主教观察与分析》，金泽、邱永辉编《中国宗教报告（2011）》，社会科学文献出版社，第 115 页。

总共召开八届。上述八届会议对于当代中国天主教走独立自主自办道路可谓影响甚巨，中国天主教会事关制度建设、牧灵福传、司铎培育、教会改革、神职祝圣、政教关系，以及与全球教会的交流等宗教活动和信仰生活的方方面面，皆赖历届全国代表会议而得以逐步完善。可以说，不了解上述八届全国代表会议，则很难历时性地了解当代中国天主教的成长与变迁。笔者将按时间顺序逐一介绍历届天主教全国代表会议的召开经过、相关信息和重大决定，以便读者对以往各届会议有一系统、完整和深入的了解。

　　1992 年，中国天主教根据教务工作的需要，进行了机构改革。鉴于中国天主教代表会议和中国天主教爱国会代表会议的代表基本相同，为了便于代表们出席，两个会议经常采取合并召开的办法，由此两个代表会议合并，统称为"中国天主教代表会议"，以 1957 年"中国天主教友代表会议"为第一届会议，依次排列。①

表 2-1　中国天主教历届代表会议的相关信息②

会议名称	会议时间	爱国会主席	主教团主席
中国天主教第一届代表会议	1957 年 7 月 15 日至 8 月 2 日	皮漱石总主教	——
中国天主教第二届代表会议	1962 年 1 月 5 日至 19 日	皮漱石总主教	——
中国天主教第三届代表会议	1980 年 5 月 22 日至 30 日；5 月 31 日至 6 月 2 日	宗怀德主教	张家树主教
中国天主教第四届代表会议	1986 年 11 月 18 日至 27 日；1986 年 11 月 18 日至 29 日	宗怀德主教	张家树主教
中国天主教第五届代表会议	1992 年 9 月 15 日至 19 日	宗怀德主教	宗怀德主教
中国天主教第六届代表会议	1998 年 1 月 17 日至 21 日	傅铁山主教	刘元仁主教
中国天主教第七届代表会议	2004 年 7 月 7 日至 9 日	傅铁山主教	刘元仁主教
中国天主教第八届代表会议	2010 年 12 月 7 日至 9 日	房兴耀主教	马英林主教

----

①　中国天主教爱国会、中国天主教主教团编《中国天主教独立自主自办教会教育教材》（试用本），宗教文化出版社，2002，第 221~222 页。

②　任延黎：《中国天主教基础知识》，宗教文化出版社，2005，第 304~310 页；陈建明、杨舜涛：《盛世开盛会、做光又做盐——中国天主教第七届代表会议胜利闭幕》，《中国天主教》2004 年第 7 期；《承前启后、继往开来——中国天主教第八届代表会议在京隆重召开》，《中国天主教》2010 年第 6 期。

一 中国天主教第一届代表会议

中国天主教第一届代表会议实为 1957 年 7 月 15 日至 8 月 2 日在京举行的"中国天主教教友爱国会第一届代表会议"，此次出席会议的代表共241 人（因病因事请假四人）。会上成立了"中国天主教教友爱国会"，通过了《中国天主教教友爱国会章程》及进一步开展反帝爱国运动的决议，强调中国天主教会必须独立自主，彻底割断同梵蒂冈教廷在政治上和经济上的联系，反对梵蒂冈教廷利用宗教干涉我国内政、侵犯我国主权的活动。

第一届委员会主席为沈阳教区总主教皮漱石主教。皮漱石主教为辽阳人，圣名依纳爵，生于 1897 年，病逝于 1978 年。1910 年入奉天代牧区小修道院，1921 年进神学院，1928 年晋铎，在小修院任教 14 年，1942 年调大连市任本堂神父。曾任沈阳教区大修道院文科教授、小修道院预修院代理院长。1946 年任沈阳教区主教，东北教区总主教。

第一届委员会副主席为杨士达教友、李伯渔主教、李维光主教、王文成主教、赵振声主教、董文隆主教、李德培主教、曹道生教友。秘书长为李君武副主教。副秘书长为易宣化代主教、杨高坚代主教、汤履道教友①

二 中国天主教第二届代表会议

中国天主教第二届代表会议于 1962 年 1 月 5 日至 19 日在京举行，当时正处于三年自然灾害时期。出席会议的代表共 256 人，会议听取了上届主席皮漱石总主教作的《中国天教爱国会四年来的工作及今后任务》报告，通过了"中国天主教爱国会第二届代表会议决议"，确定了天主教爱国会的任务是：接受中国共产党的领导，坚决摆脱罗马教廷的控制，彻底实现独立自主办教会的任务。

此次会议的亮点是：号召坚决摆脱罗马教廷的控制，彻底实现独立自

---

① 中国天主教爱国会、中国天主教主教团编《圣神光照中国教会——中国天主教爱国会成立五十年来的辉煌足迹》，宗教文化出版社，2008，第 80 页。

主自办教会的任务；呼吁开展编写中国天主教史纲的研究工作；要求协助各教区集中力量办好一所神学院。[①]

会议修改了《中国天主教爱国会章程》，选举产生了第二届委员会，皮漱石总主教再次当选为主席。

副主席为：杨士达教友、李伯渔主教、李维光主教、赵振声主教、董文隆主教、李德培主教、曹道生教友、张家树主教、李君武副主教、王良佐神父。

秘书长为汤履道教友。副秘书长为：易宣化代主教、杨高坚代主教、庞世宏神父。

三 中国天主教第三届代表会议

中国天主教第三届代表会议于 1980 年 5 月 22 日至 6 月 2 日在北京举行，此次会议由 5 月 22 日至 30 日"中国天主教爱国会第三届代表会议"和 5 月 31 日至 6 月 2 日召开的"中国天主教第一届代表会议"组成，这是"文化大革命"后中国天主教的第一次盛会。其中，全国 26 个省、自治区、直辖市的 198 位主教、神父、修女和信徒代表参加了中国天主教爱国会第三届代表会议。

会议选举宗怀德主教为中国天主教爱国会主席，通过了《中国天主教爱国会章程》。该章程规定："中国天主教神长教友组成的爱国爱教的群众团体。其宗旨为：团结全国神长教友，在中国共产党和人民政府的领导下，发扬爱国主义精神，遵守国家政策法令，积极参加祖国社会主义现代化建设，促进与国际天主教人士的友好往来，为反对帝国主义、霸权主义，保卫世界和平，并协助政府贯彻宗教信仰自由政策"。[②]

大会强烈批判了"四人帮"对宗教的迫害，热烈拥护党的十一届三中全会的召开。会议修订了《中国天主教爱国会章程》，成立中国天主教主教

[①] 中国天主教爱国会、中国天主教主教团编《圣神光照中国教会——中国天主教爱国会成立五十年来的辉煌足迹》，宗教文化出版社，2008，第 91 页。

[②] 国务院宗教事务局政策法规司编《中国宗教团体资料》（第一辑），中国社会出版社，1993，第 382~383 页。

团。通过了《告全国天主教神长教友书》和《告台湾天主教神长教友书》，确定中国天主教今后的主要任务是：团结神长教友积极参加社会主义现代化建设，坚持独立自主、自办教会的方针，反对任何外来势力干涉和控制我国教会，协助人民政府贯彻宗教信仰自由政策，对神长教友进行爱国守法教育。

经民主选举，中国天主教爱国会第三届委员会主席为宗怀德主教。1917年，宗怀德出生于山东一个世代信奉天主教的家庭。1930年开始学习神学，1943年成为晋铎，并开始了传教工作。1949年担任周村教区代理主教，1963年担任济南教区兼周村教区主教。

副主席为：张家树主教、李德培主教、曹道生教友、杨高坚主教、涂世华主教、傅铁山主教、王良佐神父、汤履道教友。

秘书长为汤履道教友。

此次中国天主教爱国会第三届委员会未设副秘书长职位。

紧随中国天主教爱国会第三届代表会议召开的中国天主教第一届代表会议于5月31日至6月2日在京举行。共有207位代表出席了此次会议。会议决定同时成立中国天主教主教团与教务委员会，并制订了《中国天主教教务委员会章程》，但未制订中国天主教主教团的相关章程。

按照《中国天主教教务委员会章程》的规定，中国天主教教务委员会为全国性机构，其最高机构是中国天主教代表会议。在代表会议闭会期间，中国天主教教务委员会负责执行代表会议的决议，有权商讨和决定重大教务问题。中国天主教主教团对中国天主教代表会议和会议闭会期间的中国天主教教务委员会负责。其使命是"研究、阐明当信当行的教义教规"，以及"交流传教经验"和"与其他国家的教会发展友好关系"。中国天主教主教团由全国各教区的正权主教组成，共计33名成员。①

此次会议选举上海教区张家树主教担任中国天主教教务委员会主任和主教团团长。

---

① 国务院宗教事务局政策法规司编《中国宗教团体资料》（第一辑），中国社会出版社，1993，第403页。

副团长为王学明主教（呼和浩特）、杨高坚主教（常德）、宗怀德主教（济南）、董光清主教（汉口）、涂世华主教（汉阳）和傅铁山主教（北京）。

中国天主教主教团秘书长由杨高坚主教兼任。[①]

四　中国天主教第四届代表会议

中国天主教第四届代表会议为 1986 年 11 月 18 日起分别在京举行的中国天主教爱国会第四届代表会议和中国天主教第二届代表会议，并于 29 日闭幕。来自全国 28 个省、自治区（除西藏、台湾外）、直辖市的 278 名代表，其中有主教 37 名、神父 105 名、修女 11 名、修士 2 名、修生 6 名及教友 117 名出席了这两个代表会议。他们带着爱国爱教的强烈愿望共聚一堂，商讨全国和各地爱国会、教务委员会的有关重大事宜。中国天主教爱国会主席宗怀德主教和中国天主教教务委员会主任张家树主教分别主持了两个会议。

会议分别审议了"两会"上届委员会的工作报告，并确定了今后的任务；修订了《中国天主教爱国会章程》和《中国天主教教务委员会章程》；选举产生了中国天主教爱国会第四届委员会和中国天主教教务委员会第二届委员会委员。宗怀德主教当选为中国天主教爱国会主席（兼任中国天主教主教团团长），张家树、李德培、杨高坚、涂世华、傅铁山、王良佐、汤履道、董光清、蔡体远当选为副主席，朱世昌当选为秘书长；张家树主教当选为教务委员会主任，杨高坚、王学明、宗怀德、李德培、傅铁山、常守彝、段荫明、涂世华、林泉、郭忠、陆薇读、刘景和、郁成才、刘柏年当选为副主任。杨高坚兼任秘书长。[②]

同期举行的中国天主教第二届代表会议对《中国天主教教务委员会章程》进行了修改，其中增加了助理主教也是主教团成员的内容。自此，中国天主教主教团成员增加至 52 人。

---

① 任延黎主编《中国天主教基础知识》，宗教文化出版社，2005，第 307 页。
② 史畅：《中国天主教爱国会第四届代表会议、中国天主教第二届代表会议在京隆重举行》，《中国天主教》1986 年第 9 期。

五　中国天主教第五届代表会议

中国天主教第五届代表会议于 1992 年 9 月 15 日至 19 日在北京举行。来自全国 30 个省、自治区、直辖市的 272 位代表出席了会议，其中，主教 68 位。

会议号召全国天主教信教群众，继续高举爱国主义旗帜、坚定不移地执行独立自主自办教会的方针，进一步发扬爱国爱教的光荣传统，为把我国建设成为社会主义现代化国家，祖国的统一和世界的和平做出更大贡献。

会议通过了《关于调整"中国天主教三机构"的决议》、新制订《中国天主教主教团章程》，修改了《中国天主教爱国会章程》。中国天主教全国性组织机构经过调整后，原有的三个全国性机构被削减为两个："中国天主教主教团"和"中国天主教爱国会"。其中，中国天主教主教团成为全国性教务领导机构，对外代表中国天主教会；中国天主教教务委员会成为主教团的下属机构，与修院教育委员会、礼仪委员会、神学研究中心、经济委员会和海外联谊委员会并列。中国天主教主教团由全国各教区正权主教、助理（辅理）主教、顾问主教组成。

宗怀德主教当选为中国天主教主教团主席和中国天主教爱国会主席。金鲁贤主教、涂世华主教、郁成才主教、董光清主教、刘景和主教、刘柏年教友[①]、王良佐神父、朱世昌教友、李笃安主教、俞嘉第教友当选为中国天主教爱国会副主席。朱世昌兼任中国天主教爱国会秘书长。

金鲁贤主教、傅铁山主教、蔡体远主教当选为中国天主教主教团副主席。宗怀德主教、金鲁贤主教、傅铁山主教、蔡体远主教、涂世华主教、郁成才主教、董光清主教、李笃安主教、蒋陶然主教、郭印宫主教、金沛献主教当选为中国天主教主教团常委，傅铁山主教兼任中国天主教主教团秘书长。[②]

---

① 刘柏年，1934 年 5 月生，贵州修文人，1952 年后任山东省青岛市天主教爱国会副主任兼秘书长，1979 年至 1992 年任中国天主教爱国会副秘书长，1992 年至 2002 年任中国天主教爱国会副主席兼秘书长、山东省天主教爱国会主任。2002 年 2 月起兼任山东省政协副主席。2010 年中国天主教第八届代表会议上当选为中国天主教"一会一团"名誉主席。

② 任延黎主编《中国天主教基础知识》，宗教文化出版社，2005，第 308～309 页。

六　中国天主教第六届代表会议

1998 年 1 月 17 日到 21 日，中国天主教第六届代表会议在京召开，高举爱国爱教的旗帜，迎接新世纪的到来。国家宗教局局长叶小文同志在开幕式上讲话，傅铁山主教作了题为《爱国爱教，坚定信德，努力办好教会迎接新世纪的到来》的报告。参加会议的正式代表有 281 人，其中主教 70 位，神父 107 位，修女 23 位，教友 81 位。他们来自 31 个省、自治区、直辖市。

傅铁山主教作的题为《爱国爱教，坚定信德，努力办好教会迎接新世纪的到来》的工作报告，内容分为三个部分：一是过去五年的工作；二是历史经验的回顾与总结；三是今后的方向和任务。

会议审议通过了"一会一团"第五届常委会工作报告，并选举产生了新一届中国天主教"一会一团"领导机构，会议推举德高望重的金鲁贤主教、董光清主教、郁成才主教为中国天主教爱国会、中国天主教主教团名誉主席。选举傅铁山为中国天主教爱国会主席、南京教区主教刘元仁为中国天主教主教团主席，并修改了《中国天主教爱国会章程》和《中国天主教主教团章程》。

其中，中国天主教爱国会副主席为金鲁贤主教、涂世华主教、郁成才主教、董光清主教、刘景和主教、刘柏年教友、王良佐神父、朱世昌教友、李笃安主教、俞嘉第教友。[①] 中国天主教主教团副主席为：傅铁山主教、刘景和主教、李笃安主教；秘书长为马英林担任。

此次会议所完成的机构和人事安排最大的特色是，中国天主教主教团主席和爱国会主席不再由一人身兼，而是改由两位人士分别担任，此举有利于分清两个机构的职能。

七　中国天主教第七届代表会议

中国天主教第七届代表会议于 2004 年 7 月 7 日至 9 日在北京召开。这也是新千年的第一届大会，受到党和政府的高度重视。来自全国 31 个

---

① 《中国天主教第六届代表会议在京举行》，《中国宗教》1998 年第 2 期。

省、自治区、直辖市的 262 名神长教友出席了此次盛会。会议审议通过了中国天主教爱国会、中国天主教主教团第六届常委会所作的工作报告以及重新修订的《中国天主教爱国会章程》和《中国天主教主教团章程》，再次选举傅铁山主教为中国天主教爱国会主席、刘元仁主教为中国天主教主教团主席。

其中中国天主教爱国会副主席为刘元仁主教、刘柏年教友、俞嘉第教友、吕国存教友、马英林主教、周肖吾教友、刘德申教友、詹思禄主教、方建平主教、雷世银神父。刘元龙当选为秘书长。

傅铁山、李笃安、霍成、金沛献、蒋陶然、房兴耀为主教团副主席，马英林兼主教团秘书长。最后与会代表一致通过了《中国天主教第七届代表会议决议》。会议聘请金鲁贤主教、董光清主教、郁成才主教、涂世华主教、刘景和主教为顾问。①

会后，中共中央政治局常委、全国政协主席贾庆林在人民大会堂会见了出席中国天主教第七届代表会议的全体代表。

2005 年 4 月 20 日，刘元仁主教逝世蒙召，由傅铁山主教代理中国天主教主教团主席。2007 年 4 月 20 日，傅铁山主教逝世。于是，昆明主教马英林以中国天主教主教团秘书长的身份代管主教团，此外，他还兼任中国天主教爱国会的副主席，同时由担任中国天主教爱国会副主席的刘柏年教友代管爱国会。

八 中国天主教第八届代表会议

2010 年 12 月 7 日至 9 日中国天主教召开了第八届代表会议，这是中国天主教历史上一次承前启后的重要会议。来自全国 31 个省、自治区、直辖市的 341 位代表参加了此次会议，其中主教 64 位，神父 162 位，修女 24 位，教友 91 位。

会议听取和审议了马英林主教代表上届"一会一团"所作的《同心同

---

① 建明、舜涛、岳阳：《中国天主教第七届代表会议在京举行、贾庆林会见全体代表并发表重要讲话》，《中国宗教》2004 年第 7 期。

德谱写中国天主教爱国爱教事业新篇章》的工作报告；审议并通过了《中国天主教爱国会章程》、《中国天主教主教团章程》修正案；选举产生了中国天主教"一会一团"新一届领导成员。

会议期间，中央统战部朱维群常务副部长出席会议并接见了全体代表，国家宗教局王作安局长做了重要讲话，全体与会代表深受激励与鼓舞。会议认为，中国天主教"一会一团"深入贯彻上届代表会议的工作任务与目标，重视政治学习，正确发挥宗教团体与政府间的桥梁纽带作用，为构建社会主义和谐社会积极贡献；加强教会自身建设，积极推进牧灵福传事业，注重人才的培育；大力促进民主办教，建设具有中国特色的神学思想；带领和指导各地教会开展社会服务，加强对外交流、宣传、管理等方面，做了大量卓有成效的工作。工作报告以求真务实的精神对过去六年的工作进行了客观分析和总结，并提出切实可行的未来工作任务，鼓舞人心，立意深远。会议表决通过了此项报告，并提出了对未来工作的一些有益建议与思考。

会议强调，高举爱国爱教旗帜，坚持独立自主自办原则，是中国天主教持续健康发展的根本保证；加强教会自身建设，坚持民主办教原则，是推进教会福传事业的重要保障；发挥自身优势，服务社会，是践行信仰的重要使命；加强神学思想建设，重视人才培养，是建设中国化教会的当务之急；推进自选自圣主教工作，是中国教会生存和发展的必由之路。

实际出席大会的 313 名代表，通过举手选举的方式，分别选举房兴耀主教为新一届中国天主教爱国会主席，马英林主教、雷世银神父、刘元龙教友、郭金才主教、黄炳章神父、沈斌主教、舒南武教友、岳福生神父、孟青录主教、吴琳修女为中国天主教爱国会副主席，刘元龙教友兼任中国天主教爱国会秘书长；

马英林主教为新一届中国天主教主教团主席，房兴耀主教、詹思禄主教、方建平主教、李山主教、裴军民主教、杨晓亭主教为副主席，郭金才主教任中国天主教主教团秘书长。刘柏年教友、金鲁贤主教被聘为中国天主教第八届"一会一团"名誉主席；涂世华主教、刘景和主教、俞嘉弟教友、吕国存教友、周肖吾教友、刘德申教友、李明述主教、余润深主教被聘为中国天主教第八届"一会一团"顾问。①

第八届天主教"一会一团"领导班子体现出新的特点，首先是平均年龄为 46.9 岁，比上一届降低了近 18 岁；其次，他们年富力强，经验丰富，工作扎实，是一支政治可靠、学识渊博、品德超群的领导集体。

九　其他重要的全国性会议

（一）中国天主教主教团与爱国会联席会议

2003 年 3 月 21 日至 22 日，"中国天主教主教团与爱国会联席会议"在北京举行。② 此次会议共有 64 人出席，其中包括 40 位主教，以及 24 位主教团与爱国会的常委。会议通过了三个重要文件：《中国天主教爱国会、中国天主教主教团主席联席会议制度》、《中国天主教爱国会工作条例》和《中国天主教教区管理制度》。这些文件据说早在 8 年前，就已提上议事日程，供各地的主教考虑。③

其中，《中国天主教爱国会、中国天主教主教团主席联席会议制度》（以下简称《联席会议制度》）文件共两页，包括十项条文。《中国天主教爱国会工作条例》共五页，包括 7 章 35 项条文，而《中国天主教教区管理制度》的内容最长，共包括 83 项条例。

三份文件的主旨在于神职人员与爱国会人员保持更为紧密的工作关系，并呼吁神职人员领导人与爱国会领导人在全国或地方层面举行定期会议，共同商讨重要的教会事务。过去，主教、司铎和修女等神职人员主要负责教会事务，而爱国会则负责处理教会同政府的交往，双方分工不同，工作也各有其重点。但是，"联席会议"召开之后，双方的责任界线却变得较为模糊，两个组织的代表要以民主办教的名义开会，一起决定教会事务。文

---

① 《承前启后、继往开来——中国天主教第八届代表会议在京隆重召开》，《中国天主教》2010 年第 6 期。

② 明石：《加强建设、促进管理、推进福传：中国天主教爱国常委会、中国天主教主教团联席会议举行》，《中国天主教》2003 年第 3 期。

③ 沙百里：《中国天主教会将其职责法规化》，林瑞琪译，《鼎》2003 年秋季号，第 23 卷，总第 130 期。

件将民主办教归纳为"集体领导、民主管理、相互协商、共同决策"。

教会重要事务由主教团与爱国会的领导人共同商讨决定，其中主要的内容包括以下几点。

一是选圣主教问题。《联席会议制度》文件指出，联席会议的工作职能是商讨、决定中国天主教会有关重大事宜，包括"研究、审议各教区选圣主教和教区调整的有关事宜"

二是民主办教，使平信徒对教会管理的介入变得合法化。

三是神职人员的牧民事务成为基本关注点。

此次联席会议的特点和意义在于极大地推进了中国天主教会的制度建设。上述一个条例和两个制度详细规定了爱国会的日常工作事务、教区管理的具体制度细则以及联席会议的制度化及其讨论的内容。这些制度的制定是根据我国国情、中国教会现实，结合教会的传统和"梵二"大公会议精神，经过多年的研讨和试点所取得的共识。条例和制度的制订和通过，有利于中国教会在新世纪更好地开展牧灵福传和继续推进民主办教等活动。

中国天主教爱国会副主席刘柏年指出：制度的制定是为更好地开展福传事业，加强教会事务管理，使管理制度化、规范化、科学化，保证中国教会健康发展，三个制度是指管理方面，不是指当信当行的教义和教规。①

（二）中国天主教爱国会 50 周年纪念活动

2007 年 8 月 24 日至 25 日，中国天主教爱国会先后在北京中工大厦和人民大会堂陕西厅举行了 50 周年纪念活动，参加纪念活动的有来自全国 31 个省、自治区、直辖市的神长教友代表约 200 多人，其中主教 37 位。

24 日下午 2 点 30 分，中国天主教爱国会在国务院第一招待所会议室举行了预备大会，首先由国家宗教局叶小文局长作了重要讲话。叶小文局长在讲话时说，纪念中国天主教爱国会成立 50 周年，具有重要的现实意义，是中国天主教界的一件大事。中国天主教隆重纪念中国天主教爱国会成立

---

① 明石：《加强建设、促进管理、推进福传：中国天主教爱国会常委会、中国天主教主教团联席会议举行》，《中国天主教》2003 年第 3 期，第 30 页。

50 周年，并以此为契机，坚定独立自主自办教会和自选自圣主教原则的决心和信心，进一步明确中国天主教未来的发展方向，具有重要意义。五十年来，中国天主教爱国会在以皮漱石、张家树、宗怀德、傅铁山、刘元仁等老一辈爱国宗教领袖的带领下，坚持独立自主自办教会和民主办教原则，实践信仰，努力工作，发展福传，服务社会，中国天主教各项事业取得了令世人称赞的成就。思想建设、组织建设、制度建设、人才培养、牧灵福传事业、宣传出版事业、对外交往、自养事业、服务社会奉献爱心及其他各项事业健康稳步发展。特别是改革开放以来，中国天主教爱国会和中国天主教主教团密切合作，协助党和政府贯彻宗教信仰自由政策，大力培养中青年爱国神职人员，积极推进民主办教，努力促进天主教与社会主义社会相适应，赢得了整个社会的普遍尊重和理解。

五十年来，中国天主教爱国会协助教会选圣主教 170 多位、培养中青年神父 1800 多位，其中改革开放以来就协助教会培养祝圣的神父就有 1200 多位，培养修女 3000 多位，教徒人数也由解放初期的不到 200 万名，发展到现在的 500 多万名。"文化大革命"结束后，各地爱国会协助教会开放大小圣堂近 7000 座，开办了大小修院 30 所，其中大修院就有 12 所，另外中国天主教爱国会还协助教会建立起 70 多个修女会院，修女达 3000 多位，先后还选派了 200 多位神父、修生、修女到欧美和亚洲的多个国家攻读神学，有很多已取得硕士、博士学位并回国工作。中国天主教爱国会应邀派出几十个团组，共 1000 多人次，先后访问 20 多个国家和地区，与各国天主教会进行友好沟通和牧灵交流。如果没有中国天主教爱国会，就不可能有中国天主教今日欣欣向荣的局面。爱国会的这些历史功绩将永远载入中国天主教会的史册。

对于中国天主教爱国会的未来发展命运，叶小文局长在讲话中指出，作为中国天主教神长教友爱国的一面旗帜绝不能倒，必须继续高举下去。中国政府始终坚定不移地支持中国天主教会坚持独立自主自办教会原则，中国政府都将一如既往地支持天主教爱国会继续发挥爱国会团结、凝聚广大神长教友的积极作用。

而对于中国天主教爱国会的未来建设和自身定位，叶小文局长强调必

须坚持如下四点:

第一,要在做好开展爱国爱教、独立自主自办教会的教育引导工作,充分发挥作为确保中国天主教坚持正确政治方向的组织保障作用;

第二,要协助教务组织和主教、神父等做好教务管理和牧灵福传工作,在中国天主教会内不断增强凝聚力、向心力;

第三,要在培养教育爱国神职人员接班人方面发挥主导作用,大力培养政治上靠得住、宗教上有学识、品德上能服众的爱国神职人员,确保中国天主教爱国爱教、独立自主自办教会事业后继有人;

第四,要推进中国天主教会积极开展社会公益事业和社会服务事业,使全社会更加理解和尊重中国天主教;

第五,要在维护中国天主教会合法权益方面发挥积极作用,特别是在当前城市开发改造过程中涉及天主教教产问题时,要加强与各方面的沟通协调,维护天主教界合法利益。[①]

当日下午 5 点 30 分,在宣武门教堂举行了由中国天主教主教团副主席、辽宁教区金沛献主教主礼的庆祝中国天主教爱国会成立五十周年圣体降福,与会的全体神长教友共同参礼,大家为中国教会祈祷,为中国天主教爱国会五十年来,在圣神的引领下推动中国教会在牧灵福传事业上取得的业绩而谢恩,祈愿中国天主教会的明天更美好,祈愿中国天主教爱国会继续为中国教会的发展作出新的贡献。

2007 年 8 月 25 日上午 9 时,中国天主教爱国会在人民大会堂举行了隆重的 50 周年庆祝会,500 多位神长教友及有关部门的领导出席了会议。中共中央政治局常委、全国政协主席贾庆林出席大会并在会前亲切接见了中国天主教"一会一团"负责人。

下午 3 点整,代表们在中工大厦分 8 个小组进行了热烈讨论,大家就领导的讲话、爱国会今后的工作任务等发表自己的看法。

下午 4 点整,全体代表参加了闭幕式。会议由中国天主教主教团副主

① 木海:《好风正是扬帆时——中国天主教爱国会成立五十周年庆祝大会侧记》,《中国天主教》2007 年第 5 期,第 16~17 页。

席、辽宁教区金沛献主教主持。中国天主教爱国会副主席刘柏年在闭幕式上作了题为《爱国爱教、广传福音，为构建社会主义和谐社会作贡献》的重要讲话。

马英林主教作了总结讲话。马英林主教要求各基层教会根据各自教会具体情况，以各种形式举行丰富多彩的庆祝纪念活动，借此机会对广大神长教友进行一次爱国爱教的再教育、独立自主自办和民主办教的再教育，团结凝聚大家的力量和意志，共同致力于中国教会在新世纪新形势下的新使命上来。最后，会议在悠扬、庄严的《圣母经》的歌声中圆满结束。①

（三）"自选自圣主教"50 周年纪念座谈会

2008 年 12 月 19 日，来自中国各地的 45 名主教和大约 200 名神父、修女、修生及教友代表，齐聚北京人民大会堂，出席"自选自圣主教"50 周年纪念座谈会。全国政协副主席、中共中央统战部部长杜青林出席会议并作重要讲话。

中共中央统战部常务副部长朱维群，全国政协民宗委主任田聪明，国家宗教局局长叶小文、副局长王作安以及五大宗教团体负责人出席了座谈会。会议由中国天主教爱国会副主席刘柏年主持。

杜青林部长在讲话中指出，1958 年中国天主教为了解决主教严重空缺问题，排除境外势力对我国内政的干涉，开始实行自选自圣主教。中国天主教共自选自圣了 170 多位主教，他们成为高举爱国爱教旗帜，坚持走独立自主自办教会道路的中坚力量，为中国天主教的健康发展做出了重要贡献。

中国天主教爱国会副主席、主教团秘书长、昆明教区主教马英林代表中国天主教界发言。他深切缅怀了皮漱石、张家树、宗怀德、傅铁山等为中国天主教爱国爱教和独立自主自办教会事业做出杰出贡献的老一辈主教，系统回顾了中国天主教自选自圣主教的历史，充分肯定了中国天主教 50 年来坚持独立自主自办原则所取得的成就，提出了新时期新阶段中国天主教

---

① 木海：《好风正是扬帆时——中国天主教爱国会成立五十周年庆祝大会侧记》，《中国天主教》2007 年第 5 期，第 18～19 页。

会的发展任务。

本次座谈会在总结回顾中国天主教 50 年来自选自圣主教历程的基础上，对当前和今后一个时期中国教会肩负的使命和任务进行了充分思考与讨论。与会代表一致认为，独立自主自办教会是中国天主教适应中国国情办教的必由之路，自选自圣主教是独立自主自办教会的一种具体表现形式。在新的历史时期，中国天主教应继续高举爱国爱教旗帜，坚持独立自主自办教会的方针，不断加强教会自身建设，积极与社会主义社会相适应，为构建和谐社会做贡献。[①]

（四）中国"一会一团"八届一次常委、负责人、委员联席会议

2008 年 12 月 10 日上午 8 时 30 分，"一会一团"八届一次常委联席会议召开，中国天主教爱国会主席房兴耀主持了会议。会议审议并通过了中国天主教主席团主席马英林主教就"一会一团"所设立的工作委员会作了变更说明，应中国教会牧灵福传工作的需要，中国天主教第七届代表会议所设立的 6 个工作委员会，变更为 9 个，即牧灵与福传委员会、圣职委员会、圣召培育委员会、平信徒委员会、神学研究委员会、礼仪与圣乐艺术委员会、海外交流委员会、宣传出版委员会、公益慈善与社会服务委员会；审议通过了神职人员任职办法。

2008 年 12 月 10 日上午 9 时 30 分，举行了八届一次负责人联席会议。国家宗教局蒋坚永副局长、中央统战部二局赵学义局长、国家宗教局二司马宇虹司长出席了会议。出席会议的还有：中国天主教"一会一团"名誉主席刘柏年，顾问刘景和主教、周肖吾教友、吕国存教友、刘德申教友、李明述主教、余润深主教。会议由中国天主教爱国会主席房兴耀主教主持，通过了三项议程：一是刘元龙副主席所作的中国天主教爱国会副秘书长后选人建议名单的说明；二是中国天主教爱国会副主席郭金才主教所作的中国天主教主教团副秘书长后选人建议名单的说明；三是中国天主教主教团

---

① 朱宇杰：《总结历史经验　开创美好未来——纪念中国天主教自选自圣主教 50 周年座谈会在京召开》，《中国宗教》2009 年第 1 期。

主席马英林主教所作的"一会一团"9个专门委员会建议名单的说明。

2008年12月10日上午10时20分，召开了八届一次"一会一团"委员会联席会议。中国天主教主教团主席马英林主教主持会议，会议听取了由中国天主教爱国会副主席雷世银神父所作的"一会一团"副秘书长的人选决定：王怀茂教友、石洪喜教友、李稣光助理主教、周小雄教友、周永智教友、林国贞教友、施雪琴教友、常同希神父为中国天主教爱国会副秘书长；王仁雷主教、甘俊邱主教、朱立戈神父、刘新红主教、陈书杰神父、杨宇神父、何泽清主教为中国天主教主教团副秘书长。会议听取了詹思禄主教所作的"一会一团"9个专门委员会主任、副主任的人选决定。①

第四节　天主教礼仪改革

一　罗马天主教会的礼仪改革

天主教是一个重视礼仪的宗教。教会本身即是一个崇拜天主的、以敬礼为中心的信仰团体。

对于礼仪在教会生活中的重要性及其本质的认识，圣奥斯丁和教宗本笃十六世（Pope Benedetto XVI）均有过精辟的见解。圣奥斯丁说：与现实生活相比较，礼仪不与要求和需要相连接，而是与恩宠和奉献的自由相交织。

作为当今著名的神学家，教宗本笃十六世对礼仪的看法则侧重于天主对天堂的许诺：礼仪是唤醒我们那犹如孩子般的真正存在；也唤醒我们注意一个伟大的许诺……礼仪成为希望的有形可见之方式，是将来真正生活的预尝，它为我们准备真正的生活——在自由内的生活、在与天主的直接碰触以及彼此真正的相互开放中的生活。这样，礼仪也会印记于日常生活……将天堂预先实现在地上。②

---

① 《承前启后、继往开来——中国天主教第八届代表会议在京隆重召开》，《中国天主教》2010年第6期，第8~11页。

② 约瑟夫·拉辛格：《礼仪之精神导论》，河北信德社，2010，第4页。

由此可见，礼仪是教会庆祝基督徒得救的神圣奥迹。礼仪是一种团体性的纪念活动，是基督徒服从主的命令，对其言说和教导，以及其所承受的痛苦的纪念，是纪念天主借着耶稣基督为世人所做的一切，也就是教会来实现基督作为永恒司祭向天主的祭献行为。①

"梵二"大公会议之前的礼仪或圣事神学，深受特利腾大公会议（Council of Trento，1545-1563）的影响，由于特利腾大公会议是在反新教改革的气氛下召开的，有教会人士认为，其对圣事礼仪神学的反省不算完整。

特利腾大公会议所确定的圣事礼仪神学的特点是：过分重视圣事的象征性（圣事行为本身产生恩宠），而忽略人的主动参与，并以形而上学来解释圣事，使圣事变得更为抽象；由于深受中世纪社会文化、政治等因素的影响，教会礼仪变得宫廷化、礼节化、烦琐化、神职化，注重礼仪的外在形式而忽略了礼仪的神圣内涵。

基于此前礼仪圣事的保守性和过于注重外在形式的弊病，"梵二"大公会议提出了礼仪神学的革新和对礼仪本身的牧灵性的强调。② 这一改革集中表现在大公会议所通过的《礼仪宪章》（*Constitutio De Sacra*）。

《礼仪宪章》是于 1963 年 12 月 4 日经"梵二"大公会议颁布实施的，是有关礼仪改革的指导性牧民文件；它不但是"梵二"大公会议颁布的第一个文件，也是对教会信仰生活影响较大的文件之一。《礼仪宪章》除绪言外，共分七章：第一章，整顿及发扬礼仪的总则；第二章，论至圣圣体奥迹；第三章，论其他圣事及圣仪；第四章，论神圣日课；第五章，论礼仪年度；第六章，论圣乐；第七章，论宗教艺术与敬礼用具。此外，《礼仪宪章》还附有《梵蒂冈第二届大公会议对修改日历的声明》。其中最重要的是前两章，主要内容为讨论礼仪改革的总原则、礼仪的提升和感恩祭的奥秘。随着对该宪章的通过和颁布，此次大公会议实现了一个重要的转折：平信徒被允许在礼仪庆典中主动地参与。③

---

① 约瑟夫·拉辛格：《礼仪之精神导论》，河北信德社，2010，第 160 页。
② 刘德宠：《回归与重建——梵二精神和中国教会的更新与复兴》，浙江省天主教教务委员会，2009，第 176~177 页。
③ 朱塞佩·奥贝利戈著：《梵二简史》，靖之译，河北信德社，2017，第 79 页。

《礼仪宪章》对天主教的礼仪生活产生了深刻影响，其中最明显的变化：其一，重新界定了礼仪神学；其二，强调礼仪的牧灵性。前者奠定了礼仪革新的基础，后者则指出了革新的方向。

首先，从礼仪神学的革新来看，新的礼仪神学注重礼仪的内涵，注重礼仪中天人之间关系的层次，尤为强调基督在礼仪中的临在，突出了天主在礼仪中的救恩行为。概括而言，其革新体现在如下三个方面：一是礼仪是天主救恩的具体体现；二是礼仪是基督在当下实行其司祭之职；三是对礼仪在教会生活中的充分而恰当的肯定：礼仪是教会行动所趋向的顶峰，也是教会一切力量的源泉。①

其次，从对礼仪牧灵性的强调来看，更新后的天主教礼仪具有如下五个突出特点。

一是改用地方语言举行礼仪是礼仪革新的最大特点。"梵二"大公会议以后，教会为了使普通信徒能够清楚理解礼仪内容，听懂天主圣言，并主动参与礼仪，规定可以采纳本地语言举行礼仪，从而结束了在礼仪中只能使用拉丁语的历史，教会礼仪进入了一个全新的阶段。

二是经文和礼仪程序简单明了，所表达的意义明确，容易为现代人所领悟和参与。更新后的新礼仪去掉了旧礼仪中的繁文缛节，同时也充实和丰富了经文内容，使整个经文和礼仪更为清晰鲜明。

三是重视和加强了礼仪中的《圣经》诵读。"梵二"大公会议恢复了《圣经》在教会生活以及在信德和祈祷中应有的地位，在礼仪中大幅度增加了《圣经》诵读的比重，除弥撒外，在每一件圣事及其他礼仪当中也都适当添加了《圣经》诵读的部分。

四是新礼仪体现出一定的灵活性，可以按照每个地方教会的牧灵需要以及当地的文化习俗做出相应的调整。也就是说，各地方的礼仪可以有不同的特色。"梵二"大公会议恢复了礼仪的多元化，认为只要不涉及信仰及全体公益，教会在礼仪上无意严格要求整体一致。

---

① 刘德宪：《回归与重建——梵二精神和中国教会的更新与复兴》，浙江省天主教教务委员会，2009，第177~179页。

五是新礼仪非常强调信众的参与以及礼仪的团体精神。新礼仪的安排很重视信众的参与，在礼仪中安排了许多由信众担任的职务和角色，并要求礼仪中的每一个服务人员既分工又合作，彼此服务，充分表达出礼仪的团体性。此外，在弥撒礼仪中也采用共祭的形式。①

二　中国天主教会的礼仪改革

根据"梵二"大公会议在礼仪改革方面的精神，欧美教会于 20 世纪 70 年代基本上完成了礼仪更新工作，举行弥撒时均使用当地语言，如英语、法语、德语、意大利语、西班牙语等。中国的香港、台湾等地也相继在 70 年代完成礼仪革新工作，神父在做弥撒时也均采纳中文。相对于天主教会在"梵二"大公会议之后在礼仪方面所体现出的新精神和新变革，中国天主教会在推行新礼仪方面无疑起步较晚，但其态势是朝着这一方向不断前进、不断完善的。中国教会为了适应时代的需要，于 20 世纪 80 年代后期开始积极稳妥地推进中国教会的礼仪改革。

1986 年，中国天主教教务委员会提出："为了符合我国的国情，适应新的形势，在礼仪方面确有值得研究和改革的必要。但这种研究和改革需要做大量的工作，需要有组织、有领导、有步骤、郑重其事地进行，在全国教务委员会和主教团未做出统一改革以前，还应按照我国现行的拉丁礼仪举行，不能各行其是。各地教务委员会应严格执行主教团关于施行圣事条例的规定，坚决反对那些违反规定的活动"。会议通过了这一建议。于是，中国天主教主教团一方面与教务委员会一起发表了《关于重申神职人员行使圣事权的决定的补充规定》，该规定强调指出："目前，必须遵守我国教会传统的礼仪和规定，未经中国天主教主教团和中国天主教教务委员会的批准，任何人不得擅自改变和简化"。此外，中国天主教主教团授权上海教区作为礼仪改革的试点，先行一步，从 1989 年开始举行中文弥撒礼仪，同时派出两名神父到菲律宾接受礼仪培训。

1992 年，中国天主教主教团成立了专门的礼仪委员会，由广东汕头教

① 姚顺：《礼仪更新后天主教礼仪的几个突出特点》，《中国天主教》1994 年第 4 期。

区蔡体远主教任主任，在中国天主教主教团的领导下具体负责编订全国统一的弥撒书和七件圣事礼节本、圣歌本以及祈祷手册等，协同中国天主教教务委员会一起制定礼仪改革准则，探讨适合中国国情民俗的本地礼仪，指导和督察各地礼仪改革工作，并于同年 5 月在中国神哲学院举办了由来自全国的两位主教和 36 位神父参加的礼仪更新培训班，中国天主教主教团从香港请来两位神父作指导。之后，各地也都举行了类似的培训，使中国教会的礼仪改革得以稳步推进。①

1993 年起，中国天主教会在主教团的领导下，开始在各教区积极稳妥地推行中文弥撒和礼仪改革工作。1993 年 5 月 16 日，由宗怀德主教主持，来自全国各地的 11 位主教在济南洪家楼天主教堂举行了第一台主教共祭中文弥撒，此举标志着中国天主教礼仪制度的改革迈出了第一步。②

截至 20 世纪 90 年代末，全国大中城市和广大村镇教堂普遍举行中文弥撒，只有少数地方，为了满足一些喜欢传统拉丁礼仪的老年教徒的需要，还不时举行拉丁弥撒。中文弥撒在仪式前期，都安排信徒甚至是女信徒面对教友朗读《圣经》经文，在仪式中许多圣歌也都采用中文唱诵。

天主教会礼仪改革及更新工作的推广和深入，有助于青年信徒理解宗教仪式，增强对宗教生活的兴趣，同时也可以减少由于对拉丁文弥撒的不理解而产生的信仰上的盲目性和对神职人员的盲从。

下面笔者仅就弥撒、丧葬礼和祭祀礼为例来具体考察中国天主教会在礼仪方面的革新效果。

（一）弥撒

弥撒，为拉丁文 Missa 的音译，意为"祭礼"，亦称感恩祭、圣体圣事等，乃天主教祭献天主的重大公共礼仪，也是天主教会最重要、举行次数最为频繁的教会礼仪，可谓天主教礼仪生活的主体与中心和礼仪活动的最

---

① 晏可佳：《改革开放以来的中国天主教》，周太良编著《中国天主教》，五洲传播出版社，2007。
② 张桂霞：《天主教礼仪制度的改革》，《山东年鉴·宗教》（1993 卷），山东年鉴社，1993，第 609 页。

高峰。弥撒的中心为"圣体"敬礼，即将象征耶稣"肉体"和"圣血"的薄面饼和葡萄酒，在弥撒祭献中经过神职人员的祝圣，使之真正成为耶稣基督的"圣体"和"圣血"，所以，天主教又把弥撒祭献称为"圣体圣事"。[①]

从形式上看，弥撒可分为大弥撒和小弥撒两种。大弥撒往往显得非常隆重、庄严、神圣，更能激发信徒们的参与热情，主要是在大瞻礼和重大教务活动中举行。

从"意向"上来说，弥撒则分为感恩弥撒、谢主弥撒、追思弥撒、开堂弥撒、复堂弥撒、祝圣主弥撒、祝圣修女弥撒等。不管是何种弥撒，基本过程并无差异。[②]

弥撒在礼仪革新上的变化，除采纳本地语言——中文作为礼仪用语之外，其革新内容还表现在如下几个方面。

一是神父举行弥撒时面向教徒，而在改革之前则是面朝祭台，背对教徒，增加了教徒在弥撒中的参与性。

二是由教徒宣读《圣经》，读信友祷词，唱本地语言的圣歌。

三是领受"圣体"的形式：改革后，教徒们在"领圣体"时，排队站在祭台前，双手手指合并，呈十字形重叠，左手手心朝上，右手重叠于左手之下，神父将圣体放在教徒前伸的手心里，后由教徒自己将"圣体"放入口中。而改革前的礼仪则规定，教徒在领受"圣体"时，通常是跪在祭台前专设的跪凳上，恭敬地张开嘴，由神父将圣体送入教徒口中。

四是与和谐社会建设理念相一致的《弥撒经书》和祈祷文。如新编的《弥撒经书》在内容上增添了关注社会进步，体现爱国主义情怀等积极向上的内容。此外，教会在主日弥撒中还根据社会发展的实际情况，即时补充具有一定社会关怀的新的祈祷词，如为下岗工人、受灾民众、世界和平祈祷等。

下文为国庆弥撒祷文，从中不难感受到广大天主教信众的爱国情怀和建立公正和谐社会的心愿：

[①]　周太梁：《天主教弥撒礼仪》，《世界宗教文化》2002 年第 2 期，第 31 页。
[②]　杨舜涛：《天主教的弥撒》，《中国民族报》2002 年 6 月 14 日，第 2 版。

领：主，求你使我国的发展计划，能满足人民的需要。我们同声祈祷（下文略）。

合：求主俯听我们（信友合祷下略）。

领：求你使我国政府，善用他们的权力，为人民谋求福利。

求你使我国人民，共同努力，以建立一个公平正义、真理和谐的社会。

求你使我国青年，明了自己的责任，不忘为国家服务。

求你使我们像一家的兄弟姐妹，相亲相爱，度和谐生活……①

五是革新后的礼仪对弥撒外送圣体也进行了详细而具体的规定，如弥撒外送圣体的时间、送圣体的职员身份、弥撒外送圣体的地方，以及送圣体人送圣体时应守的规则等。②

（二）丧葬礼和祭祀礼

天主教徒的丧葬礼随各地情况差异而有所变化，因为葬礼是天主教很特殊的一个礼仪，其原因有二：首先，丧葬礼并非单纯隶属天主教会的一个礼仪，其次，丧葬礼与亡者的家庭以及社会关系紧密相连。

从历史上看，16世纪天主教再次传入中国之后，以利玛窦为首的耶稣会士们所使用的拉丁礼仪在中国教会中并未流行开来，反倒是道明会士们结合中国本地风俗所做出的适应性礼仪成为天主教丧葬礼的主流形式。

当今中国教会也相应地沿用昔日道明会士所采纳的原则：在尽量保留外在的形式的同时，赋予丧葬礼新的内容。如灵幡由装饰好的十字架代替，供案可以摆，但不涉及神灵，灵牌也可以供，但不写牌位等。这一丧葬礼的安排意在提倡跟中国丧葬文化中的善良风俗相结合，并使之成为一个福传和展示天主教内涵的好机会。

天主教徒死后，首先需要通知的是神父，亡者的子女应向神父求弥撒，神父要及时地给亡者做弥撒，与此同时，当地教会的负责人会组织教友们去亡者家里给亡者诵经祈祷。亡者所盖的是由教会内专门做好的殓盖、殓

---

① 转引自康志杰《宗教能够促进和谐——以当代中国天主教为证》，北京天主教与文化研究所编《天主教研究论辑》第4辑，宗教文化出版社，2007，第406页。

② 褚汉雨：《革新后的礼仪对弥撒外送圣体的规定》，《中国天主教》2005年第4期，第25页。

衣,但并非绝对不可替换,只要适合亡者即可。另外,天主教会也准许火葬。①

与丧葬礼紧密相关的是祭礼,即对中国古圣先贤和已故祖先的祭拜礼仪。天主教会对祖先的态度历来是极为尊敬的,并且有专门的礼仪用以纪念他们。但是,当天主教会进入中国以后,由于文化与认知上的差异,在"祭祖"一事上,其有过一段相当漫长、曲折的磨合过程。② 众所周知的"礼仪之争",继 1939 年 12 月 8 日教宗庇护十二世发布《众所皆知》(Plane Compertum est)通谕才告完全终止,前后持续长达 300 年。至此,中国天主教徒才得以重新合乎教义地尊孔祭祖。

"梵二"大公会议之后,中国天主教会在祭礼方面,也结合中国文化传统进行了相当大的革新和转变。

一般而言,天主教徒举行祭礼时,一方面要遵守教会的规矩;另一方面在对待追思习俗时,要把握一个原则,即对待祖先、父母所举行的一切仪式,都仅用于表达对先人的哀悼,缅怀祖先的恩德,效法先人的德表,不拘采取什么形式,一切具有迷信色彩的活动都不应当去随从,一切不违反信仰的习俗也都可以去实行。③

在 2007 年 12 月中国政府正式宣布将清明节定为法定假日之前,中国天主教徒在祭奠自己的祖先或亲友时,选择的祭日在各基层教会往往有着不同的规定或习惯。绝大部分信徒遵从教会传统,于 11 月 2 日追思已亡日前往墓地为亲友扫墓。作为天主教的炼灵月,每年的 11 月,也是天主教信徒集中悼念亡者的时间。

而继中国政府正式宣布将清明节定为法定假日之后,这一现象发生了一定的改变,越来越多的天主教徒选择在清明节——这一中国传统节日为亡者祈祷。但是,也有的教区仍然沿袭以往的惯例,而非将清明节置于优先的祭祀礼地位。

---

① 资料来源:http://dayi.chinacath.org/detail.asp? id=6199。
② 钱铃珠:《天上人间——天主教看"祭祖"及相关问题》,资料来源:http://blog.sina.com.cn/s/blog_59bc114c0100ctpx.html。
③ 褚汉雨:《教友如何对待本国的丧葬和祭礼习俗》,《中国天主教》1994 年第 3 期,第 37 页。

如南京教区无锡堂区就有在复活节前夕的圣周六扫墓祭祀、追念亡者的传统，有些教友甚至称这一天为"天主教清明节"，但是，该堂区在清明节被宣布为国家法定假日之后，也响应号召，在当天早上举行追思弥撒，为亡者祈祷，不过，由于有在圣周六扫墓祭祀、追念亡者的传统，清明节当天前往上坟的信徒人数并不多。

而南充教区在清明节成为法定假日前，每年信徒自发前往扫墓的人数约有300人，在此之后，人数则增加到400人以上，可见，随着国家的引导，信徒在宗教礼仪如祭礼方面，也会产生一定的变通和调整。①

与中国天主教会比较开明的、渐进式祭礼改革相比，港台在制度化进程方面无疑走得更远。如台湾天主教会根据"梵二"礼仪改革的新精神，于1972年在台北主教座堂，举行敬天祭祖的仪式，这一行动遂成为天主教会祭祖的标杆式举动。此后，天主教会普遍在春节、清明等民俗节日，于各地天主教堂举行祭祖的礼仪。与此同时，天主教会台湾主教团于1974年还编订了《祭祖礼规》，指出四项祭祖的宗旨：一是重申天主诫命"孝敬父母"的基本精神，激发教友孝亲之情，以增进孝爱天主之德；二是澄清国人对天主教会"信天主而忘祖宗"的误会，并使教外人士对教会有正确之认识；三是复兴中华文化，崇尚孝道与慎终追远的美德，使福音和传统文化结合；四是为规正教友"祭祖"的正常发展，破除迷信色彩。

而在香港，1995年的诸圣节（11月1日），正好是阴历九月初九重阳节。重阳节在香港是扫墓、祭祖的日子，因此，香港天主教会为此特别作了一套在当天纪念诸圣和祖先的礼仪经文。②

无论如何，中国天主教会对祭祖在原则上宽容接纳，实践中灵活对待的做法，缓和了天主教与中国传统习俗及周围人群在这一问题上的关系，有利于天主教在文化传统层面上与中国传统习俗的融合，也有利于天主教

---

① 参见《公教报》，2008年4月27日第21版。
② 以上例子参见钱铃珠《天上人间——天主教会看"祭祖"及相关问题》，资料来源：http://blog.sina.com.cn/s/blog_59bc114c0100ctpx.html。

徒与其他信仰的人们之间的交往与和谐。①

第五节 中国宗教教育及信徒文化素质

在"梵二"大公会议通过的《天主教教育宣言》（*Gravissimum Educationis*）中，教会对教育问题给予了充分的肯定："不拘属于何等种族、环境或年龄，人人既皆享有人的尊严，则人人皆在接受教育上有其不可剥夺的权利"。因此，在中国天主教会内部的某些有识之士看来，改革开放之后，尤其是随着中国的经济发展形态从农业经济、工业经济向知识经济转型，整个社会发展处于知识爆炸时代的高速发展时期，中国天主教会不应该作为落后、愚昧、迷信、保守的形象代言人，而应是一个具有丰富知识涵养的信仰团体，以便充分适应时代转型和挑战，更好地参与、融入和服务社会。②

一 神职人员的宗教教育

神职人员作为"耶稣基督的使臣，天主福音的司祭"，意味着他们是天主的同工，协助天主从事基督救世的事业，因此，他们的生命和事奉，事关教会的发展和兴衰，关系不可谓不重大。而作为基层教会和堂区的带领人，神职人员的言行事奉势必直接影响到普通信徒，影响到每一位与其接触的人士，影响到教会今日及未来的发展，因此，神职人员的宗教教育应该享有比平信徒更优先的地位。③

从当前中国神职人员的现实处境和状况来看，神职人员在牧灵福传和宗教教育方面面临着如下两大困境。

一是神职人员的断层："文化大革命"及其之前的一系列政治运动，给

---

① 王美秀：《天主教对中国祭祖的认识——过去与现在》，《世界宗教文化》2010年第5期，第57页。
② 赵健敏：《文化转型中中国天主教的融入》，卓新平、南俗伯：《基督宗教社会学说及社会责任国际学术研讨会文集》，宗教文化出版社，2009，第125~126页。
③ 王艳：《加强神职人员的宗教教育，推进中国天主教的发展》，《中国天主教》2007年第6期。

中国天主教神职界的培养造成了巨大的断层,使得神职界人才面临着青黄不接的严峻现实,许多教区缺少主教,老一代神职人员相继离世,新一代神职人员的成长和培育尚难以填补教区的发展和牧灵需要。

二是神职人员的培育和再培育问题:由于神职人员的新老断层及其他原因,80年代以来不断恢复的修院培育系统直至今日仍不够健全,神职人员亟须再培育,如果灵性支持无以为继,神职人员在牧灵福传方面容易陷入孤军奋战的境地。①

为了有效地解决如上两大困境和挑战,中国的神职人员就必须在神学造诣和文化修养方面获得完善的培育和再培育,也就是教宗本笃十六世在致中国神职人员的牧函中提到的:为了天主教在中国的将来,一方面,要确保对圣召的特别关注;另一方面,亦要在修院及修会里对人性、神修、神哲学、牧灵各方面施以更扎实的培育"。②

(一) 圣职的培育与再培育

修院作为教会的心脏和神职人员的摇篮,是圣职的培育和陶成的主要场所和方式。自20世纪80年代初以来,中国天主教会在恢复和重建圣堂的同时,花费了大量的人力物力对青年神职人员进行培育,如全国共建成36所大小修院,初步形成了较完备的修院教育系统,经过10多年的培育和发展,截至20世纪90年代末,国内很多教区已基本解决了"温饱问题",有效地缓解了圣职队伍的青黄不接问题。③

与此同时,为了在司铎培育方面有效学习与借鉴国外的神学思想与办教经验,弥补本身发展的不足,中国天主教在修院教育方面还采取了"走出去""请进来"的方式。一方面,每年派遣一些较优秀的年轻神职人员或修生到国外或中国香港地区学习。截至1998年,全国各修院先后派出的青

---

① 刘德宠:《回归与重建——梵二精神和中国教会的更新与复兴》,浙江省天主教教务委员会,2009,第349页。
② 本笃十六世:《致在中华人民共和国的天主教会的主教、司铎、度奉献生活者和教友的信》,2007年6月30日。
③ 参见张士江《第三个千年黎明中国青年司铎面临的挑战》,《信德学刊》(第1期),第44页。

年神父、修生、修女，及教徒到美国、英国、法国、德国、意大利、比利时、菲律宾、韩国以及中国的香港地区学习的共有 100 余名，部分神职人员或修生已学成归来，成为各地教会的骨干人才或各神哲学院的骨干教师。另一方面，各地修院不定期地邀请一些中国香港、台湾地区以及国外神学家或教授前来中国大陆各个修院从事短期授课，或举行专题讲座。1994 年中国天主教选派了 7 所大修院的 15 位负责管理修院的年轻神父远赴比利时和法国修院学习管理工作，1996 年更选派 10 名修院任课神父前往韩国 3 所修院进行交流。

圣职的再培育是一种综合性的培育，涉及全人的成长、教会与社会各个方面的知识与修养，同时也应是一种终身的持续培育。圣职的再培育涉及身体与灵修的休息和再提高，同时也包括教区主教对圣职的关怀、培育、支持和鼓励。①

为了全面提高神职人员和教会工作人员的神学、灵修、道德、文化和工作能力等，20 世纪 90 年代以来，中国教会经常举办神职人员灵修培训班、神职人员牧灵培训班、爱国主义思想读书班、修院院长出国交流读书班、初学导师进修班、修院神师培训班，以及有关神职人员避静、灵修辅导和礼仪等讲座，有效地满足了圣职的再培育需要。

进入 21 世纪以来，尤其是从 2004 年到 2010 年，中国天主教会先后举办过 4 次教区管理研讨会，邀请国内外牧灵和灵修神学家前来研讨、交流经验，共有 72 位神职人员参加了研讨会，其中主教占 36 位。此外，中国天主教会还先后 5 次组织司铎代表团前往法国普拉多修会进行灵修培育和交流，并前往法国露德圣母朝圣地、司铎主保圣维亚纳的堂区，以及圣女小德勒撒的家乡进行朝圣交流，并两次组织神父代表团到德国本笃会进行灵修培育和体验修会生活，还组织了 11 个教区的神父访问韩国教会，进行牧灵研讨和交流。为了进一步提高国内神职人员的灵修素质并响应教宗司铎年牧函的号召，2009~2010 年中国天主教"一会一团"邀请了法

---

① 刘德宠：《回归与重建——梵二精神和中国教会的更新与复兴》，浙江省天主教教务委员会，2009，第 358~359 页。

国普拉多修会的灵修专家分别为内蒙古、湖南、四川、重庆、安徽、江苏、山东、浙江、云南、宁夏、贵州、江西、天津、河北等地的神父举行了僻静神功。①

（二）修女的培育

修女向来是天主教福传事业中一直不可或缺的重要力量，据统计，截至 2009 年底，全国共有修女 5000 多位，远超圣职人员的数量，因此，如何让这支庞大的队伍真正成为福传事业的生力军，如何从整体上规划修女在教会使命中的角色和力量，重视其特殊角色，发挥其各异的神恩，将是中国天主教会的一件大事。

根据一位常年从事修女培育工作的经验来看，中国天主教会在修女培育方面应注重如下几个方面。

一是入会前的基础教育：出于修女人性发展的需要，在入会之前，修女应接受普通的公民基础教育，并将之作为日后度修道团体生活不可或缺的一环。

二是信仰基础与人格成长：对于初学修女，应重视其在身、心、灵人格上的健康成长。

三是信仰与灵修方面的本土化：由于历史原因，中国天主教会的管理模式，修会的行政机构，信徒的信仰体验、感受、表达模式等都还带有"梵二"大公会议之前浓厚的西方教会的味道和色彩，因此，如何响应"梵二"大公会议以来建立地方教会、实现信仰本土化的号召，势必是全体天主子民都应参与的改革工程，也是修女会在培育当中不能忽略的内容。

四是对修会归属感的培养：中国大陆修女会的重建与恢复已逾 30 年，截至今日，各修女会在硬件设施和修女人数方面均达到了可观的程度，但是修女对于本会基于"家庭"意义上的归属感尚比较缺乏，而这也势必影响修会团体的健康成长。

---

① 马英林：《同心同德谱写中国天主教爱国爱教事业新篇章——在中国天主教第八届全国代表会议上的工作报告》，《中国天主教》2011 年第 1 期，第 6~7 页。

　　五是培养高度的领袖兴趣与爱好：修女作为修道人应在自身的人格和灵性成长方面不断激发兴趣，才能真正成为属神之人。

　　六是修女的各个培育阶段：一般而言，修女的培育包括初学前期、初学期（2 年）、暂愿期（3~9 年）、持续培育期（终身愿）、专业培育与人文素养几个阶段。①

　　从如上 6 个方面来看，修女的培育可谓一种全人的培育，既要陶冶心性，使信仰内在化，滋养灵性，也要探究知识，培养实践能力和合作涵养，如此才能成为一个合格的修道人，才能在福传和服务他人方面真正体现出基督喜讯传播者的角色。

　　从全国教会的情况来看，2004 年至 2010 年，中国天主教"一会一团"先后开办了 6 期修女会长培训班，每期 3 个月，共有 111 位修女会长参加了培训。连续 4 年培训了 48 位灵修陪伴初学导师，充实了各地修女会的灵修师资力量。连续 5 年组织修女初学导师和牧灵修女近 100 人前往中国香港公教教研中心进行学习和交流。共组织 8 位修女会长前往法国露德、泰泽等地进行朝圣和交流。先后为 300 多位修女进行为期一个月的永愿前的避静和灵修辅导。

　　此外，由中国天主教"一会一团"自筹资金新建的 7000 多平方米的修女培训大楼也已于 2009 年于北京大兴竣工并启用，4 年制的修女神学培训班正在筹备当中。与此相较，河北、山东、山西、陕西、四川、辽宁等各基层教会也相继举办了多种形式的修女培训班，其中有 4 年神学班、2 年教理学习班，也有为期一个月的短期培训班，如上举措均极大地提高了修女的神学知识和灵修素养。②

　　改革开放以来，中国天主教会在神职人员的教育和培养方面所取得的成绩是不可否认的。但与此同时，目前教会的宗教教育还存在着相当多的问题与不足，如各神学院和修院的教育体制、机制、师资、经费等方面都还存在着相当大的困难。仔细说来，这些问题主要集中在如下几个方面。

---

①　李纯娟：《漫谈中国天主教修女的培育》，南怀仁协会编《中国教会的今天与明天》，（台北）光启文化社，2006，第 415~443 页。

②　马英林：《同心同德谱写中国天主教爱国爱教事业新篇章——在中国天主教第八届全国代表会议上的工作报告》，《中国天主教》2011 年第 1 期，第 6~7 页。

一是院校体制上。我国教育法规定国家实行教育与宗教相分离，因此，宗教教育不被纳入国民教育系统，宗教院校的学历不被社会承认，而仅在各宗教团体内部受认可，在宗教院校学习的神职人员其学生身份不被社会承认，很多属于学生的优惠他们无法同等享受。从宗教院校毕业后，其进一步的深造学习和在社会上的流动均受到相当大的限制。

二是教学大纲和教材方面。由于宗教院校课程专业性强，各宗教院校独立性也强。因此，全国天主教会所属宗教院校至今尚没有统一的教学大纲和教材，各校自定的教学大纲有些方面与时代脱节，课程设置单一、陈旧，甚至根本没有完整的课程设置。学校开设的课程集中于宗教专业，当代社会中必须掌握的电脑、外语、管理等课程或没有设置，或课时太少，人文社会科学方面的课程也开设的较少。同时教学手段和方法也十分陈旧，普遍缺乏现代电化教学手段，有些甚至还停留于单纯的讲经方式。

三是师资队伍建设方面。各修院比较缺乏能够胜任教学工作的合格教师。其教师来源大部分为本校毕业生，年龄较轻，教龄偏短，他们虽有虔诚的信仰和很强的事业心，但学历较低，进修机会少，知识面窄，教学质量存在严重不足。

四是在资金和投入方面。各修院的办学资金主要来源于教会的投入和学费收入，经费普遍紧张。如上海佘山修院应由派出学生的教区支付培养费，但由于大部分学生来自贫困地区，当地教区经济条件都不太好，所付经费很少甚至不付，学校所需经费转而由上海教区负担。一些天主教修女院也是由所在教区拨款，教师和学生每月津贴均很低，基本维持最低的生活标准。①

面对如上问题，为了确保新时代天主教神职人员培育工作能够赶上时代要求，与社会主义社会相适应，中国天主教会应在如何充分利用现有的修院教育资源的同时，提升各修院的师资队伍建设，提高修院师资队伍的报酬，增加资金投入，改善办学条件，增加学校的藏书量，增加订阅报刊，增加文体活动器材，使各修院在电化教学逐步赶上或达到一般大学水平等方面进行持续的投入和努力，充分借助和利用政府、社会、学术界的力量

---

① 朱新阳：《发展中的上海宗教教育》，《上海教育科研》2005 年第 5 期。

和资源，提升神职人员的培育水平。

二 平信徒的宗教教育

在天主教会的福传事业中，神职人员与平信徒的关系犹如领头羊和羊群的关系，由于"梵二"大公会议后中国天主教将整个教会的福传事业定义为全体"天主子民"的事业，作为"天主子民"主体的平信徒，无疑是教会福传事业的主体。

受此影响，中国天主教会无疑也越来越重视平信徒在福传事业中重要角色，尤其是神职人员和圣召的短缺，数量上也难以满足广大平信徒在牧灵上的需要，因此，如何在教会福传和牧灵事务上强调平信徒的参与，发挥平信徒的作用，则是教会建设和福传事业的成功关键。

要充分发挥平信徒的福传作用，则需要在如下有关平信徒的作用和培育方面进行努力：教会运作模式的更新、平信徒骨干的培养、平信徒福传意识的培育。

（一）教会运作模式的更新

"梵二"大公会议之后，天主教会呼吁建立新型的教会，即将制度型的教会模式转变为制度与神恩兼顾平衡的教会模式；由神职人员发号施令的模式，转变为天主子民人人参与的互动型模式；由威权型的模式，转变为服务共融型的模式。

而中国教会的模式，还处于由"梵二"大公会议之前向"梵二"大公会议之后转变的过程当中，有些教区在很大程度上仍然延续着"梵二"大公会议之前过于强调教会神职人员威权的、等级制的教会结构和制度安排，而只有顺利完成教会新型的制度建设，才能够为平信徒在教会内发挥作用、释放能力提供恰当的平台和足够的空间，也就是说，神职人员要有意识、有步骤地放权给平信徒，不仅仅给予他们参与读经、辅祭、教唱等协助性工作，更重要的是给予他们自发的宗徒工作的权利。①

---

① 参见《天主教法典》第 216 条。

（二）平信徒骨干的培养

平信徒骨干的培养事关一个教区或堂区工作的重点。亚洲主教会议对于平信徒骨干培养的建议是："在教区或国家层次建立平信徒培育中心，以培训平信徒善尽传道的使命"。①

目前，中国天主教会尚无一个全国范围内的平信徒培育中心，但是，许多教区已开始重视平信徒骨干的培养工作，这一工作牵涉如下几个层面：

一是须以《圣经》造就训练领袖，让《圣经》成为训练计划、课程的主干；

二是须让受培训者立即投身实践，培训要短期务实，培训和实践并重；

三是重视圣神傅油和能力的传递，圣神傅油并非来自课堂的教导，而是来自祈祷和灵性生命的传递；

四是遵循"梵二"大公会议精神，以新的教会发展模式培育平信徒骨干。

（三）平信徒福传意识的培育

平信徒福传意识的觉醒，是中国天主教会福传事业奋兴的关键性因素，为了实现这一目标，平信徒就不能仅限于在主日进堂望弥撒、守四规，而是要主动承担其天主子民的福传使命，委身于基督，重视思想观念的更新和属灵生命的培育，从而自发地投身福传工作。②

由于全国各教区在平信徒的培育工作方面差异性较大，各教区的发展呈现出截然不同的面貌，不过，随着对"梵二"大公会议精神领域的逐步深入，中国天主教会近年来已越来越重视平信徒的培育和福传工作，从2004年至2010年，全国共有93个教区举办过灵修培育，受培育人数多达4700多人次，180余人参加了传道员培训班，近2万人参加了要理学习班，

---

① 转引自刘德宠《回归与重建——梵二精神和中国教会的更新与复兴》，浙江省天主教教务委员会，2009，第367页。

② 有关平信徒的培育模式参见刘德宠《回归与重建——梵二精神和中国教会的更新与复兴》，浙江省天主教教务委员会，2009，第36~371页。

2200多人次参加了各种夏令营活动，近5000名堂区会长参加了培训，1万多人参加了礼仪培训班，举办慕道班616期，共计10万多人参加了个各种福传培训班，全国平均每年有10万人领受洗礼，[1] 从而使天主教的福传工作呈现日益欣欣向荣的景象。

第六节　中国天主教的自我定位

在中国依然保持"政主教从"[2] 的传统政教关系模式的前提下，在中梵尚未正式建交之前，中国天主教会的自我定位势必是一种以政治性为前提的定位，自然也是一种强势的政治叙事在天主教团体的自我叙事中的折射或内化，这也是何以举凡涉及中国天主教会有关自我叙事的表达时，我们看到的永远都是基于特定政教关系模式下的一种表达，在此表达中，我们很难将政治叙事和宗教叙事加以清晰剥离，也很难真正明白哪些是纯然的政治叙事成分，哪些又是纯然的宗教叙事成分，它们往往如水乳交融，尽管内中有疏离、有排异，但却无法分离；或者更准确地说，二者更像是一方强势，而另一方弱势的规训与被规训、引导与被引导的主从关系，是大气候对小气候的影响与规定，是单向为主，而双向为辅，单向为显，双向为隐的关系。只有在此政教关系中，我们才能明白中国天主教会自我定位的复杂性和多元性。

一　中国天主教会独立自主办教会的发展原则与管理模式

新中国成立以来，独立、自主、自办教会便逐渐成为中国天主教会的发展原则与方针，而民主办教则是中国天主教会实现自我管理的方式，同时也是实现独立自主自办的制度保证。

---

① 马英林：《同心同德谱写中国天主教爱国爱教事业新篇章——在中国天主教第八届全国代表会议上的工作报告》，《中国天主教》2011年第1期，第6页。

② 迈克尔·罗斯金等著《政治科学》，林震等译，华夏出版社，2001，第14页；卓新平：《"全球化"时代的中国政教关系》，卓新平：《宗教社会论》，中国社会科学出版社，2020；刘天宇：《政治吸纳宗教——政主教从模式下的行为策略》，南昌大学公共管理学院政治学理论专业硕士论文，2017，第19～20页。

1. 独立自主自办的法理依据

坚持独立自主自办是中国天主教会的发展原则，这一原则不仅适用于天主教，也适用于其他五大合法宗教，其法理基础来自1982年12月4日中华人民共和国第五届全国人民代表大会第五次会议通过的《中华人民共和国宪法》。宪法第三十六条明确规定：中华人民共和国公民有宗教信仰自由。任何国家机关、社会团体和个人不得强制公民信仰宗教或者不信仰宗教，不得歧视信仰宗教的公民和不信仰宗教的公民。国家保护正常的宗教活动。任何人不得利用宗教进行破坏社会秩序、损害公民身体健康、妨碍国家教育制度的活动。宗教团体和宗教事务不受外国势力的支配。

上述宪法为1949年新中国成立以后颁布的第四部宪法，也是中华人民共和国的现行宪法，该宪法先后经过5次修订，但上述有关宗教信仰自由和坚持独立自主自办的宗教发展原则不变。宪法作为我国的根本大法，乃是一切法律的基础，代表着最根本的上位法，因此，上述关于宗教问题的规定便成为我国处理宗教问题的最高法律依据和标准。①

从行政法规的角度看，坚持独立自主自办的宗教原则体现在2004年11月30日颁布、2005年1月1日正式实施的《宗教事务条例》第四条和1994年1月31日公布的国务院《关于中华人民共和国境内外国人宗教活动管理规定》（国务院144号令）第八条当中。

《宗教事务条例》第四条规定：各宗教坚持独立自主自办的原则，宗教团体、宗教活动场所和宗教事务不受外国势力的支配。宗教团体、宗教活动场所、宗教教职人员在友好、平等的基础上开展对外交往；其他组织或者个人在对外经济、文化等合作、交流活动中不得接受附加的宗教条件。

《关于中华人民共和国境内外国人宗教活动管理规定》第八条则明确规定：外国人在中国境内进行宗教活动，应当遵守中国法律、法规，不得在中国境内成立宗教组织、设立宗教办事机构、建立寺观教堂或者开办宗教院校，不得在中国公民中发展教徒、委任宗教教职人员和进行其他传教活动。

从党的宗教政策来看，自十一届三中全会以来，中共中央共发出了3个

---

① 卓新平：《"全球化"的宗教与当代中国》，社会科学文献出版社，2008，第162~163页。

全国性的与天主教有关的宗教文件，其中均明确规定了党的现行宗教政策的基调为"宗教信仰自由"和"独立自主自办教会"。这3个文件分别是1982年3月31日印发的《关于我国社会主义时期宗教问题的基本观点和基本政策》、1989年印发的《关于在新形势下加强天主教工作的报告》以及1991年2月5日印发的《中共中央国务院关于进一步做好宗教工作若干问题的通知》，上述3个文件体现出党的宗教政策的连续性和稳定性，其中，尤以《关于我国社会主义时期宗教问题的基本观点和基本政策》为党指导宗教工作的重要文件。

2. 独立自主自办的教义基础

除法理层面之外，中国天主教会独立自主自办的发展原则也符合教会教义的规定。

首先，从教会的性质来讲，"梵二"大公会议颁布的《教会教义宪章》（*Constitutio Dogmatica De Ecclesia*）第二章第9条规定：教会是"天主的子民"，是"基督所救赎，为圣神所充满，并以适当方式组织起来的团体"；第二章第13条规定："教会就在每一个合法存在的地方教会中"。可见，从教会的性质来看，地方教会本身也是以宗徒集体继位人为"中心和基础"的。因此，从教会的大公和神圣的性质来讲，以主教为首的地方教会本身就有其自身的管理权。

其次，从地方教会主管人主教职务的性质来看，地方教会也应有其自治的权利。

再次，就主教权力的来源来讲，主教所领导的地方教会也应有自治权力。

最后，从天主教本身的普世大公性来讲，地方教会也应当有其自治权力。[①]

3. 独立自主自办的历史合理性

除法理依据、教会教义支持之外，独立自主自办也具有其历史合理性。

鸦片战争之后，中国天主教会依附外国教会，受外国教会的控制并常常成为帝国主义侵略中国、干涉中国事务的工具，同时，也成为控制和压迫中国天主教徒的精神工具。1949年中华人民共和国成立之后，国家赢得了独立，

---

① 涂世华：《漫谈我国教会独立自主自办》，《中国天主教》2000年第4期，第22～23页。

民族得以解放，中国天主教开展了三自革新运动和反帝爱国运动，明确割断同外国教会的依附关系，从此，宗教事务不再受外国势力的支配，教会的领导权掌握在中国教会自己手中。这便是独立自主自办原则的历史由来。①

4. 独立自主自办的正确含义

独立自主自办教会是指在政治、经济和教会内部事务管理方面，中国信徒独立自主自办，不受外国势力的利用和支配，不是指当信当行的教义教规。②

为了消除部分神职人员和信徒对独立自主自办教会原则的误解，回应境外势力的指责和攻击，团结教育广大神长教友更好地理解和坚持独立自主自办原则，2010 年中国天主教第八届代表大会通过了修订后的《中国天主教爱国会章程》和《中国天主教主教团章程》。其中，修订后的《中国天主教爱国会章程》第三条规定："本会宗旨为：……在政治、经济和教会事务上坚持独立自主自办原则，维护国家主权和教会事务自主权，与社会主义社会相适应……"而修订后的《中国天主教主教团章程》第三条也规定："本团宗旨为：以圣经和圣传为依据，本着至一、至圣、至公，从宗徒传下来的圣而公教会的传统和梵二大公会议精神……在政治、经济和教会事务上坚持独立自主自办原则，维护国家主权和教会事务自主权，与社会主义社会相适应……"；第九条规定："本团在信仰及福传事业上，依据主耶稣基督对宗徒们的派遣和圣神赋予宗徒们的权力，履行牧职使命，在当信当行的教义教规上，与宗徒之长伯多禄的继承人保持共融；在社团组织上向中国天主教代表会议负责……"③

根据两个章程的规定，独立自主自办教会显然专指政治、经济和教会内部事务管理层面，并不妨碍各教区主教"在当信当行的教义教规上，与宗徒之长伯多禄的继承人保持共融"。

二　民主办教的教会管理模式

民主办教是中国天主教会历经半个世纪而摸索出来的一条既适合中国

---

① 陈红星：《独立自主自办原则的由来和基本内容》，《中国宗教》2003 年第 2 期，第 32 页。

② 中国天主教爱国会、中国天主教主教团编《中国天主教独立自主自办教会教育教材》（试用本），宗教文化出版社，2003，第 134~135 页。

③ 参见最新修订的《中国天主教爱国会章程》和《中国天主教主教团章程》，《中国天主教》2011 年第 2 期，第 7、10~11 页。

国情，又有利于推进教会福传事业的教会管理模式。其实现的渠道和方式是中国天主教的各级代表会议制度，这一制度可分为全国和地方两级结构，即全国性的中国天主教代表会议和各省、自治区、直辖市的地方性天主教代表会议。前者以中国天主教爱国会和中国天主教主教团为实体，就全国性重大教务问题进行共同协商，后者通过地方"两会"（天主教爱国会和天主教教务委员会）和教区三个法人团体构成一个完整、和谐的领导集体，就各基层教会相关事宜进行集体领导、民主参与、相互协商，从而实现共同决策的良好机制。①

民主办教有助于更广泛地动员和组织中国广大神职人员和教徒参与教会的管理和实践，并依靠自己的力量，根据中国的国情和教情，通过民主协商来决定中国教会内部的事情，从而推进教会各项事业的健康发展。

此外，从管理模式上讲，民主办教是当今世界社会管理发展的总趋势，是逐步完善的中国社会主义法制社会对一切社会团体的共同要求；从教义上讲，也完全符合天主教教会是"天主子民"，所有的基督徒都负有传播福音使命的精神。民主办教不仅可以使教会管理和决策更加科学化，减少人为的失误，更重要的是可以倾听不同的声音，特别是来自社会各方面的声音，反映社会和时代的真实要求。

回顾中国天主教会自改革开放以来的几十年的发展，可以说，中国天主教会正处于历史上最好的发展时期，但是，与基督新教和佛教的发展相比，天主教的福传事业和自身发展无疑是缓慢的，因此，教会若想取得进一步的发展与进步，就必须调整内部机制，充分落实民主办教的精神，有条件、有系统、逐步科学地实施先进的管理模式。根据某些教区领导人的反思，民主办教要想有进一步的突破，教会就必须在如下几个方面加大革新力度。

一是建立、完善规章制度：各教区和堂区应切实加强制度建设，在办公、财务、安全等方面建立完善的规章制度，对各项教务工作进行规范化和责任化管理。

---

① 中国天主教爱国会、中国天主教主教团编《中国天主教独立自主自办教会教育教材》（试用本），宗教文化出版社，2003，第219页。

二是完善组织机构，吸收人才：现代社会分工日益呈现专业化、规范化、系统化、模式化的特点，因此，作为一个小型的社会，教会也必须建立健全其各个工作部门，吸纳具有能力、受过一定专业培训的平信徒参与教会的工作，使神职人员能够被解放出来，全身心地投入到福传事业当中。

三是明确职务分工：目前，各基层教会的工作过于集中在主教和神父们的身上，而缺乏平信徒的参与和分担，因此，主教、神职人员和平信徒要分工明确，各尽所长，推动教会各项事业均衡发展。

四是教会管理的权力来自天主而非个人：神职人员和平信徒在教会内从事的各项工作，要体现出"服务"而非"管理"的特征。①

三 与社会主义社会相适应

社会主义制度代表了包括中国天主教神长教友在内的全国最广大人民的根本利益，与社会主义社会相适应是中国天主教发展的必由之路。

"宗教与社会主义社会相适应"是中国宗教工作的重要指导思想，马克思主义宗教理论的新发展，也是我国在宗教理论方面所取得的最富创造性和时代特征的理论成果。②

回顾历史的发展，天主教作为一种可以与当地文化相适应的宗教，唯有在社会主义中国做到了真正的适应，自觉推进中国天主教与社会主义社会相适应，不仅是中国共产党和人民对天主教的要求，也是天主教求生存与发展的内在要求。

（一）坚持"四个维护"是中国天主教与社会主义社会相适应的政治基础

李瑞环同志曾在1996年2月14日对"积极引导宗教与社会主义社会相适应"进行过精辟的解释，他说：我们所讲的"相适应"，从根本上说，就

---

① 裴军民：《关于民主办教的思考》，《中国天主教会》2011年第1期，第20~22页。
② 李建生：《积极引导宗教与社会主义社会相适应理论初探——党自十一届三中全会以来对马克思主义宗教理论的新发展》，《新疆师范大学学报》（哲学社会科学版）1999年第1期，第9页。

是任何宗教都要"维护法律尊严，维护人民利益，维护民族团结，维护国家统一"。① 这是对党宗教工作理论的一大发展。

坚持上述"四个维护"，不仅有利于政府全面贯彻宗教政策和依法对宗教事务的管理，也有利于维护宗教界的合法权益、地位和尊严，有利于宗教活动的正常开展，有利于天主教把自己办成与国家形象相称的教会。坚持"四个维护"，就是当前中国天主教与社会主义社会相适应的政治基础。

国家宗教局原局长叶小文也曾撰文，强调"四个维护"中的"维护法律尊严"对于"引导宗教与社会主义社会相适应"至关重要，他指出，"引导宗教与社会主义社会相适应，最基本的要求是要把宗教活动纳入宪法和法律的范围，这既关系到宗教能否与社会和睦相处，也关系到宗教能否如他们自己所希望的那样'有益社会，奉献人群'"。②

（二）动员广大信徒投身两个文明建设事业，是天主教与社会主义社会相适应的具体表现

提高教会管理能力，建立健全符合国情教情的教会管理体系，不断提高信徒素质，把中国天主教会办成富有基督精神和灵性生命的教会，是天主教与社会主义社会相适应的内部条件。

坚持独立自主自办教会的原则，在平等友好的基础上继续开展与国际天主教界的交往，与此同时，警觉、抵制境外敌对势力对我们的西化、分化、渗透和破坏活动，是我国宗教与社会主义社会相适应的根本原则。③

（原文收入卢国龙主编《宗教在文化战略中的地位和作用》，中国社会科学出版社，2014 年）

---

① 参见《人民日报》1996 年 2 月 14 日第 1 版。
② 叶小文：《世纪之交宗教工作的回顾与思考》，《光明日报》2000 年 5 月 17 日。
③ 以上 4 点参见刘明廉《宗教与社会主义相适应是中国天主教求存与发展的内在要求》，《中国天主教》1997 年第 2 期，第 38~39 页。

第三章 "自主性"建构、政教关系与社会处境

——以辽宁教区为例[*]

辽宁教区的历史最早可追溯至元朝天主教的东传，中华人民共和国成立之后，由于政治体制的更替，辽宁教区亦得以在新的行政区划的影响下，由原沈阳教区、锦州教区、抚顺教区、营口教区等多个教区整合而成。1958年，中国天主教会开始走上自选自圣、独立自主的发展道路，之后辽宁教区祝圣的三位主教均属此列。

本章试图透过"自主性"建构、政教关系与社会处境这一主题，考察辽宁教区从现实发展中，如何实现独立自主自办这一"自主性"的自我建构，践履爱国爱教这一政教关系表达，以及教会在具体社会处境中所面临的问题与挑战。

众所周知，自1949年中华人民共和国成立之后，"自主性"建构可谓中国天主教会在中国化方面的一个集中表现，就其历史发展脉络而言，大致经历过如下几个发展阶段：（1）以1950年王良佐神父的《自立革新宣言》为标志的"三自"（自治、自传、自养）革新主张；（2）以1957年中国天主教第一届代表会议的决议为标志所奠定的独立自主自办教会原则，在当信当行的教义教规上服从教宗；（3）2003年，建立在《中国天主教爱国会工作条例》、《中国天主教爱国会、中国天主教主教团主席联席会议制度》及《中国天主教教区管理制度》"三个制度"基础上的民主

---

* 该文源于2010年8月16日至21日笔者与同事王美秀研究员针对中国天主教辽宁教区所展开的调研活动和随后撰写的调研报告。

办教原则①。上述三个阶段，也可以说是中国天主教"自主性"建构的三个面向，第一个阶段预示着"自主性"建构的方向，第二个阶段奠定了"自主性"建构的原则，而第三个阶段则完善了"自主性"建构的具体制度保证。

本章除第一节系对辽宁教区过往历史的简介之外，其余皆是围绕本章主题而展开的具体剖析及论述，其中，第二节围绕辽宁教区教务发展来探讨"自主性"建构下的一般发展面向，诸如主教选圣与履职、神职人员圣召与培育、信徒牧养、修女团体培育、教产落实、社会慈善等；第三节通过辽宁省两大天主教社会团体（辽宁省天主教教务委员会和辽宁省天主教爱国会）在地方教会建设中所起到的引领作用，来考察"自主性"建构的原则与机制安排；第四节则通过对政教关系的双向考察，来了解辽宁教区在"自主性"建构中所受到政治环境的影响、制约及其对上述影响与制约的反馈和调适；最后一节则围绕神职人员、修女团体的健康状况及其社会保障，以及教区社会服务机构的合法化注册问题来探讨辽宁教区所面临的社会处境及其困境。

第一节 辽宁教区的历史简介

历史上，早在 14 世纪初，孟高维诺总主教就曾在元大都（今北京）创立了不少教堂，有相当一部分信徒居住在当时的热河地区（含今辽宁省西部一带），这部分信徒为辽宁地区最早的天主教信徒。

清康熙三十二年（1693），辽宁地区成为北京代牧区的一部分，划归法国遣使会管理。由于当时河北、山东不少天主教徒移居这一地区，自康熙三十五年（1696），法国传教士就到辽宁营口、朝阳一带传教。康熙四十八年（1709）前后，法国传教士尔特·莱克思·大里尔库考察了满洲各地，并绘制了满洲地图。清道光十年（1830），荷兰的卡斯特劳同两名中国神父一起，向辽东地区的信徒巡回传教。有一位中国籍何神父负责辽

---

① 参见《民主办教中国天主教的抉择与方向》，《中国宗教》2003 年第 4 期，第 24~28 页；王怀茂《也谈天主教民主办教》，《中国宗教》2013 年第 9 期，第 47 页。

东教务，教堂设在朝阳松树嘴子，当时计有信徒 3000 余人。①

1838 年 8 月 14 日，教宗额我略十六世（Gregorius PP. XVI）谕令成立辽东蒙古代牧区，由巴黎外方传教会管理，第一任为方若望主教（Emmanuel-Jean-François Verrolles，M. E. P.），主教府设在今河北省崇礼县西湾子，教务管辖范围包括整个满洲地区和蒙古地区。

1840 年 8 月 28 日，罗马教廷传信部又将辽东蒙古代牧区一分为二，一为辽东代牧区（后称满洲代牧区），一为蒙古代牧区。辽东代牧区仍为法国巴黎外方传教会管理，辖辽、吉、黑三省，主教为杜公斯当（Constant Dubail，M. E. P.），主教府设在营口，1892 年，主教府由营口迁至沈阳。

1883 年，辽西、锦县、锦西、隋中、兴城、义县和蒙古代牧区的全热河省合并成立蒙古东境代牧区，划归比利时圣母圣心会管理，辖原热河代牧区及辽西一带，主教府设在朝阳松树嘴子。1924 年，蒙古东境代牧区改为热河教区，1954 年行政区重新划分后，热河教区改为锦州教区，主教府迁至锦州。

1898 年 5 月 18 日辽东代牧区又分为辽东南境代牧区、辽东北境代牧区。辽东南境代牧区管辖全奉天省和西边外，辽东北境代牧区管辖吉林、黑龙江。辽东南境代牧区主教府仍设在沈阳，主教为纪隆（Laurent Guillon，M. E. P.）。1924 年 12 月 3 日，传信部谕令辽东南境代牧区更名为奉天代牧区，大陆统一后，奉天改为沈阳，教区也随之改为沈阳教区。

1929 年，奉天代牧区的辽源、法库、康平、梨树、昌图、双山、彰武、四平同吉林、黑龙江两省的部分地区合并，成立四平教区，委托加拿大魁北克传教会管理。

1954 年，东北行政区重新划分后，法库、康平、昌图、彰武又重新划归沈阳教区管理。

1932 年 2 月 4 日，奉天省的抚顺、本溪、庄河县、辉南县、安东县、岫岩县、凤城县、宽甸县、通化县、缉安县、临江县、抚松县、长白县、安图县和关东州被单独划出，成立抚顺监牧区，由美国玛利诺会管理，主

---

① 辽宁省地方志编纂委员会办公室主编《辽宁省志·宗教志》，辽宁人民出版社，2002，第 238~239 页。

教府设在抚顺。

1954年起，原隶属辽宁省的海龙县、通化县、柳河县、缉安县、临江县、抚松县、长白县、安图县被划归吉林省，上述地区的天主教会遂归吉林教区管理。

1932年，热河教区的赤峰、经棚、林西、围场、建平、丰宁被单独划出，重新成立赤峰监牧区，主教府设在赤峰。1954年之后，建平、宁城县重新划回辽宁地区，并归锦州教区管辖。

1949年，沈阳教区南部的营口市、营口县、盖县、海城县，被单独划出成立营口教区，主教府设在营口。①

根据1948年的教务统计，辽宁全省天主教所办学校共计110多所，仅朝阳一地就有教堂25座，会所26所，信徒总计2.4万人。

1949年9月20日，罗马教廷委任皮漱石为奉天代牧区主教兼东北教省总主教。

从上述历史变迁可知，辽宁教区的历史演变顺序依次为如下阶段：北京教区→辽东蒙古代牧区、蒙古东境代牧区→辽东南境代牧区、蒙古东境代牧区→奉天代牧区、热河代牧区、抚顺监牧区（代牧区）→沈阳教区、锦州教区、抚顺教区、营口教区→辽宁教区（见图3-1）。

据统计，截至1985年，辽宁教区历史上的主要堂口共有95处。

"文化大革命"期间，同全国其他地方一样，辽宁教区的一切宗教活动停止，辽宁教区的所有教堂、主教府也被政府接收。

1979年，天主教活动正式恢复。教会恢复之时，辽宁省共有两位主教，沈阳教区（原奉天）的徐振江主教和锦州教区（原热河）的赵佑民主教。1981年9月，辽宁省天主教第一次代表会议决定将沈阳、营口、抚顺、热河四教区合并，组建天主教辽宁教区，徐振江任主教。1988年，张化良当选为辽宁教区主教。② 1989年，张化良主教逝世，金沛献被祝圣为主教，同

① 以上资料参见《中国天主教手册（2010）》，河北信德社，2010，第160页及沙百里《中国天主教指南（2014）》，新加坡中华公教联络社，2013，第115~118页；刘志庆：《中国天主教教区沿革史》，中国社会科学出版社，第51~76页。

② 郭树民：《辽宁教区张化良主教祝圣大典侧记》，《中国天主教》1988年第3期，第16~18页。

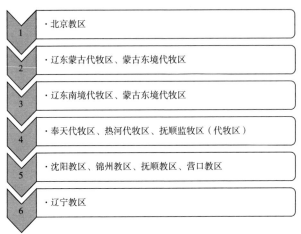

图 3-1　辽宁教区的历史演变顺序

年 5 月 21 日在河北石家庄晋牧。2006 年裴军民被祝圣为辽宁教区助理主教。2008 年，金沛献主教因病医治无效，在沈阳逝世。

第二节　"自主性"建构下的辽宁教区教务发展

一　教区主教

主教（拉丁文：Episcopus，英文：Bishop）为主管某一教区教务的高级神职人员。依据初期教会的传统，祝圣主教代表授予圣职圣事的圆满性。主教即是借着圣神被祝圣为教会中的牧人及管理者，也是教义的导师及圣职敬礼的司祭，教会初期称之为监督或长老，为宗徒的继承人。至第一世纪末、第二世纪初，教会开始形成主教制度。

根据《天主教法典》（CIC）第 375 条第 1 项：主教一经祝圣，就同时接受圣化、训导、治理的圣职，而成为教会的牧人，但此类职务就本质而言，非与世界主教团元首及其成员保持圣统之共融则不能执行。[1]

由于中国天主教自 1958 年以来一直坚持独立自主自办教会的发展道路，其对主教的性质、职分和任命等方面的规定与《天主教法典》稍有差异。

---

[1]　台湾天主教教务协进会：《天主教法典》（拉丁文-中文版），1985，第 180~181 页。

1958 年之后，为了使中国教会自选自圣主教的工作有序进行，中国天主教先后通过三个重要的文件，对中国天主教会任命和选圣主教进行了详细的规定，这三个文件分别是：1986 年 11 月中国天主教爱国会第四届代表会议及中国天主教第二届代表会议上，中国天主教主教团和教务委员会联合制定的《关于选圣主教和晋升神父的规定》；1993 年 5 月 17 日，中国天主教主教团根据中国天主教第五届代表会议的章程做出的《中国天主教主教团关于选圣主教的规定》；[①] 2003 年 3 月 22 日中国天主教"一会一团"联席议会审议通过和颁布了《中国天主教教区管理制度》。[②]

根据《中国天主教教区管理制度》，中国天主教各教区主教享有如下职分、权力及义务：

第六条 主教是由天主制定继承宗徒位者，借着赐予他们的圣神被立为教会中的牧人，使之成为教义的导师、神圣敬礼的司祭和治理的服务者。受委托照顾一个教区的主教，称为教区主教，其余的则称为领衔主教。

第七条 主教的选举、祝圣和就职，按《中国天主教主教团关于选圣主教的规定》的程序和办法进行。主教一经祝圣，即同时接受圣化、训导及治理的职务。

第八条 教区主教在委托给自己的教区内，享有为尽牧职所需的正常的、本有的、直接的权力。

第九条 教区主教是教区法人的代表，应在当地政府登记备案。[③]

辽宁教区因为历史上教区划分和更迭频繁，建议从原有的四大教区分别来回顾其历任主教（见图 3-1~表 3-5）。

① 天爱：《中国天主教自选自圣主教的由来及发展》，《中国宗教》2003 年第 1 期，第 42 页。
② 赵忠海：《登高望远、风光无限——中国天主教会出台三个重要规章制度》，《中国宗教》2003 年第 4 期，第 22~23 页。
③ 资料来源：中国天主教"一会一团"官方网站：http://www.catholicchurchinchina.org/index.php/zcfg/444-jiaoqu-guanlizhidu。

表 3-1　原沈阳（奉天）教区历任主教

不同阶段	主教名称	任职时间
辽东代牧区 （1838~1898）	方若望（Emmanuel-Jean-François Verrolles, M. E. P.）	1838~1878
	杜公斯当（Constant Dubail, M. E. P.）	1879~1887
	祁类思（Louis Hippolyte Aristide Raguit, M. E. P）	1888~1889
	纪隆（Laurent Guillon, M. E. P）	1889~1900
辽东南境代牧区 （1898~1924）	纪隆（Laurent Guillon, M. E. P）	1889~1900
	苏裴理斯（Marie Felix Choulet, M. E. P）	1901~1920
	善味增爵（Vincent Francois Joseph Sage, M. E. P）	1915~1917
	卫忠藩（Jean Marie Micnel Blois, M. E. P）	1921~1946
奉天代牧区 （1924~1981）	卫忠藩（Jean Marie Micnel Blois, M. E. P）	1921~1946
	费声远代权主教（Andrew J. Verineux）	1946~1949
	皮淑石	1949~1978
	徐振江	1981~1984

表 3-2　原抚顺教区历任主教

主教名称	任职时间
林化东（Raymond Aloysius Lane）	1932~1946
葛怀仁代权主教（MCcomik）	1946~1950
尤逸尘代权主教	1950~1967
崔玉信代权主教	1980~1981

表 3-3　原热河教区历任主教

不同阶段	主教名称	任职时间
蒙古东境代牧区 （1883~1924）	吕继贤（Théodore-Herman Rutjes C. I. C. M.）	1883~1896
	叶步司（Conrad Abels, C. I. C. M.）	1897~1924
热河教区 （1924~1981）	南阜民（Louis Janssens, C. I. C. M.）	1924~1946
	德化隆（Joseph Julian Oste, C. I. C. M.）	1946~1948
	韩殿宾代权主教	1953~1955
	师化愚代权主教	1955~1956
	刘西满代权主教	1956~1958
	赵佑民	1958~1986

表 3-4 原营口教区历任主教

主教名称	任职时间
费声远主教（Andrew J. Verineux）	1949~1950

表 3-5 辽宁教区历任主教

主教名称	任职时间
徐振江	1981~1984
赵佑民	1958~1986
张化良	1988~1989
金沛献	1989~2008
裴军民	2008 至今

裴军民主教，洗名保禄，1969 年 2 月出生于辽宁省喀左县一热心天主教徒家庭。1985 年进入沈阳天主教神哲学院学习，1990 年毕业，并在沈阳主教座堂实习。1992 年 5 月 31 日，由金沛献主教祝圣为神父，并任沈阳堂区副主任司铎。1993 年，前往美国留学深造，就读于圣查理斯·保罗迈神学院（St. Charles Borromeo Theological Seminary），获圣经学与神学双硕士学位。1996 年底归国，任教于沈阳天主教神哲学院，曾任副院长兼教务长等职。1998 年起，任辽宁省天主教教务委员会秘书长。2006 年 1 月 12 日，当选为辽宁教区助理主教，2006 年 5 月 7 日荣晋牧职。2008 年 6 月 29 日继任为辽宁教区正权主教。

二 神职人员、修女状况

据统计，2011 年辽宁教区共有神父 84 人，修女 180 人。其中除 6 位退休老神父、7 位在神学院从事教学和行政工作、7 位在主教府服务外，其余均在各堂区从事牧灵工作。年轻神父均由沈阳神哲学院培养。

此外，辽宁教区尚有两个修女院，即抚顺的耶稣圣心修女院和沈阳的圣母圣心修女院，共有修女 180 人。

表3-6　1981～2005年祝圣神父名单

祝圣日期	祝圣神父名单
1981年4月7日	金寿山
1983年12月21日	赵廷显
1988年12月21日	王俊祥、郭景成、李海文、徐宏远
1989年5月4日	张玉坤、段国兴
1989年6月25日	夏振宇、夏建平、胡宝平、邱文廷、张永铁、郭子顺、郭令凯
1990年12月21日	卢云兴、张福军、赵云龙、王继友、郭强、夏建江、田永富
1992年5月31日	张克祥、裴军民、傅晓岩、潘济涛、冷立军、陈国强、刘占富
1995年6月29日	夏青松、袁国民、袁雪松、袁清福、林永亮、刘儒林
1996年8月8日	吕全明、白清峰
1997年8月29日	赵建、冯启安
1998年5月17日	李福民、张福成、孙玉华
1999年6月29日	赵宏涛、董洪昌、许占智、闫永明、王晓东、韩玉峰、高会阁、胡秀伟、何学峰、孙占和、冯贵友、张海涛、李立君、路谧忠、赵宏涛、高成
2000年6月29日	高成、费济生、刘利军、王玉申、杜明
2001年10月18日	张帆、聂恩宏、马文杰、董满平、韩亮、张伟国、王学伟、师文九、夏天罡
2003年9月11日	兰松、张宝林、冯启光
2004年10月7日	姜顺利、孙显威、胡宪玖、苏金龙、潘世胜
2005年11月9日	许寅臣、韩光、常伟喜、王健主、王超、赵崇

三　信徒人数、分布及社会结构分析

辽宁省天主教目前共有信徒10万～11万人。而据1954年的教务统计，当时，辽宁省共有天主教徒17500人[①]，可以说，除去人口自然增长因素，辽宁教区的教务发展比较缓慢。

信徒基本上仍集中在以往教务发达地区，如沈阳、朝阳等地。其中以朝阳为主的辽西地区约有3万名教徒，沈阳次之，有两万名信徒，抚顺信徒人数紧随其后，约有1万～2万名，此外，铁岭市的信徒人数为5000～6000人，市内约3000人，而大连信徒人数虽少，但素质较高，共有1000人左

---

① 辽宁省地方志编纂委员会办公室主编《辽宁省志·宗教志》，辽宁人民出版社，2002，第244页。

右。丹东、辽阳、锦州等地信徒人数均较少。

四 堂区建设

截至 2011 年，辽宁教区共有堂点 125 个，其中教堂和聚会点各半。辽宁教区此前共划分为五大铎区：辽北铎区、辽南铎区、锦州铎区、辽东铎区和朝阳铎区，其管理的堂区依次为：12 座、11 座、11 座、5 座、8 座，全教区共有大的教堂 43 座，其中，以辽南和朝阳铎区教堂数量最多，辽北和锦州铎区次之，辽东铎区最少。主教座堂设在沈阳，即辽东铎区（见表 3-7）。

表 3-7 辽宁教区各铎区分布情况

铎区划分	所辖城市	所辖堂区			
五大铎区	辽北铎区	沈阳市	沈阳南关天主教堂	马三家天主教堂	桃仙天主教堂	辽中天主教堂
			三经路天主教堂	辉山天主教堂	新民天主教堂	康平天主教堂
		铁岭市	铁岭市天主教堂	老城天主教堂	靠山屯天主教堂	西丰天主教堂
	辽南铎区	辽阳市	辽阳市天主教堂			
		盘锦市	二十里天主教堂			
		鞍山市	沟家寨天主教堂	牛庄天主教堂		
		营口市	营口市天主教堂	盖州市天主教堂	鲅鱼圈天主教堂	于园子天主教堂
			大石桥天主教堂			
		大连市	大连市天主教堂	庄河天主教堂		
	辽东铎区	抚顺市	抚顺市天主教堂	新宾天主教堂		
		本溪市	彩北天主教堂	桥头天主教堂		
		丹东市	丹东市天主教堂			
	朝阳铎区	朝阳市	朝阳市天主教堂	大西山天主教堂	凌源市天主教堂	大城子天主教堂
			北票市天主教堂	山湾子天主教堂	叶柏寿天主教堂	房深天主教堂
	锦州铎区	锦州市	锦州市天主教堂	北宁市*天主教堂	黑山县天主教堂	
		葫芦岛市	葫芦岛天主教堂	碱厂天主教堂	素珠营子天主教堂	沙后所天主教堂
		阜新市	民主天主教堂	章武天主教堂	鲁家荒天主教堂	高德天主教堂

* 北宁市现为北镇市。

资料来源：天主教辽宁教区官方网站，http://www.lncatholic.org/jianjie.asp。

裴军民主教上任后，已不再任命总铎。因此，各堂区之间一律平等，但城市里的本堂牧灵范围一般辐射到下面没有神父的市郊和农村。比如，在各市、县从事牧灵服务的神父，除保留"两会"关系外，一般并无隶属性质，均由教区直接加以管理。

五 辽宁教区教务机构及设施

辽宁教区教务机构及设施包括主教府 1 座、主教座堂 1 座、神学院 1 所、修女院 2 所、养老院 8 所、门诊及诊所 4 家、天主教社会服务中心 1 家。

（一）辽宁教区主教府

辽宁教区主教府始建于 1926 年，位于教区主教座堂——耶稣圣心堂的西院，府高四层，占地面积一万余平方米，建筑面积 2700 余平方米，房屋近 100 间。现为辽宁教区主教及辽宁省天主教"两会"（辽宁天主教爱国会、天主教教务委员会）的办公地点。

根据 2003 年中国天主教"一会一团"联席会议审议通过和颁布的《中国天主教教区管理制度》第四十二条的规定，"主教府是由相当机构与人员组成，协助主教处理教会事务，尤其是对牧灵工作的领导、教区的行政，以及司法的行使"①。

（二）辽宁教区主教座堂

辽宁教区主教座堂为沈阳耶稣圣心堂，亦称"南关教堂"，当地人俗称"小洋楼"，是欧洲文艺复兴时期哥特式建筑，始建于 1876 年，是沈阳历史上最早修筑的教堂，现为辽宁省（教区）天主教活动中心。

1861 年，法国神父方若望从营口前来沈阳传教。1875 年在小南门外兴建一座哥特式教堂，1878 年（清光绪四年）完成，附设有育婴堂和学堂。1900 年 7 月 2 日在庚子之乱中，教堂被烧毁。1909 年，耶稣圣心堂在原址

---

① 参见中国天主教"一会一团"官方网站：http://www.catholicchurchinchina.org/index.php/zcfg/444-jiaoqu-guanlizhidu。

上重建,由法国人梁亨利担任设计师,1912 年竣工。1949 年以前,耶稣圣心堂一直是沈阳市的最高建筑物。

耶稣圣心堂分成东、西两个院落,教堂整体建筑位于东西 80 米长、南北 112 米宽的青砖院墙内,房屋占地面积 3213 平方米,总面积 9264 平方米。教堂位于东院的北端,坐北朝南,南北长 66 米,东西宽 17 米,通高 40 米,建筑面积 1100 平方米,可同时容纳 1500 人。

耶稣圣心堂系砖混结构,青砖素面,正面顶部突出有两个方锥形尖顶,东西并列,上部装饰有十字架,中央部位是大玫瑰窗;三扇拱门,内有二十四根石柱支撑,穹窿镶嵌着巨大的花纹;有堂宇 120 楹,规模在全国屈指可数,是典型的哥特式建筑。

1985 年 2 月,沈阳市政府公布耶稣圣心堂为市级文物保护单位;1988 年 12 月,辽宁省人民政府公布其为省级文物保护单位。2001 年,沈阳市政府在教堂前投资修建了下凹椭圆形教堂广场,在宽阔的广场映衬下,经历了百年风霜的教堂,显得更为高耸、庄重而华美。

弥撒圣祭作为天主教最崇高的祭仪,自然占据着信徒信仰生活的中心地位,从时间安排上来看,辽宁教区主教座堂的弥撒礼仪活动按照夏、冬两季进行了调整,其具体时间安排见表 3-8。

表 3-8 弥撒礼仪时间

季候	具体时刻	备注
夏季平日	早 6:00 晚 17:30	
冬季平日	早 6:30 晚 17:00	
主日/节日	上午 9:00	早晚礼仪时间与平日相同

除弥撒圣祭外,辽宁教区主教座堂的日常牧灵活动可谓丰富多彩,其中包括传道员培训、唱经班、按照年龄划分的各类慕道班和再慕道班、圣乐培训班、主日儿童班、唱经员信仰培训班等,各类活动从周一到周日从无间断。

主教座堂堂区主要活动及具体时间安排详见表 3-9。

表 3-9　主教座堂堂区主要活动及时间安排

时间		活动内容	地点	负责人
星期一	8：00~9：30	老年班活动	三楼活动室	王神父
星期二	8：30~16：00	传道员培训	四楼教室	聂神父、碧谨修女
星期三	17：00~19：30	唱经班	三楼唱经班	沈阳音乐学院王老师
星期四	8：00~9：30	老年班活动	三楼活动室	王神父
	18：30~20：00	青年慕道班	四楼教室	碧谨修女
星期五	18：00~19：30	成人慕道班	四楼教室	孙风云
星期六	9：30~11：30	基础乐班培训	三楼唱经班	沈阳音乐学院王老师
	17：30~16：00	初来问道班	东侧厢房	杜惠群、史继红
	18：00~19：30	教友再慕道班	四楼教室	思定修女
星期日	9：00~10：30	慕道班（一）	四楼会议	李谨
	9：00~10：30	慕道班（二）	四楼教室	谢玉东
	9：00~10：30	初来问道班	东侧厢房	杜惠群、史继红
	9：00~10：30	主日儿童班（小班）	二楼儿童班	王丽娜
	10：30~12：00	主日儿童班（大班）	二楼儿童班	王丽娜
	10：30~12：00	学习圣歌	三楼唱经班	贝娜修女
	10：30~12：00	教友再慕道	四楼教室	碧谨修女
	10：30~14：00	青年班活动	四楼青年班	赵颖
	13：30~14：30	唱经员信仰培训	三楼唱经班	贝娜修女
	15：00~16：00	青年慕道班前期班	东侧厢房	夏神父

（三）辽宁教区附属机构分类

辽宁教区除主教府和主教座堂外，还包括其他附属机构，如神学院、修女院、养老院、门诊及诊所、天主教社会服务中心等，其具体分类、名称和分布结构见表 3-10。

表3-10　辽宁教区附属机构

神学院	修女院	养老院	门诊及诊所	社会服务机构
沈阳天主教神学院	沈阳圣母圣心修女院	辽宁教区熊岳养老院	抚顺耶稣圣心修女院门诊部	辽宁省天主教社会服务中心
	抚顺耶稣圣心修女院	沈阳市天主教会养老院	沈阳市天主教会卫生所	沈阳市天主教婚礼服务中心
		营口市天主教会养老院	铁岭市天主教会卫生所	
		铁岭市天主教会养老院		沈阳圣母圣心修女院塑像制作中心
		抚顺耶稣圣心修女院养老院		
		丹东天主教老年公寓		

下面择要介绍上述附属机构中的沈阳天主教神学院、沈阳圣母圣心修女院、抚顺耶稣圣心修女院和辽宁省天主教社会服务中心（盛京仁爱）等4家附属机构。

1. 沈阳天主教神学院

沈阳天主教神学院于1982年成立，是东北三省联办的地方性宗教院校。

1982年，辽宁省开始筹划并于1983年3月创办了沈阳天主教神学院。第一任院长为赵佑民主教，副院长为杜世才神父。

沈阳天主教神学院的办校宗旨是：以"梵二"大公会议文献《司铎之培养法令》（*Decretum De Institutione Sacerdotali Optatam Totius*，*OT*）的精神及《天主教法典》的相关要求为基础，结合中国地方教会实际情况，以培养热爱祖国、热爱教会，具有较高神哲学造诣，品学兼优的圣职人员。其目标是：塑造修生以福传使命为己任，终生宣扬基督、追随基督、献身基督。

作为全国七大跨省级修院之一（其余6座修院为上海佘山修院、北京修院、西安修院、中南修院、四川修院和全国修院），沈阳天主教神学院的地位和影响在全国范围内有目共睹。

神学院自创办至 2003 年，已经成功地送走了九届毕业生，其毕业和晋铎情况见表 3-11。

表 3-11　1983~2003 年神学院就学、晋铎情况

序号	招生时间	毕业时间	毕业修生（人）	晋铎（人）
1	1983 年招收第一届学生	1987 年	41	24
2	1985 年招收第二届学生	1990 年	25	21
3	1990 年招收第三届学生	1995 年	20	20
4	1993 年招收第四届学生	1998 年	36	33
5	1996 年招收第五届学生	2001 年	28	24
6	1998 年招收第六届学生	2004 年	33	—
7	2000 年招收第七届学生	2006 年	12	—
8	2001 年招收第八届学生	2007 年	27	—
9	2003 年招收第九届学生	2009 年	23	—

自 1983 年到 2003 年，沈阳神学院共毕业修生 245 人，已祝圣神父人数为 196 人。自 2005 年起，沈阳神学院开始招收修女进修班，其中，2005 年招收 19 人，2007 年招收 19 人，2009 年招收 18 人。

截至 2011 年，沈阳神学院共有在院修生 68 人，分为 4 个班，其中 2005 级 13 人，2007 级 15 人，2009 级 21 人，2009 级修女进修班 19 人，学员主要来自辽宁，黑龙江，内蒙古赤峰，河北沧州、衡水、邢台、邯郸，天津，山西太原、长治、榆次，山东等十多个教区。

在师资建设方面，从 1997 年起，有多位留学人员归国，充实了神学院的教师队伍，并使该院教学水平有了明显提高。神学院现有专职教师 12 人，主要负责专业课教学。此外，学院还聘请海内外知名的专家学者、教授前来讲授个别学科及专题讲座。神学院于 2001 年取得了聘请外籍教师的资格证。同时，每学期聘请约 10 名专业教师担任文化课的教学任务，这些教师来自东北大学、辽宁大学、沈阳大学等大专院校，为具有教授、副教授等职称的资深专职教师。

课程设置方面，神学院施行 6 年学制，其中哲学 2 年，神学 4 年。课程分为专业课（宗教课）、必修课（文化课）和选修课三类。专业课实施系统化的神哲学教育。神学方面主要分为：圣经学、信理神学、伦理神学、灵修神学、礼仪神学、牧灵神学、教父学、教会史等内容。哲学方面主要分为：士林哲学、西方哲学史、中国哲学、中国哲学史、现代哲学等内容。文化课按整体教学计划 30% 的比例设置，其中包括：中国文学（古代汉语、现代汉语、古典文学、现代文学、大学语文等）、写作、外国文学、外语（英语）、历史学（中国通史、世界通史）、法学、心理学、社会学和管理学等诸多学科。

神学院的管理制度：沈阳神学院在管理上实行董事会和院长负责制的管理制度。董事会负责聘请院长及处理学院重大问题。如董事会审查教学计划，听取学院的工作报告和负责筹措办学经费等。现在的董事会由辽宁和黑龙江两教区共 11 人组成，其中辽宁 7 人，黑龙江 4 人。现任董事长由裴军民主教担任。

学院设立院务委员会（以下简称院委会）协助院长管理学院，严格执行民主管理、分工合作的方针；并充分发扬民主精神，认真听取修生的意见及建议。学期之初制定本学期工作计划，院委会每月月初召开一次例会，讨论学院管理等问题。院委会由院长领导，下设教务处、总务处。教务处负责教学方面的工作，总务处负责后勤及食堂工作。各班班主任负责本班各项事务，其他神父和教师各司其职，分别负责文体、卫生、图书、礼仪、神业等工作。

在期刊出版方面，沈阳神学院自 1999 年起创办院刊——《勘破》，出版周期为每学期一期。1993 年，沈阳神学院曾出版建院十年纪念刊物一本。自 2006 年起，沈阳神学院还创办了《圣言报》。①

2. 沈阳圣母圣心修女院

圣母圣心修女院为辽宁教区的修会团体，有 108 位修女。她们除在主教

---

① 有关沈阳神学院的部分数据来自董洪昌神父提供的《走过二十五年——沈阳天主教神哲学院简介》一文，未刊稿。

府从事财会、司机、圣物组等服务工作外，还开展社会服务工作，其中包括 3 家诊所和教区养老院的服务工作。该会目前圣召丰富。

圣母圣心修女院前身为"圣母圣心贞女会"，1911 年 7 月 12 日由当时的苏斐理斯代牧成立于辽东南境代牧区。1931 年，奉天代牧区卫宗潘代牧向罗马教廷申请将圣母圣心贞女会变为合法修女院，1932 年 7 月 5 日，罗马教廷正式批准成立，总院设于沈阳市，会员须发"三愿"。

截至 1948 年，沈阳圣母圣心修女院已有修女 100 位。修女们同时在 26 座堂区进行教授要理和管理教堂庶务方面的工作，此外，她们还从事教育、印刷，开办学生宿舍、育婴堂、安老院及诊所，以服务于孤儿和老人等弱势群体。

1948 年 9 月 27 日，因战争局势变化等原因，该会祈志英修女带领 27 名年轻修女前往南方避难，并于同年 12 月 14 日抵达中国台湾；次年，该会又有多名修女抵台，前后共计 62 名。

"文化大革命"期间，该会彻底解散。1980 年，随着党的宗教政策的落实，散居家中的老修女们陆续回到了教会。1989 年 5 月，沈阳圣母圣心修女院在张化良主教和金沛献主教的帮助下，正式恢复，并任命贾伯尔纳德修女为会长，抚顺耶稣圣心会李沙勿略修女应邀作初学导师兼院长，招收首批志愿者。1989 年 5 月 31 日，32 名志愿者正式入学，修会院址设在现主教府三楼。1992 年 8 月 22 日，首批 24 位修女发初愿，并被派遣到各堂区开展牧灵工作。1998 年 7 月 1 日，修会迁回老会院。2004 年开始筹备会院重建工作。

在过去的 20 年间，该会会务发展迅速，截至 2009 年 3 月，沈阳圣母圣心修女院已有发愿修女 91 名，其中，65 人已发终身愿，另有初学修女 7 人，志愿者 4 名。该会修女大部分在辽宁教区的大约 20 个堂区内从事牧灵工作，其中以辽西贫穷山区最为集中。此外，沈阳圣母圣心修女院还开办了 3 个小诊所、1 个圣像制作组和 1 个缝纫组，其兴办的事业包括：开诊所、圣像制作、祭服制作、幼教、教授钢琴、为艾滋病人服务等。除此之外，修女院现正计划开展老人服务工作。

沈阳圣母圣心修女院除向社会接受修女圣召，为辽宁教区各堂区提供服务，开展各项教会慈善事业之外，近年来，该修女院还积极响应"梵二"大公会议的号召，建立了"海星灵修中心"，为教会内外对天主教感兴趣的人士提供新颖的、与时代合拍的灵修服务。

3. 抚顺耶稣圣心修女院

抚顺耶稣圣心修女院为辽宁教区所属修会团体，该院于1941年成立于抚顺。修女院位于抚顺市前甸镇关岭村。

同沈阳圣母圣心修女院一样，抚顺耶稣圣心修女院属于教区性的传教修女院。该院的精神是以赔补耶稣圣心所受的污辱为动力，以耶稣圣心的博爱为榜样。其所从事的工作有牧灵福传、堂区要理、医疗、照顾老人和幼儿教育工作等。

抚顺耶稣圣心修女院的修会培育期主要分为5个阶段：志愿期、望修期、初学期、暂愿期和终身愿期。

抚顺耶稣圣心修女院于每年寒暑假举办圣召培训班，以为该修女院招募圣召人才。招募的对象为18~28周岁、具有初中以上文化程度的未婚女信徒（身心健康者），截至2010年，该修女院已举办了10期圣召培训班。

4. 辽宁省天主教社会服务中心（盛京仁爱）

"辽宁省天主教社会服务中心"，又称盛京仁爱，英文缩写为CSSC，是专门开展社会服务和慈善公益事业的教会组织，2004年4月由张克祥神父创办于沈阳。该中心成员包括教区主教、神父、修女、大学教授、企业老总、高级知识分子等，既有信徒，亦有教外人士。

盛京仁爱以"实践爱德、见证信仰、服务社会、缔造希望"为宗旨，积极发挥自身优势，开拓多种渠道服务社会，尤其关注社会弱势群体。其有专职员工10名，专家顾问9名，义工若干名，并与欧美多家NGO建立了伙伴关系。

天主教社会服务中心开展的服务领域主要包括：心理咨询、家庭探访、资助组活动、生产自救活动、工作技能培训、面向大众进行艾滋病知识和反歧视宣传教育、义诊及健康讲座、医疗支持和转介服务等。

盛京仁爱成立之初，即坚持NGO的专业化发展方向。虽然具有宗教背景，但在社会服务活动中，其始终坚持淡化信仰色彩，不以传教为附加条件，也不区别对待具有不同信仰背景的服务对象。开展社会服务工作仅仅是该组织践行爱德这一信仰的内在诉求，也是天主教会发挥自身优势、服务社会的价值路径。①

六　辽宁教区的福传状况

（一）信徒领洗状况

根据笔者对辽宁教区沈阳小南教堂和抚顺若瑟堂调查走访的结果，上述两座教堂均属于典型的城市教会，同时也是信徒较多、较为集中的教会，如沈阳小南教堂共有信徒 3 万名左右，若瑟堂要少些，但也有 7000 多信徒，两座教堂每年受洗的人数相差不大，均有 300 人左右。

一般的受洗日期多安排在复活节、圣母升天瞻礼和圣诞节这三个重要的瞻礼日，但也有仅在复活节和圣诞节这两个重大的瞻礼日举行洗礼的情况。沈阳小南教堂计划将领洗频率和日期调整为每年一次，均集中到复活节施洗，目的是强调信徒慕道的质量。

与基督新教相比，天主教的慕道期较长，一般需要半年时间。

按照天主教会的传统，儿童领洗被认为是有效的，相对于成年人领洗必须经过慕道期这一规定，儿童领洗则是随时的，其年龄跨度从最小的 7 天到稍大的一至三周岁不等。

领洗的场所一般为教堂，由神职人员施洗，但是对于危重病人，则亦可在家里和医院领洗，他们往往在领洗一两个月后就去世了。

（二）信徒结构

从总体上来看，辽宁教区的信徒结构基本上仍然呈现出"三多"现象：农村人口多、老太太多、家庭妇女多。但是在城市教会当中，情况则有所不同，"老太太多、家庭妇女多"的现象虽然存在，但呈现一定的弱化趋势。以沈阳小南教会为例，该教会女信徒为男信徒的一倍至两倍；女性信

---

① 张克祥：《心存感恩　服务社会——记辽宁省天主教社会服务中心》，《中国天主教》2011 年第 2 期，第 21～22 页。

徒当中，中年妇女居多，老年女性信徒的比例在下降。

而另一个城市教会抚顺若瑟堂，中年妇女信徒和老年女信徒占信徒比例大的情况也比较突出，以该堂望弥撒的就座情况为例，该堂一共有4排跪凳，基本上被中年妇女信徒和老年女信徒占据，其间有男信徒希望通过本堂神父调解，但由于男性信徒数量太少，往往连一排跪凳也坐不满，逐渐地，男性信徒就退到了后排，或者挪到了二楼。二楼为唱经楼，约能容纳400人。

（三）福传进度

辽宁教区目前共有信徒10万~11万人，信徒人数总体增长缓慢，与全国人口的自然增长基本持平，甚至有萎缩趋势。

从对辽宁省相关宗教管理干部和辽宁教区神职人员及普通信徒的访谈内容来看，辽宁教区信徒增长缓慢的原因大致可以归结为如下几点。

第一，信教培育期长。天主教徒从慕道到受洗的考察期比较长，信仰考察较为严格。

第二，教义教规严格。圣事作为天主教礼仪的核心和重要的宗教实践活动，往往需要神父的带领，如告解圣事，平信徒不能直接和上帝对话，向上帝忏悔，而须经过神父这一中介。此外，平信徒一旦结合，则不能离婚，因此，很多人对进入天主教会有心理上的顾虑。

第三，圣召日益缺乏。受独生子女政策的影响，神父圣召相比于牧师的职业更具挑战性，圣召少，神职人员数量不足，导致教会牧灵能力受到很大的限制。

第四，信仰优越感很强，在传教方面缺乏危机感和紧迫感。

第五，"梵二"大公会议之后，天主教会开始鼓励平信徒传教。中国天主教接受"梵二"大公会议精神的程度有限，因此，其对发挥平信徒传教重视程度不够，平信徒的传教意识和影响力也就很弱。与基督新教不同，天主教除了神父、修女之外，虽然也有传道员，但二者的功能完全不同，就基督新教而言，在没有牧师的堂点，传道员往往在很多方面可以代行牧师之职，而对于天主教会来说，传道员的职责则显得非常单一，仅仅是负责带领《圣经》分享和教理讲授，这些职责多限于纯粹信仰方面的辅导，因此，对于福传的真正意义不大。

第六，信徒层次不高，其社会构成多以农村人、老年妇女和中年妇女居多，属于社会上的弱势群体，难以发挥必要的社会影响力。

第七，教阶制森严，缺乏活力，体制僵化。此外，教会之争问题给教外人留下了天主教会不团结、喜欢闹分裂、敏感等的外在印象，导致人们在皈依天主教方面存有疑虑和不解。

第八，自养能力有限。信教群众社会层次偏低，经济状况普遍不好，导致其奉献能力较弱，而教会自身的经费来源偏重自养，主要依赖出租不动产。其自养能力的不足，导致在教堂建设和开展相关社会活动方面存在着严重的不足。

由于有以上八个方面的原因和制约，辽宁教区的福传进度显得异常缓慢。以抚顺若瑟堂为例，虽然该堂每年平均有约300人受洗，但上述人数往往将那些因病重而接受领洗的人士也包括在内，而后者往往在领洗一两个月后就去世了，比如，2010年初到笔者采访期间，该教会因疾病和正常死亡而去世的信徒已有60人。因此，虽然从人数上看，该堂的信徒数呈增长趋势，但如果将去世的信徒人数纳入综合统计的话，则信徒人数的净增长往往不大。

从1980年到现在，抚顺若瑟堂一次性领洗最多的年份为1995年，共计有700人领洗，而从1995年之后，每年的领洗人数则有所下降，为200～300人。当问及为何有这样的变化时，该堂神父认为，1995年领洗人数最多的原因与信徒传教的使命感有直接关系。1995年之后，出于对信徒质量的重视和强调，该堂的慕道课程增加，考试变得严格，领洗的门槛随之提高了，在这一重质不重量的传教思路的影响下，该堂领洗的人数随之处于下降趋势。

重质不重量的传教思路也同样存在于沈阳小南教堂，该堂虽然有信徒3万余人，但平日里进堂望弥撒的也就几千人而已。该堂最近几年有大约300多人领洗，在全教区当中属于福传较快的堂口。

改革开放之后，基督新教在中国传播快，社会影响面广，在日常交流中，人们提到"教会"二字，往往是指基督新教，这一点在抚顺也表现得特别明显，如果你在大街上拦一辆出租车，告诉司机你要去"教会"，那么，司机一准儿会把你带到基督新教教堂，而不是天主教堂。对此，抚顺若瑟堂的神父极为苦恼，并一直设法改变人们对天主教的忽视这一现象。

七 辽宁教区财政状况及教产落实情况

（一）辽宁教区财政状况

中国天主教会自 1958 年以来一直奉行"自传、自治、自养"的独立自主自办的教会发展道路，因此，就财政状况而言，教会便以自养为主。同全国大多数教区类似，辽宁教区的主要收入来源包括如下几项：不动产出租、信徒奉献、社会捐款、开展社会服务所得及政府拨款等。

在上任主教金沛献管理教区期间，辽宁教区在财政上施行用富裕堂区缴上来的奉献金，去补贴经济状况欠佳的堂区，以使整个教区的财政收支保持平衡。但是，自新主教裴军民上台后，辽宁教区改变了原来的财政管理办法，各个堂口均不需要向主教府缴纳献金，而改为自留，也就是说，各堂口也像整个教区一样，施行财政自养，包括各堂区建设新堂，主教也不会提供全额的财政支持。此外，主教府依靠出租固有的房产，施行自给自足，主教府也不负责神父的日常开支，而改由各堂区自主负担。

由此可以看出新老两代主教在管理教区财政方面的差异，前者施行集中化管理的"计划经济"模式，而后者则施行多元化管理的"市场经济"模式。但是，自从辽宁教区各堂区内部施行经济独立，强调自养以后，各堂区的收入存在着越来越大的差距，甚至出现两极分化现象。

1. 房屋出租

辽宁教区的资金来源主要依赖房产出租。以前外国传教士留给教区的房产，目前都归主教府支配。但是，由于出租房产所得收入难以满足教区在各个方面的自养需要。资金紧张就会导致教区反过来将更多的希望寄托在那些未恢复、未落实的教产上面。

2. 信徒奉献

受辽宁教区信徒的社会背景和人员构成方面的限制，即老年信徒多、农村信徒多、女性信徒多，大部分信徒的奉献能力先天不足，来自弥撒献仪和自愿捐献方面的资金显然就无法满足教区本身的自养需要。根据辽宁教区的规定，弥撒献仪最低为 20 元，最多不得超过 100 元。弥撒献仪的一部分会留给神父作为生活费之用。

3. 社会捐款

社会捐款的来源主要包括两个方面，国内社会捐款和国外社会捐款。根据辽宁省民宗委相关管理干部的介绍，一般而言，接受"外资"情况多集中在两所修女院，即沈阳的圣母圣心修女院和抚顺耶稣圣心修女院。

此外，教区所属沈阳神学院、天主教社会服务中心等其他机构也往往是接受社会捐款较多的单位，如 2003 年，著名天主教教友、北京新恒基集团董事长黄俊钦曾向沈阳天主教神学院捐款 10 万元[①]，以作为该校改善设备之用。而天主教社会服务中心虽然不接受一般性的、偶发的、零散社会捐款，但却通过和相关机构合作从事志愿者项目，从而接受针对具体项目的定向资金，并按照和相关机构合作时制订的合同，最终以社会服务项目的方式回报给合作方。

4. 开展社会服务

辽宁教区开展的有偿社会服务产业包括两座修女院所开办的诊所、养老院等其他社会服务机构，而收费的标准一般以维持自养为目的。其中，两所养老院一个位于新近成立的会院内部，另一个位于营口市。目前，养老院事实上已成为该修会最大的投入项目。如设于会院内部的养老院，其收费标准为单间每人每月 1500 元，双人间每人每月 1050 元，三人间则更低，上述费用当中包含住宿和餐饮费，总体收费与社会性收费相比不算高。此外，该修会还开办灵修中心，针对教会内外开展有偿灵性培养和精神休憩服务。在收费方面，教内教外没有区别。

与沈阳圣母圣心修女院相同，抚顺耶稣圣心修女院的资金来源也属于自筹，办会经费相对比较困难，在堂区从事服务的修女的工作报酬很低，截至 2011 年每位修女只有每月 200 元钱的生活费。修女的资金必须上缴修

---

① 付晓岩：《傅铁山主教考察辽宁教区》，《中国天主教》2003 年第 6 期，第 27 页。

会。如果是两个修女在堂区服务，就组成了修会的分院，由一名修女担任分院长，两个修女一个负责会计，一个负责出纳工作，无论资金多少，账目必须厘清，个人手中不得存放资金。此外，该修会也设有专门的避静院，面向社会开放，但前来避静的多为教内信徒，周期最长为8天，最短为3~5天，该服务对外收费，但对于生活困苦的信徒，则尽量少收或不收费。费用冬、夏有别，夏季每天30元，冬季每天40元。

事实上，两所修女院均有相当的房产，如果不从事社会服务的话，她们仍然可以通过出租房产来获得相应的，甚至更高的收入，尤其是某些社会服务机构如诊所等往往地处城市的黄金地段。但是，修女院之所以放弃房租收入，而改为开办社会服务，其主要的目的在于希望通过上述相关服务项目实践教会服务社会、服务他人的福音教导，并借此为教会创造一个良好的社会形象和影响力。

教区的自养性社会服务项目，除了两所修女院所开展的相关服务之外，各个堂区也竭尽所能地开展适合各自的社会服务项目，以增加堂区的自养能力，这其中婚姻收费成为一个不容忽视的收入来源。

以抚顺若瑟堂为例，该堂规定，每台婚礼收费800元，2010年10月起改为1200元每台。相对于教外人士，信徒的收费要低一些。若瑟堂每年大约能够接待20台左右的婚礼。而沈阳小南教堂由于地处省会城市，其收费标准也要高得多，达每台2000多元，而且频率较高，有时一天最多能接待婚礼达10台。

天主教社会影响力虽然较弱，但是，由于受大众传媒的影响，普通社会人士也往往喜欢到天主教堂举行婚礼。这就为辽宁教区基层各堂口开展婚姻服务项目提供了良好的条件。

5. 政府拨款

事实上，仅靠辽宁教区有限的自养途径，要真正实现自养还是有相当困难的，因此，其在重大基础设施建设和教会教育等重大投资领域，均需要当地政府的大力支持。

按照辽宁省相关宗教部门的财政支持规划，自2003年起，省政府每年划拨200万元用于"宫观寺庙"等宗教活动场所的常规性维修，这其中尚不包括针对特定重大维修和建设项目的拨款，如 2008 年奥运会前夕，逾百年历史的沈阳小南教堂因年久失修，教堂内外多处破损而进行修缮改造。辽宁教区在自筹资金的同时，积极向沈阳市财政争取政府拨款 376 万元，对教堂内外进行了全面维修，并购置了 12 台大型空调机，为信徒们提供了一个更为舒适的宗教生活环境。而教堂内的祭台和读经台也经重新设计，成为教堂的一大亮点。① 事实上，早在 1985 年，沈阳小南教堂就因内部维修而获得过沈阳市政府 21 万元的财政补助。②

此外，在主教府前面的大型广场建设中，省宗教局除花费大量资金将住户全部迁走之外，还积极改造了堂前广场，此项工程共获得政府财政拨款 1 亿多元。

除去重大的宗教活动场所建设，修院也往往需要政府拨款来维持其正常运转。作为一座跨教区的地方宗教教育机构，沈阳神学院在办学经费方面，其中一半系政府拨款。就目前的办学经费而言，沈阳神学院大约每年需要 100 万元，其中 2009 年为 120 万元，也就是说，其中的 500 万~600 万元需要由政府来提供支持。

最后，针对辽宁教区所属两座修女院所开办的服务机构，当地政府有时也给予一定的扶持，如抚顺耶稣圣心修女院主办的养老院，当地政府虽然没有提供相关的拨款，但却为养老院安装了一部分健身器材，从部分程度上解决了老人们的体育锻炼和健身需求。

（二）教产落实情况

1978 年召开的党的十一届三中全会，纠正了"文化大革命"的错误，确立了以经济建设为中心的改革开放总路线。在宗教工作方面，党和政府也进行了全面的拨乱反正工作。这突出表现在 1982 年 3 月下发的《关于我国社会主义时期宗教问题的基本观点和基本政策》，文件指出，使全体信教

---

① 裴军民：《作盐、作光、传薪火，爱国、爱教、促和谐——在沈阳市天主教第十二次代表会议上的工作报告》，未刊稿。
② 辽宁省地方志编纂委员会办公室主编《辽宁省志·宗教志》，辽宁人民出版社，2002，第252 页。

群众和不信教群众联合起来，将其意志和力量集中到建设现代化的社会主义强国这一共同目标上来，是我国贯彻执行宗教信仰自由政策，处理一切宗教问题的根本出发点和落脚点。文件对爱国宗教人员给予了很高的评价，要求各级政府抓紧平反事关宗教人士和信教群众的冤假错案，并帮助各宗教合理安排好宗教活动场所。[1]

在落实宗教信仰自由政策、平反冤假错案的同时，各级人民政府宗教部门在敦促占用单位退还"文化大革命"中已改作他用的教堂和其他附属宗教活动场所方面做了大量工作。1980年7月16日，国务院同意了国家宗教局、国家基本建设委员会、外交部、财政部和国家城市建设总局共同拟定的《关于落实宗教团体房产政策等问题的报告》。该报告要求"将宗教团体房屋的产权全部退还给宗教团体，无法退还的应折价赔偿"。[2]

在各级政府的大力支持下，全国各地部分在"文化大革命"期间被占用的教堂和附属建筑开始被陆续归还给各大宗教。就天主教而言，截至2004年，全国修复开放或新建的天主教教堂和祈祷场所已达6000余所。[3]

为解决天主教辽宁教区的宗教房产遗留问题，增强团体自养能力。在辽宁省委统战部、省宗教局的大力支持下，经过省天主教"两会"的努力，辽宁省天主教的大部分房产已得到落实。最近几年，一些长期以来未得到解决或难以解决的宗教房产，也逐步得以返还。

据统计，在上任主教金沛献在任期间，辽宁教区已落实的教产共包括如下15项：

（1）落实沈阳天主教神学院院部大楼，并获重建。

（2）2005年，沈阳市歌舞团所占1080平方米土地被归还给了沈阳圣母圣心修女院，经重建后，已恢复为该会会院。因年代久远，2008年拆除后，另建会院新楼，同年3月15日正式动工，2010年1月正式交付使用。

（3）落实沈阳市和平区三经路教堂（原为日本人及使馆区教堂），维修

---

[1] 中国天主教爱国会、中国天主教主教团编《中国天主教独立自主自办教会教育教材》（试用本），宗教文化出版社，2002，第156~158页。

[2] 中国天主教爱国会、中国天主教主教团编《中国天主教独立自主自办教会教育教材》（试用本），宗教文化出版社，2002，第160页。

[3] 何光沪主编《宗教与当代中国社会》，中国人民大学出版社，2006，第360页。

祝圣后投入使用。

（4）落实辽阳市天主教房地产，并进行了重新规划，教堂和办公楼得以扩建。

（5）落实黑山县天主教堂，共分两步走。先是 1989 年落实大堂及东部房地产，而后 2006 年落实西边 7800 平方米院落及住宅楼。

（6）抚顺耶稣圣心修女院获异地补偿 30 亩，为理应返回教会教产的 80 亩土地中的一部分，先是由修女院自身出资购买周围居民的土地，而后由政府出资补偿；2004 年 1 月新会院大楼竣工，抚顺耶稣圣心修女院迁入新会院。

（7）落实铁岭市柴河街天主教大院，并获改造扩建。

（8）落实抚顺市高尔山原教会神学院 120 亩土地及附属房屋。

（9）落实鞍山铁西区因城市改造而移地另建教堂。

（10）落实鞍山海城经济开发区教堂。

（11）落实朝阳市天主教堂整体移地另建，或改扩建。

（12）落实朝阳凌源市天主教堂动迁、移地另建。

（13）落实沈阳市皇姑区天主教堂的场所。

（14）落实盘锦市天主教堂的征地，在距离大洼县① 20 里重建教堂。

（15）落实盖州市榆林堡村天主教堂，并重新修建。②

在一些困扰多年的、归还难度较大的宗教房产也陆续归还给辽宁教区的同时，教区还在当地政府的支持下，在城市改造、新建教堂和讨还 1949 年之前在天津、上海等地购置的原属辽宁四大教区的房产和补偿时，获得了实际的利益，改善了教会的经济状况。如 2002 年，沈阳小南教堂前的长期租住户也在当地政府的大力支持下，被全部迁走，并且改造了堂前广场，此举共获得地方财政拨款 1 亿多元。

而对于新中国成立前各教区在上海、天津等外地置办购买的房产，2006年，辽宁统战部也效仿河北、山西等省的做法，发公文给"天津市宗教房

---

① 现为大洼区。

② 辽宁省地方志编纂委员会办公室主编《辽宁省志·宗教志》，辽宁人民出版社，2002，第245 页。

产开发公司",要求落实1949年前辽宁省天主教会所属的相关教产问题。于此同时,上海市内也有全国12个教区的房产,其中,因城市改造占据了3700平方米,为此,上海市相关单位给沈阳、营口等教堂共赔付1800万元。

自2005年以来,沈阳市小南教堂东院的小南二校、中街、新民市区内等处天主教房产遗留问题也已得到解决。针对部分基层教堂面积小、损毁严重等情况,在沈阳市宗教局积极协调和辽宁教区的大力支持下,沈阳市天主教"两会"利用5年时间,分别新建并祝圣了马三家、辉山、于家三座教堂,在新民市区购置了房产,并对迷士等其他老教堂进行了维修。用沈阳市天主教"两会"领导人的话说,2010年之前的5年是沈阳市天主教"两会"硬件建设成就最大,步伐迈得最快的5年。①

截至2010年,辽宁教区的大部分房产问题得到了落实,但仍有部分房产由于历史原因和城市改造等情况,仍未得到全面落实。如沈阳市皇姑区中医院房产遗留问题,沈阳市商业城、小西路房产问题,也在沈阳市委统战部、市宗教局的积极协调下最终解决。而近年来信教群众呼声最高、争议最大的沈阳市三经路教堂的建设工程问题,由于在墙改基金、配套费,及与开发商的利益协调方面存在诸多矛盾,一直未能得到彻底的解决,严重影响了当地信教群众的情绪。此外,锦州市黑山堂以前是部队医院,被归还给地方政府作为办公场所,后来又二度归还给部队。1984年落实教产时,在名义上归还给了当地教会,但一直未能落实,2005年部队移防之后,当地天主教会再次提出教产归还问题,目前已归还给教会。

八 辽宁教区的社会服务与慈善公益事业

参与社会,服务他人,开办慈善事业向来被作为天主教面对世俗世界的传统。早在四世纪中叶,当时的埃及就形成了名为"服务中心"(Diaconia)的天主教社会服务性机构。这些机构的行动首先从隐修院开始,并在六世纪发展为具有完全法律地位的社会服务组织。这一传统日后在施行拉丁礼仪

---

① 裴军民:《作盐、作光、传薪火,爱国、爱教、促和谐——在沈阳市天主教第十二次代表会议上的工作报告》,未刊稿。

的教会和希腊礼仪的教会中均获得了长足的发展。据悉，截至 2006 年底，天主教会在全球开办的社会公益及慈善机构已达 83522 所，遍及五大洲，其服务类型包括医院、门诊、麻风病院、老人院、智障残疾人士中心、孤儿院、儿童乐园、婚姻咨询和其他机构。[①]

新中国成立前，根据 1947 年中国天主教会所做的统计，当时教会开办的各类社会服务与慈善公益事业取得了长足的进展，其中创办大学 3 所，中学 156 所，小学 2009 所，医院 216 间，诊所 847 间，育婴院 272 所，[②] 产生了良好的社会影响。

改革开放之后，随着各宗教活动场所的恢复和重建，某些地方教会的社会服务和实践也随之同步展开。[③] 各基层教会开展社会服务工作的途径主要是恢复和开办诊所、养老院、残婴院、艾滋病关爱机构和基金会等慈善公益性服务机构。

据不完全统计，截至 2007 年 5 月，中国天主教各基层教会在全国各地开办了 345 个公益实体组织（不包括麻风病院），其中包括 212 个诊所或医院、68 家养老院、35 所幼儿园、4 所学校、13 家残婴院、8 家慧灵智障人士康复机构和 5 个防治艾滋病的关爱机构。[④]

而根据河北信德社的统计资料，截至 2009 年底，中国天主教各基层教会开办的慈善公益文化组织增加至 422 个，其中包括 1 所中学、2 所培训学校、3 家出版社、3 个研究机构、220 个诊所、11 座医院、81 家养老院、44 所幼儿园、22 家残婴院或康复中心、35 个区域性或教区性的社会服务机构。与此同时，80 多位修女服务于 20 多个由政府开办的麻风病康复机构。[⑤]

---

① 张克祥：《天主教组织在构建和谐社会中角色的思考》，北京天主教与文化研究所编《天主教研究论辑》第 5 辑，宗教文化出版社，2008，第 364~365 页。

② 罗渔、吴雁编著《大陆中国天主教四十年大事记（1945-1986）》，台湾辅仁大学出版社，1986，第 6 页。

③ 石衡潭、王潇楠、赵健敏、邓绍曦：《改革开放以来天主教北京教区社会服务与实践》，卓新平、萨耶尔主编《基督宗教与当代社会国际学术研讨会文集》，宗教文化出版社，2003，第 285 页。

④ 张士江：《从进德公益展望有信仰背景的公益事业的发展》，张士江、魏德东主编《中国宗教公益事业的回顾与展望》，宗教文化出版社，2008，第 3 页。

⑤ 参见《信德报·2010 年春节特刊》，2010 年第 5 期第 3 版。

与全国大部分地方教会相似，从 20 世纪 80 年代到 2000 年，辽宁教区的精力主要放在自身的硬件建设和教会人才培养方面，如教堂建设、修院恢复、人才培育等。2000 年之后，随着教区各方面人力、物力条件的改善，部分神父和修女可以从堂区服务与牧灵培养中解放出来，教区开始在社会服务和慈善公益事业方面积极探寻适合教会自身特点的新的发展方向。

中国共产党十七大报告曾经提出，"要发挥宗教界人士和信教群众在经济社会发展中的积极作用"。这一来自执政党高层的对宗教界的积极肯定和深切期待，激发各地方教会在引导神长教友积极参与社会、新农村及和谐社区建设方面，表现出日益活跃的主动性和积极性。而由辽宁教区所开展的一系列社会服务工作与慈善公益事业则主要包括如下内容：社会紧急救助、关怀弱势群体、扶贫办学、参与赈灾救灾、关心救助儿童、艾滋病与麻风病防治、创办医院诊所等，其中，尤以扶贫救灾和救助社会弱势群体工作最为突出。

无论是对突发性自然灾难的应对，还是一些常规性的慈善公益事业，辽宁教区各堂区及附属机构均积极投身其中。如在印尼海啸、汶川大地震、青海玉树地震期间辽宁教区各堂区及附属机构踊跃捐款捐物；辽宁省天主教"两会"每年坚持到各地养老院、孤儿院进行慰问，彰显爱心，并与省天主教社会服务中心合作，组织青年信徒参加艾滋病防治宣传活动，有部分青年信徒还担任该中心的义工，长期参与各种社会服务工作。以沈阳市为例，2005 年以来，全市天主教界为社会捐助的善款总计达 20 余万元，衣物 2000 多件，在省、市宗教界"双文明"表彰活动中，共有 10 个教堂、23 名神职人员及平信徒受到了表彰。

此外，由于教堂婚礼日渐为一些青年人所青睐，辽宁省天主教"两会"以服务社会为宗旨，在各基层教堂纷纷开设了对外婚礼服务项目。为做好此项工作，辽宁省天主教还制定了严格的婚礼接待制度，设专人从事服务工作，做到既要保证婚礼仪式的庄严神圣，又要保障参加婚礼人员的安全。自 2005 年以来，仅沈阳市就先后为 300 多对青年人提供了婚礼服务。

在辽宁教区所开展的一系列社会服务工作和慈善公益事业当中，除了信教群众的自发性行为之外，上述服务工作主要是通过正式机构的方式对外展开的。这些机构主要由两类构成，一类是隶属于辽宁教区主教府的天主教社会服务中心（盛京仁爱），一类是由沈阳圣母圣心修女院和抚顺耶稣圣心修女院开展的综合性社会服务工作。在工作内容和工作开展的方式上，二者既有重叠，亦有区别。

（一）辽宁省天主教社会服务中心（盛京仁爱）

虽然同样是通过社会服务来践行爱德这一天主教信仰的内在要求，但是，辽宁省天主教社会服务中心所从事的服务类型和方式不完全等同于传统教会的慈善事业，以及修会修女们所从事的慈善事业。

按照"辽宁省天主教社会服务中心"负责人张克祥神父的理解，首先，该服务中心应该同时具备输血和造血两种功能，也就是说成为一种专业型、学习型、创新型和制度型同时具备的新型社会服务机构，即对其他社会服务机构进行技术支持和培训的更高一级的机构。

其次，该服务中心同教会其他传统形态的慈善机构最大的不同，在于其人员构成上的社会背景，该中心所招聘的员工不仅限于本教区信徒，亦不限于同信仰背景人群，而是一种包括非信徒，甚至其他宗教信徒如佛教、基督新教等在内的混合型信仰团队。

再次，与教会传统的社会服务机构不同的地方还在于，"辽宁省天主教社会服务中心"是由正式的社会员工组成的，其特征是实行公司化的管理模式，雇工由服务中心发薪水，虽然此类工资往往不高。而该服务中心多年来一直希望注册的真正原因，即在《劳动法》的要求范围内，为每位员工缴纳社会保险。目前，该服务中心的活动资金一部分来自辽宁教区的赞助支持，一部分来自专门的服务项目，由于其注册问题迟迟未能解决，该服务中心暂不接受社会捐款。①

最后，作为一种宗教NGO的自我期待，该服务中心还在不断探索和定

① 2012年，随着国家宗教局、中央统战部、国家发改委、财政部、民政部和税务总局等六部门联合印发的《关于鼓励和规范宗教界从事公益慈善活动的意见》的出台，辽宁省天主教社会服务中心已于当年正式在辽宁省民政厅注册为民办非营利企业，并更名为辽宁省盛京仁爱社会服务中心。

位适合自身的服务项目与方式,而不仅仅是以资金为导向,或以项目为导向,而是以稳扎稳打的方式,逐步向专业型团队方向发展,这就要求其成员具备特殊的专业背景,如财务人员须具有专业财务知识或学历,从事社工服务的应具备社工专业学习的经历,这样便可扩大和深化其培训项目。

目前,关注艾滋病感染者已成为"辽宁省天主教社会服务中心"的主要工作内容之一。该中心一方面与沈阳市疾病控制中心保持专业和业务上的协作,另一方面也依托辽宁省民宗委的积极协调,从而在社会—政府—教会三者之间建立起一种可持续发展的,具有深度信任的协作关系。从最初沈阳市疾控中心为其转介的 8 名感染者开始,到 2010 年,该中心累积的服务案例已达 2000 多个。

除此之外,"辽宁省天主教社会服务中心"还在 2008 年汶川大地震之后,先后向灾区派遣了 36 名志愿者,其中既有神职人员,亦有平信徒,为灾区送去了棉衣、棉被、食品、药品等救援物资,其中 7 名为从事心理安抚工作的志愿者,他们除对当地灾民进行心理咨询服务外,还应当地灾民的要求,为当地学生开展义务支教活动。

"辽宁省天主教社会服务中心"虽然在注册和开展服务内容上尚存在一定的问题和不确定性,但是,其在传统的慈善事业之外,另辟蹊径的探索和创新思路为地方天主教适应新的时代要求提供了一种具有建设性的可能途径和务实态度。不过,也有人对此持怀疑态度,如该省的某宗教干部就认为,"辽宁省天主教社会服务中心"规模小,造血能力差,作为一类宗教背景的非营利组织,其发展方向不能离开所在教区的支持,其财务制度、宗旨和发展目标均应和该教区保持固有的联系。

(二)两所修女院所开展的社会服务工作

如果说辽宁教区"天主教社会服务中心"的服务对象以教外人士和社会边缘人士为主的话,那么,修女们从事的慈善服务工作则主要针对教会自身和教内信徒。

修女们从事的社会服务工作和慈善公益事业主要包含两类内容:一类是常态性的社会服务工作,如孤儿院、养老院、诊所等;另一类则是带有突发性质的非常态性社会服务工作，如在遭受重大自然灾害地区开展医疗援助和心理辅导工作等。

1. 常态性社会服务工作

目前，辽宁教区的两个修女院共开办有 6 个养老院，每个养老院从几十人到上百人不等，如铁岭养老院就很大。此外，它们还开办有诊所、孤儿院、灵修咨询及避静服务，甚至提供艾滋病感染者的心理咨询服务。但是，由沈阳圣母圣心修女院开展的服务艾滋病人的工作，与"天主教社会服务中心"服务内容最大的不同在于，后者往往会给予一些资金、物质上的帮助，前者则更侧重于心理、灵性上的支持。

2. 非常态性社会服务工作

修女们的非常态性服务主要体现为在遭受突发性的、重大自然灾害地区开展医疗援助和心理辅导等相关工作。如 2008 年"5·12"汶川大地震发生后，"辽宁省天主教社会服务中心"在全国哀悼日期间（5 月 20 日）曾向余震不断的灾区派遣了首批有着专业医疗知识和心理安抚经验的修女志愿者，这些来自沈阳圣母圣心会的修女志愿者凭借着坚定的信仰、顽强的意志、深厚的医学和心理学知识，在随时可能会发生生命危险的情况下，克服重重困难，为灾区民众开展医疗援助、心理安抚、疫病防治等服务，以实际行为"见证信仰，实践爱德"。

第三节　辽宁省天主教社会团体
与"自主性"原则及机制

一　辽宁省天主教爱国委员会

（一）性质和任务

辽宁省天主教爱国委员会（以下或称"爱国会"）是辽宁省天主教神职人员和教徒群众组成的爱国爱教的宗教团体，其成立之初的宗旨是：在中国共产党和人民政府的领导下，团结广大神长教友，坚持独立自主自办教会的方针，保卫"反帝爱国"运动的成果，贯彻宗教信仰自由政策，积极参加祖国建设，维护和平，实现祖国统一。

而随着时代形势的变化，现如今辽宁省天主教爱国委员会的宗旨更多地体现在如下四点：（1）协助政府贯彻宗教信仰自由政策，维护教会合法权益；（2）贯彻独立自主自办教会的方针政策，协助教会推进教员事业，过好正常宗教生活；（3）开展社会服务兴办自养事业、社会公益事业；（4）开展国际友好交往，促进祖国统一，维护世界和平。[①]

（二）辽宁省天主教爱国会代表会议

辽宁省天主教爱国委员会的前身，是 1951 年在沈阳成立的"三自"革新运动委员会。

1962 年 5 月 20 日，辽宁省天主教爱国会第一届代表会议在沈阳市小南教堂召开，会上成立了辽宁省天主教爱国会，并选举产生了辽宁省天主教爱国会第一届委员会。

"文化大革命"期间，辽宁省天主教爱国会停止活动，并于 1979 年 6 月 18 日起恢复活动。

1981 年 9 月 8 日至 14 日，辽宁省天主教爱国会第二届代表会议在沈阳市辽宁大厦召开，出席会议代表 50 人。会上选举产生了新的领导班子，决定将沈阳、抚顺、锦州、营口 4 个教区合并，成立辽宁教区。

1985 年 7 月 5 日，辽宁省天主教爱国会第三届代表会议在大连市棒棰岛召开，出席会议代表 77 人。会议总结了历年来的工作，讨论了以后的任务，修改了爱国会章程，交流了天主教为"四化"做贡献的经验，表彰了先进个人，并选举产生了辽宁省天主教爱国会第三届委员会。[②]

2009 年 3 月 31 日至 4 月 2 日于沈阳召开的辽宁省天主教爱国会第六届代表会议，审议通过了辽宁省天主教"两会"第五届常委会工作报告及新修订的辽宁省天主教"两会"章程。

---

① 参见辽宁省民政厅的诚信系统查询平台网站中有关辽宁省天主教爱国会的最新注册信息：http：//cx. lnnpo. gov. cn/InfoDetail. aspx？ID=378121&Type=社会团体。
② 辽宁省地方志编纂委员会办公室主编《辽宁省志·宗教志》，辽宁人民出版社，2002，第263~264 页。

辽宁教区主教裴军民当选为辽宁省天主教爱国会主任，邱文廷、张永铁、付晓岩、贾春亭当选为副主任，邱文廷当选为秘书长（兼）。

其中，除贾春亭是教友外，其余担任爱国会领导的全为神职人员。贾春亭为一企业家，长期从事社会慈善事业。

二　辽宁省天主教教务委员会

（一）性质和任务

辽宁省天主教教务委员会是辽宁省天主教的教务机构，其宗旨是以《圣经》为依据，继承和发扬耶稣基督为创立教会和宗教传教的传统精神，宣传耶稣福音，推进天主教事业，荣主牧灵，引导神长教友恪守天主诫命，坚持独立自主、自办教会和民主办教原则，开展对外友好往来，办好教会。

而随着时代的变化和教会自身的发展，辽宁省天主教教务委员会的宗旨相比以前已经有所转变，其内容和任务更多地体现在：协助政府贯彻宗教信仰自由政策，执行《辽宁省宗教事务管理条例》，做到"四个维护"，按照中央精神，本着政治上互相团结、信仰上互相尊重的原则，帮助全省各市县教会开展正常的宗教节日及朝圣等集体活动；本着爱国爱教的精神，领导信徒遵纪守法，爱教守戒，为社会稳定、安定团结，为维护祖国统一、促进人类和平贡献该省天主教的一切力量。[①]

（二）教务委员会代表会议

1981 年 9 月 8 日至 14 日，辽宁省天主教教务委员会第一届代表会议在沈阳市召开，出席会议代表 50 人。会上决定成立辽宁教区和辽宁省天主教教务委员会，通过了教务委员会章程，选举产生了第一届委员会。

第一届委员会主任为徐振江，副主任为赵牖民、丁汝南、崔玉信、杜世才；秘书长为杜世才（兼），副秘书长为魏显阳、郭树民、何耀华；常

---

① 参见辽宁省民政厅的诚信系统查询平台网站中有关辽宁省天主教教务委员会的最新注册信息：http://cx.lnnpo.gov.cn/InfoDetail.aspx? ID = 378120&Type = % C9% E7% BB% E1% CD% C5% CC% E5。

委：徐振江、赵牖民、丁汝南、崔玉信、杜世才、魏显阳、郭树民、黎洪章、章世娜（女），及委员17人。

1985年7月5日，辽宁省天主教教务委员会第二届代表会议在大连市棒棰岛召开，会议修改了辽宁省天主教教务委员会章程，制定了《辽宁省天主教神职人员条例》，选举产生了第二届委员会。

第二届委员会主任为赵牖民，副主任：杜世才、郭树民、丁汝南、滕洪章、金沛献；秘书长：郭树民（兼），副秘书长：卢玉海、何耀华、李贵林；常委：丁汝南、丁惠文、卢玉海、杜世才、何耀华、张化良、李贵林等，委员若干人。①

在辽宁省天主教第六次代表会议上，裴军民主教当选为辽宁省天主教教务委员会主任，张克祥、王俊祥、董洪昌、刘占富当选为副主任，其中，由张克祥兼任教务委员会秘书长。

三 辽宁省天主教"两会"的角色分配及其关系

中国天主教赋予"爱国会"和"主教团"不同的功能与角色，前者负责落实爱国爱教问题，随着改革开放的日益深化，近些年来原本在"爱国会"中扮演主要角色的平信徒开始居于从属地位。与此同时，"主教团"对于中国天主教教务问题的领导地位开始日益加强。可以说，在宗教事务和教会管理上，中国天主教提倡"民主办教"，而在教务牧灵方面，则提倡神权，淡化"爱国会"的竞争地位，凸显和侧重其服务，以及与政府部门的协调功能。

作为一个地方教会，辽宁省天主教"两会"作为辽宁教区的宗教团体，担负着政府联系信教群众的桥梁和纽带作用，因此，加强"两会"团体建设，不仅是党和政府对宗教团体提出的要求，也是辽宁省"两会"适应形势、健康发展的迫切需要。

近年来，辽宁省"两会"主要从如下五个方面，在理顺"两会"关系的基础上，不断强化团体建设。

---

① 辽宁省地方志编纂委员会办公室主编《辽宁省志·宗教志》，辽宁人民出版社，2002，第264~265页。

1. 以思想建设为目的，强化团体理论学习

近年来，省、市各级天主教"两会"积极创造条件，支持中青年神职人员，参加由中央统战部，国家、省、市宗教局组织的各种培训，并邀请国家及地方宗教局主管领导、专家学者，进行宗教政策法规、国内外形势等方面的讲座，使全市天主教神职人员及信教群众的思想政治水平得到进一步提高。

2. 积极推进民主办教，强化团体组织建设

自2005年以来，辽宁教区根据省、市各级"两会"组成人员发生较大变化的实际情况，对团体组织建设及时做出调整，将年富力强的神职人员有效地补充到领导班子当中，并针对神职人员较少的实际困难，积极发挥平信徒在堂区管理中的作用，将思想素质高、组织能力强的平信徒大胆地吸纳到省、市"两会"当中，有力地减轻了神职人员在管理工作上的压力，使其有更多精力投身到牧灵、福传事业之中。目前，辽宁教区各堂区的管理事务，如慕道、唱经、婚礼、探访、祈祷、辅祭、后勤保障、图书管理等大量繁杂事务均由平信徒承担。与此同时，为建立健全规章制度，自2005年以来，省、市"两会"还结合自身实际，先后制定并完善了学习、探访、消防、服务等十几项规章制度，使"两会"的各项工作得到进一步规范。

3. 改善办公环境，加强硬件建设

为提高工作效率，省、市各级"两会"还加强了硬件设施建设，购置了必要的办公设备，为每位神职人员配备了计算机、打印机等信息化和自动化的办公设备，为"两会"办公机构添置了传真机、彩印机等硬件设施，使得"两会"的工作效率有了很大提高。"两会"还投入一定资金，装修会议室、办公室等，使整体办公环境大为改善。

4. 着力解决宗教房产遗留问题，增强团体自养能力

在省、市各级统战部、宗教局的大力支持下，经过省、市各级"两会"的努力，辽宁教区的大部分房产得到了落实。在过去的5年中，辽宁天主教各级"两会"在此项领域取得的工作成就最大，步伐最快。①

---

① 裴军民：《作盐、作光、传薪火，爱国、爱教、促和谐——在沈阳市天主教第十二次代表会议上的工作报告》，未刊稿。

第四节　辽宁教区的政教关系

一　宗教管理与监督部门眼中的政教关系

（一）宗教管理与监督部门对天主教工作的评价

辽宁教区是通过省、市天主教"两会"系统这一社会团体组织同相关宗教主管部门发生关系的，后者主要包括省、市、县的统战部门和宗教局。其中，宗教局为天主教会和其他合法宗教的主管部门，而统战部则主要负责在党政部门和宗教团体之间做协调工作。

具体而言，根据1992年4月20日中共中央办公厅转发的由中央统战部制定的《九十年代统一战线部门工作纲要》，各级统战部门在教宗领域的工作主要是"巩固和发展党同爱国宗教界的统一战线"，其具体工作内容包括如下五个方面。

1. 正确对待和处理宗教问题

我国宗教具有群众性、复杂性、国际性、长期性，在一些少数民族中还具有民族性。宗教是公民的信仰问题，同时与社会稳定密切相关。《中共中央关于我国社会主义时期宗教问题的基本观点和基本政策》、《中共中央、国务院关于进一步做好宗教工作若干问题的通知》以及《中共中央关于加强统一战线工作的通知》，全面、系统地阐述了党的宗教政策，是指导宗教工作的重要文件，要认真贯彻执行。

2. 全面正确地贯彻执行党的宗教信仰自由政策

尊重和保护宗教信仰自由，是党对宗教问题的一项长期的基本政策。公民有信教的自由，也有不信教的自由。任何国家机关、社会团体和个人不得强迫公民信教或不信教。国家保护正常的宗教活动，宗教活动必须在宪法、法律和政策范围内进行。坚持政教分离的原则，宗教不得干涉行政、司法、教育等政治和社会事务，不允许强迫未成年人（十八岁以下）入教。要促进信教和不信教群众的团结，把他们的意志和力量集中到建设有中国特色的社会主义事业上来。要区分不同情况，解决好正常宗教活动所必需的场所和历史遗留的宗教房产问题。要保持宗教政策的连续性和稳定性。

3. 配合政府有关部门依法对宗教事务进行管理

政府对有关宗教的法律、法规和政策的贯彻实施进行行政管理和监督，是为了更好地全面地贯彻执行宗教信仰自由政策，使宗教活动纳入法律、法规和政策的范围，绝不是去干预正常的宗教活动和宗教团体的内部事务。

切实保护宗教团体和寺观教堂的合法权益，保护宗教教职人员履行正常的教务活动，保护信教群众正常的宗教活动。积极支持各爱国宗教团体制定各种规章制度，加强寺观教堂的民主管理。协助有关部门和地方政府制定宗教事务的法规和规章。

坚决抵制境外敌对势力利用宗教进行的渗透，制止各种非法传教活动，依法取缔非法宗教组织，禁止非法开办经文学校、修院、神学院。注意划清敌对势力利用宗教进行渗透和宗教界开展对外友好往来的界限。

4. 充分发挥爱国宗教团体的作用，认真做好宗教界代表人士的工作

爱国宗教团体是党和政府团结、联系宗教界人士的桥梁。要切实改变一些地方发挥爱国宗教团体作用不够的现象，支持爱国宗教团体加强自身建设，按照自身的特点和规章自主地开展活动，鼓励他们办好以自养和社会服务为目的的生产和公益事业，帮助他们解决办公用房、经费以及生活方面存在的一些困难，为他们开展工作创造必要的条件。

坚持独立自主、自办教会的原则和三自（自传、自治、自养）爱国道路，办好教务。支持爱国宗教团体办好宗教院校，做好寺观教堂和宗教活动点主持人的培训工作，建设一支热爱祖国、接受党的领导、坚持走社会主义道路、维护祖国统一和民族团结，有宗教学识，并能联系信教群众的宗教教职人员队伍。

5. 在各级党委领导下，做好科学世界观的宣传教育工作

协助有关部门向人民群众特别是青少年进行辩证唯物主义和历史唯物主义包括无神论、通俗科学知识的宣传教育，树立科学的世界观和人生观。公开发表涉及宗教问题的文章、著作、文艺作品，要采取慎重态度。对违背党的宗教政策，伤害信教群众的宗教感情，或利用宗教歪曲历史，损害国家统一和民族团结的出版物，要坚决杜绝。坚持对宗教问题进行科学研

究，密切同宗教研究机构的联系，加强宗教理论研究队伍的建设。①

综上所述，统战部门在宗教领域的任务和工作主要是在宣传执政党的宗教政策、法律法规和时事形势的同时，将爱国宗教领袖和团体团结在执政党的周围。

而根据 2000 年《中共中央国务院关于辽宁省人民政府机构改革方案的通知》（中委〔2000〕35 号）和辽宁省委、省政府的决定，辽宁省宗教事务局作为主管宗教事务工作的省政府行政部门。其主要职责包括如下 9 项。

（1）贯彻执行党中央、国务院关于宗教工作的方针、政策和国家的有关法律法规，当好省委、省政府在宗教工作方面的参谋助手。

（2）组织开展宗教理论和宗教政策等重大课题的调查研究，开展宗教政策和法规的宣传教育，并监督检查贯彻执行情况；研究拟定宗教方面的地方性法规和规章，并组织实施。

（3）调查研究全省少数民族和民族地区经济、文化、教育、科技、体育、卫生等社会事务方面的情况及各种宗教情况，提出制定有关政策、措施的建议和意见。

（4）对政府系统宗教工作进行业务指导；组织接待宗教界的学习、参观、考察等事宜。

（5）团结宗教界人士，推动宗教界人士进行爱国主义、社会主义、拥护祖国统一和民族团结的自我教育，巩固和发展同宗教界的爱国统一战线，团结和动员广大信教群众为改革开放和经济建设服务。

（6）研究世界宗教发展情况，开展有关宗教的对外宣传工作；协调有关部门管理宗教方面的涉外事务。

（7）依法保护公民宗教信仰自由；保护宗教团体和宗教活动场所的合法权利，保护宗教教职人员履行正常的教务活动，保护信教群众正常的宗教活动；依法加强对宗教事务的管理，引导、促进宗教在法律、法规和政策范围内活动，防止和制止不法分子利用宗教进行非法、违法活动；配合

① 《中共中央办公厅关于转发中央统战部〈九十年代统一战线部门工作纲要〉的通知》，引自：《新时期统一战线文献选编（续编）》，网上资料来源：http://cpc.people.com.cn/GB/64184/64186/66703/4495576.html。

有关部门抵制境外宗教敌对势力的渗透活动。

（8）办理宗教团体所需由政府协助或协调的事务；帮助宗教团体培养、教育教职人员，办好宗教院校；协助有关部门和地区及时处理宗教方面的突发事件及影响社会稳定的重大问题。

（9）承办省政府交办的其他事项。

通过和辽宁省统战及宗教主管部门相关负责同志的座谈，我们发现，地方统战和宗教管理部门对辽宁省天主教的管理工作比较满意，其总体评价是天主教界的统战和宗教管理工作负荷较轻，天主教界对于党的统战工作和政府宗教管理工作比较配合，这主要表现在如下几个方面。

第一，辽宁教区最近两年来对党的宗教政策的宣传和把握比较积极到位，这一点可从辽宁教区网站的管理和内容上得到反映。辽宁教区的官方网站由主教亲自管理，网站内容更多的是一些信息、事实性报道或转载。

第二，辽宁天主教会的新老两代主教均对党和政府的宗教工作给予积极配合，奠定了辽宁省天主教统战、管理和监督部门的良好形势。上任主教金沛献在日常教务工作上与政府部门合作非常顺利，德高望重。目前辽宁教区的全体神父当中，只有两位不是经过他祝圣的。金主教为人坦诚，威望高，同时还担任中国天主教主教团副团长。

现任主教裴军民，则同时担任辽宁省和沈阳市天主教"两会"的领导职务，他虽然年轻，但在天主教会内部有着较高的威信，还被选举为辽宁省政协的常委。辽宁省宗教界的政协常委就两个，一个是天主教的裴主教，另一个是佛教界的一位长老。

第三，主教"选圣"工作交接顺利。2005 年，在当地统战和宗教管理部门的监督下，主教选圣工作得以积极展开。新任主教的选圣，采取民主选举方式，2006 年 1 月 12 日共 90 多人投票，其中，裴军民得票 80 张，以87%的绝对多数票当选，同年 5 月 7 日新主教裴军民获祝圣。2008 年 5 月 29 日，裴军民被祝圣为正权主教。

第四，辽宁省天主教"两会"领导班子建设得力。辽宁省天主教"两会"领导班子都很年轻，从省一级来看，其个人素质在各个宗教当中属于最高的，其中大多数成员具有留学经历，教会内部比较团结。在接受党的领导和政府宗教管理部门的监督方面,辽宁省天主教均能积极配合。

第五,教产落实情况较好。自20世纪80年代党的《关于我国社会主义时期宗教问题的基本观点和基本政策》下发之后,辽宁省的教产落实政策就得以稳健推行。进入21世纪之后,该项工作又大大地往前推进,尤其是2004年,辽宁省委、省政府发文督办,18项宗教教产得到落实,其中13项是天主教的教产。2006年,辽宁统战部正式发文给"天津市宗教房产开发公司",并派人前往天津,要求落实辽宁省1949年之前在天津置办的房产问题。同时,上海在城市改造过程中,就1949年之前辽宁省天主教会在上海购买的相关房产问题给予辽宁教区的沈阳、营口等堂口1800万元的补偿金。2005年,辽宁省歌舞团家属院所占1080平方米房舍被顺利还给了沈阳圣母圣心修女院。而在2001年沈阳小南教堂的改造工程当中,堂前住户全部迁走,同时,当地政府还投入重资改造了堂前广场,前后共计花费一亿多元。可以说,截至2010年,辽宁教区的大部分教产已得到落实。

第六,神职人员待遇问题纳入政府工作的视野。为了使爱国宗教人士享受到改革开放的成果,辽宁省政府正在开展给天主教神职人员上保险工作,相关政策已确实,但具体实施方式尚待落实。

第七,对于选派修生前往国外留学一事,辽宁省统战和宗教部门对此持开放态度,认为随着改革开放和社会进步的日益深化,只要留学本身合理合法,均表示支持。

(二)宗教管理与监督部门对自身工作的自我评价

虽然辽宁省统战和宗教管理部门对辽宁教区的管理工作及天主教界的配合给予了积极评价,但是,在具体的政策执行和工作开展当中,当地主管干部也毫不讳言宗教管理工作的挑战与困难,这些问题主要表现在如下几个方面。

1. 执行宗教政策的困难和宗教执法队伍的素质有待提高

一方面,现行宗教政策存在规范难的问题,地方宗教主管部门期待宗教政策能与社会管理同步,以便降低管理成本;另一方面,辽宁教区自身管理水平低,这就势必使地方宗教管理部门在开展具体工作时耗费更多的时间和精力，以便帮助其完善管理漏洞。

2. 教产落实仍存在遗留问题

经过多年的努力，辽宁教区的大部分房产虽然已经落实，但仍存在一些遗留问题。这些房产大多由于年代久远或城市改造的关系，在具体落实中存在一定的困难。

3. 社会养老保险有待解决

对于天主教神职人员的社会养老保险问题，全国至今未有统一的政策规定，这其中有些教区已经解决，而有些教区则迟至今日尚未解决。从东北地区来看，黑龙江省按照将天主教教区划入事业单位的方式来解决，统一在省里为神职人员上医保，一举解决了天主教神职人员的社会养老保险问题，社会反响良好。目前，辽宁省沈阳市正在积极筹划解决该市天主教神职人员的社会养老保险问题，但尚未具体落实。天主教神职人员和修女群体一直强调在物质和精神上服务别人，但其自身恰恰没有人来照顾，如此状况虽在其年轻时尚可维持，但随着年龄的增长，待其迈入老年之后，养老、疾病随之而来，那么，社会养老保险的制度性缺失势必成为一大棘手问题。

二 教会角度的政教关系

（一）对现行宗教法规的接受与落实情况

在辽宁教区的官方网站上，我们发现，在网站首页的"论坛"板块当中，就设置有"宗教相关政策法规"的宣传和讨论内容，其访问路径为："辽宁教区交流论坛→自由空间→宗教相关政策法规"，其中，有关各类"宗教政策法规"的帖子共计20个，内容从1980年7月16日国务院批转宗教事务局、国家建委等单位《关于落实宗教团体房产政策等问题的报告的通知》到2007年12月19日"胡锦涛在中共中央政治局第二次集体学习时强调全面贯彻党的宗教工作基本方针，积极主动做好新形势下宗教工作"，均有系统的体现，时间跨度长达27年；从法规类型来看，其内容多以落实宗教团体教产和宗教活动场所登记、管理为主，体现出辽宁教区对这些和教区利益攸关的政策法规尤为关注。

此外，辽宁教区神职人员、修女院和平信徒对福传工作的安排，严格按照现行宗教政策来进行，还严格区分传教和社会公益与服务活动之间的界限，这一点在两个修女院和辽宁省天主教社会服务中心的工作中体现得尤其明显。

（二）政教关系的重点与难点

一般而言，辽宁教区从主教府到各堂口的神职人员同各级统战部、宗教部门的联络特别频繁。

首先，目前辽宁教区各教会在同宗教主管部门的联系中，牵涉最多的还是教产落实问题。自1980年党和政府落实宗教教产的政策出台之后，基层教会每年都会通过地方政协委员的身份提交政府提案，希望落实宗教教产或满足基层教会开展宗教信仰活动的一些基本要求，这也是他们唯一表达其要求和愿望的参政渠道。

其次，每逢天主教的重大瞻礼日或教会举行大型活动时，辽宁省民宗委和统战部门的干部一般都会在四大瞻礼之前就防火、安全、人员的疏散等进行相应的指导和视察，并听取教会相应的部署报告；而在"朝圣"或祝圣新堂等大型活动当中，因信徒参与人数较多，省、市宗教局和统战部门的负责人也会前往现场，并负责协调省、区、市各政府部门，如公安、交警、安保等，以确保活动本身的合法和有序。

再次，在基层教会对宗教主管部门的反映和看法当中，上述部门在专业宗教管理知识和经验、执法人员方面存在不足或较缺乏，如有些宗教基层管理干部对宗教知识缺乏了解，因此在和基层教会神职人员和信徒的沟通与交往中，往往会产生不必要的摩擦和争执。

（三）平信徒对辽宁教区政教关系的评价

从笔者对辽宁天主教部门信徒的走访情况来看，一般的信徒希望现行宗教政策能够更开放一些，比如多一些本地教会对外交流的机会；此外，在宗教管理部门的实际执法当中，信徒们希望地方宗教管理工作氛围更为自由宽容。但总体而言，基层教会的信徒还是认为，同过去相比，现行宗教政策的进步很大，比如对信仰自由的强调。

第五节　社会处境及其困境：神职人员的
社会保障及社会服务的政策瓶颈

一　神职人员健康状况与社会保险问题

在笔者调研期间，我们发现，天主教会神职人员和修女群体的健康状况已越来越成为一个严重的问题。很多年富力强的神父甚至主教，历经长时间的神学院学习，在进入堂区或教区管理岗位不久，便因健康状况而病倒甚至去世，给各地方教会的教务和牧灵工作带来不可估量的损失，近几年最典型的例子当属 2011 年 4 月 30 日英年病逝的湖北省宜昌教区吕守旺主教。①

从对辽宁教区的调研结果来看，这一现象也显得相当严重。截至 2010 年，该教区因健康原因去世的年轻神父至少已达 3 位，年龄 30 岁到 40 多岁不等。另外，神父和修女当中患病的非常多，如糖尿病、高血压等，均不在少数，如接受我们采访的沈阳小南教堂本堂 Q 神父就患有多年的糖尿病。

造成目前这种神职人员和修女群体健康状况恶化的原因大概有如下几个方面。

（一）超负荷的教务管理和牧灵工作

辽宁教区现有 80 位神父，10 万名教友，平均每位神父要服务大约 1250 位教友，而且，上述 80 位神父当中，尚有半数无法直接服务教友，如有的神父出国留学，有的神父在教区从事行政工作，也有的神父在修院从事教

---

① 1966 年 2 月 26 日吕守旺主教生于一个老教友家庭，1985 年进入武汉修道院读神哲学，1991 年 5 月 19 日晋铎。做了一年的牧灵工作后，当时的吕神父被调到武汉地区修道院教授圣经学和基础神学。1999 年 8 月返回教区，很快被任命为副主教，主持教区行政工作。2002 年 1 月，被祝圣为宜昌教区助理主教，并获圣座批准，2007 年 11 月 30 日经政府允许后，获准正式晋牧。

学工作等。因此，从事具体牧灵工作的神父，即服务教友的神父，其工作量可谓超负荷。此外，这些神职人员也没有所谓的公休日或休息日，每天不分昼夜处于高压的工作状态之下，如为某些病危教友施行膏油礼等，常常半夜随时随地起身前往教友家中或医院，连正常的休息也难以保证。

此外，在基层教会，中国的神父大部分时间不得不单打独斗，具体而言，一个基层堂口的本堂神父需要管理的事务杂而多，这其中除了首要的牧灵工作，还往往涉及很多社会事务，如在落实政策、落实房产等方面同政府部门的交往和沟通等，无疑更增加了其原本不堪重负的工作量。

中国的主教、神父较之国外的主教神父而言往往更为亲民，在教区管理和牧灵工作中常常直接面对教友，而教友也希望凡事都向神父和主教征求意见，这也无形中增加了教区神职人员的工作内容。

一般而言，神职人员虽然有一年一度的避静，这是一种例行性的灵性更新，但也不失为一种身心放松的方式，跟定时定量、周期性的休息本身毕竟相差较远，因此也无法从根本上缓解教区神职人员和修女群体的精神和工作压力。

（二）教区神职人员和修女群体缺乏年度例行体检

截至2011年，辽宁教区的神职人员和修女群体没有年度例行体检，从省一级层面而言，之前进行过一到两次，但并没有形成制度或惯例，后来便不了了之。这方面，沈阳市做得比较好，每年都会在宗教局的安排下，由政府出资给沈阳市的神职人员进行免费体检。但此项工作在其他市县则并不普遍。而由教区和各基层堂区自身出资为神职人员和修女们施行体检的情况还比较少见，也缺乏这方面的应有意识。

（三）缺乏开展体育锻炼的条件，普遍或重视程度不够

无论是神职人员在神学院接受教育期间，还是晋铎后在堂区或教区从事教务管理及牧灵工作，体育锻炼在上述人群中从未得到过足够的重视，导致一般神学院的学生体能不佳，也使得其在晋铎和进入堂区从事牧灵服务后，缺乏足够的体能支撑。

因此，将体育锻炼纳入神学院 5 年教育的应有内容之中显得分外重要。但是，就目前神学院的办学条件而言，其自身缺乏足够的空间和硬件设施来满足修生们的体育活动要求，长此以往，也就造成了神学院学生们不好运动，并很可能将这一习惯带到堂区和教务的牧灵服务工作当中。

（四）神职人员和修女群体营养状况低下

辽宁教区神职人员和修女群体健康状况不佳的另外一个重要原因，还在于其伙食水平普遍偏低。具体来说，作为整个教区精神和行政领袖的主教，其本人的伙食费每月才 150 元；而沈阳圣母圣心会的修女们的伙食费则为每人每月 130 元，跟社会上的标准相比，这样的伙食水准无疑是较低的，就连沈阳市的低保标准也比上述人群高。

不过，针对神父们的生活补助已开始引起地方政府的关注，以营口为例，该市政府已拿出专项资金，针对该市神职人员和修女，给予每人每月 800 元的生活补助，虽然类似的尝试才刚刚开始，但是，相信随着人们日益关注神职人员和修女群体的生活状况，在不久的将来，各地政府针对宗教人士的生活补助是有可能得到一定程度的解决的。

二 天主教社会慈善公益组织注册的政策瓶颈

中国天主教公益事业的发展可以大致分为两个阶段，从 80 年代初到 1994 年为恢复和草创期，从 1994 年到今天为发展期。

这一划分的依据在于，1994 年 1 月 31 日，国务院颁布了两个管理宗教事务的重要行政法规：《宗教活动场所管理条例》和《中华人民共和国境内外国人宗教活动管理规定》。作为我国关于宗教事务管理上比较系统、详尽的第一部综合性行政法规，《宗教活动场所管理条例》的颁布标志着我国进入了依法管理宗教事务的新阶段。因此，以此为分水岭可以发现，1994 年，中国天主教会所开展的公益事业存在规模小、力度不大、参与人数有限、形式较为单一、组织管理方面制度化色彩较弱的特点，尚未建立一批服务机构和实体，对社会的整体影响也比较有限。

1994 年之后，随着《宗教活动场所管理条例》的颁布实施，国家宗教事务管理部门开始对包括天主教在内的各大宗教开始采取依法管理的工作模式，同时也为中国天主教会开展公益事业迈向制度化、组织化和体系化创造了条件。尤其是 1998 年"中国天主教经济开发和社会服务委员会"的成立，标志着中国天主教在开展慈善社会公益事业方面有了一个全国性的指导和协调机构。2004 年，"中国天主教经济开发和社会服务委员会"更名为"中国天主教社会服务委员会"。2005 年 7 月 14 日，中国天主教社会服务委员会向全国各基层教会发出了《关于广泛开展社会服务活动的倡议书》，号召"有条件的省（区、市）'两会'和教区，考虑建立专门的社会服务机构，负责组织协调本地区的社会服务活动，将各种活动逐步有序，把各种资源整合好、利用好，并主动争取政府及社会各界的支持帮助，力所能及地兴办一些公益事业……"①

除了作为全国性协调机构的中国天主教社会服务委员会之外，全国各基层教会还逐渐成立了 18 个教区性的社会服务组织机构，如 1997 年成立的北方进德天主教社会服务中心；2002 年成立的天主教西安教区社会服务中心；2004 年成立的辽宁省天主教社会服务中心——盛京仁爱等。上述机构已突破以往天主教开展慈善公益事业的模式，正日渐向高度组织化和机构化的宗教 NGO 方向发展。

改革开放以来，在中国社会公益事业快速发展的同时，一些有着信仰背景的非营利的公益事业组织也日渐脱颖而出，为中国社会平衡而健康的发展做出了积极贡献，成为构建和谐社会的一支不可或缺的重要力量。②

虽说宗教通过社会公益事业切入社会有各种各样的可能性，也存在着各种各样的问题，但是，许多有识之士认为：公益事业是宗教切入社会的最好的途径之一。③ 也有学者认为，宗教公益事业是构建和谐社会的有益方式。④ 事实上，随着社会需求的日益突出和慈善事业方面的落后状况，宗教

---

① 张士江：《从进德公益展望有信仰背景的公益事业的发展》，张士江、魏德东主编《中国宗教公益事业的回顾与展望》，宗教文化出版社，2008，第 6 页。

② 张士江：《从进德公益展望有信仰背景的公益事业的发展》，张士江、魏德东主编《中国宗教公益事业的回顾与展望》，宗教文化出版社，2008，第 2 页。

③ 李向平：《公益事业是宗教切入社会的最好途径之一》，《中国宗教》2007 年第 8 期。

④ 陈红星：《宗教公益事业是构建和谐社会的有益方式》，《中国宗教》2007 年第 8 期。

社会服务无疑有着相当广阔的前景,在此意义上,宗教类 NGO 作为近年来宗教在提供社会服务方面的崭新模式,其发挥的作用和影响越来越引起人们的重视。

前面提到,中国天主教各基层教会目前已成立了 18 个教区性的社会服务组织机构,这其中,北方进德天主教社会服务中心、辽宁省天主教社会服务中心和天主教西安教区社会服务中心为 3 个工作和服务特色比较突出的社会公益机构。"北方进德天主教社会服务中心"于 1998 年 8 月获得政府批准,为中国大陆首家天主教 NGO。2006 年 4 月 11 日,北方进德天主教社会服务中心在河北省民政厅注册更名为"河北进德公益事业服务中心",简称"进德公益"。[①] 2011 年 5 月 31 日,河北省民政厅正式为进德公益签发了"河北进德公益基金会"注册证书及机构代码证。经过多年努力,进德公益基金会终于注册成功。这既标志着进德公益踏上了一个新台阶,也标志着有着天主教会背景的社会公益机构深度参与社会、广泛开展国际交流成为可能。

与此相较,辽宁省天主教社会服务中心则远没有那么幸运,从 2004 年成立至今,辽宁省天主教社会服务中心一直未能正式注册,只能挂在教区里,以教区"两会"的名义,从事相关服务工作。早在 2007 年,辽宁省天主教社会服务中心就正式向辽宁省地方民政部门提出申请,但是,当地民政部门因对宗教类非营利机构的注册缺乏明确的、可遵循的配套政策而未能批准成立。

对于辽宁省天主教社会服务中心所从事的工作性质和服务内容,当地民政部门表示不仅了解,也非常认可,可以说,当前影响宗教类社会服务机构的唯一制约瓶颈就是没有相应的政策法规可以参照和遵循,因此,除佛教外,全国天主教非营利组织注册的很少,仅有两家,即进德公益和重庆的一家天主教服务机构。

按照现有的规定,有着天主教背景的社会服务机构在民政部门注册时存在主管机构模糊的现实障碍。比如,按照社会机构性质,其应该挂靠在

---

① 张士江:《进德公益的实践与启示》,《中国宗教》2007 年第 8 期,第 41 页。

宗教局下面，但是，根据开展服务工作的业务范围，则又不是宗教事务，而是一种带有慈善、公益性质的社会服务事业，如从事艾滋病服务等，这就决定其应该在卫生部门找一主管机构。总而言之，该机构在注册时所存在的业务性质及专管机构模糊等现象，是导致辽宁省天主教社会服务中心一直未能成功注册的具体技术原因。

辽宁省天主教社会服务中心无论是向着宗教 NGO 实体，还是非营利性的民间基金会发展，如果其注册难问题一直无法顺利解决的话，那么，势必阻碍其管理和运作的专业化、规范化和透明化，也最终难以发挥其服务社会慈善公益事业的作用和特长。

而这一现实挑战，也是目前普遍困扰我国宗教慈善组织的、日益突出的一个法规和管理空白。一方面，就组织制度建设而言，在我国现行政策法律框架下，宗教慈善组织还没有，也不能成立独立的法人机构，因此，就决定了其很难全面有效地开展各种社会公益性活动；另一方面，在宗教慈善基金和资金管理方面缺乏有效的管理机制和相应的监督机制，因此宗教经济管理领域，还缺乏相应的操作层面的制度保障。[①]

针对这一现状，可以说，类似辽宁省天主教社会服务中心的宗教慈善公益组织要想在注册上获得突破，则需要相关配套政策的及早出台，以便为有着天主教信仰背景的社会服务机构迈向政策许可、社会认同开辟建设性的道路，并最终在政府和市场之外，发挥其作为社会第三部门的积极作用与正面价值。

---

① 郑筱筠：《慈善公益事业：宗教进入社会公共领域的有效途径》，此文为作者参加 2011 年
10 月 20~22 日于泰山举办的"泰山综观：宗教与中国传统文化"学术座谈会上的发言稿。

第四章　当代宗教、现代性与社会构建

——以河北献县天主教会为例[*]

第一节　献县天主教历史发展概况

一　献县概况

献县位于河北省中南部，滏阳、滹沱河畔，距省会石家庄市 143 公里。献县总面积 1191 平方公里，耕地 107 万亩，下辖 18 个乡镇、一个国有农场、500 个行政村，总人口 60 万。献县北靠京津，南通中原，西接省会，东临渤海，地处"环京津、环渤海"大经济圈。

献县历史悠久，最早可溯源至夏商时期的冀州。明洪武八年（1375）始称献县，一直沿用至今。从抗日战争时期至 1960 年，献县行政区划多有更迭。1961 年起始有现在之建制。辖 18 个乡镇，500 个自然村。2002 年底总人口为 56 万。2018 年总人口为 66 万人。县境内生活着 20 多个民族，即汉族、回族、蒙古族、藏族、维吾尔族、苗族、彝族、壮族、布依族、满族、朝鲜族、侗族、瑶族、白族、土家族、哈尼族、傣族、黎族、傈僳族、佤族、拉祜族、纳西族、景颇族、土族、达斡尔族等。其中少数民族总人口 5841 人，其中回族人口 5136 人，设有本斋回族乡。县政府驻乐寿镇东门外大街。

二　献县各宗教历史及其现状

历史上，天主教、基督新教、佛教、道教、伊斯兰教等宗教都曾在献

---

* 本章依据 2012 年 10 月 29 日至 11 月 4 日在天主教河北献县教区的田野调查完成。

县传播并一度繁荣过，如今，除基督新教和道教之外，天主教、佛教、伊斯兰教在献县仍有较大的社会影响力，其中，天主教、伊斯兰教信众较多，宗教活动场所分布较为广泛，而佛教力量较弱，宗教场所数量稀少，但发展势头迅猛，有较大的传播和发展潜力。

三　献县天主教传播简史

据相关文献记载，天主教传入献县的历史最早可追溯至元朝方济各会士孟高维诺担任汉八里（今北京）总主教之时，据说，当时献县已有信奉天主教者，而且，天主教还在河间城建造了教堂，但是，随着元朝的灭亡，天主教传教事业也随之陷入中断。

1601 年，意大利耶稣会士利玛窦进京后，开始在北京周边地区传教，自此，住在北京的外国传教士轮流前往今河间、献县一带传教。利玛窦去世后，其后继者龙华民继续努力，献县地区信徒数目日渐增多①。从以上历史不难看出，献县地区的天主教团体无疑是中国最古老的天主教团体之一。

清咸丰六年（1856）5 月 30 日，罗马教廷传信部将北京教区划分为 3 个代牧区：直隶北境代牧区（主教座堂位于北京）、直隶西南代牧区（主教座堂位于正定）和直隶东南代牧区。前两个教区均由法国遣使会负责，而直隶东南代牧区则交由法国耶稣会负责，成为耶稣会在中国开辟的两大传教区之一（另一代牧区为以上海徐家汇为中心的江南代牧区）。直隶东南代牧区（*Vicariat Apostolique Du Tcheli-Sud-Est*）包括河间、大名、广平 3 府，冀、深 2 州，共辖 35 个县，面积 47157 平方公里，成立之初共有信徒9505 名，上海徐家汇耶稣会神学院院长郎怀仁（Adrien Languillat, S. J.）被祝圣为该区主教。② 1857 年 3 月 22 日，郎主教在保定乡间由北京教区孟振生（Joseph Martial Mouly, C. M.）主教秘密祝圣。

代牧区成立后，总堂设在威县赵庄，由于遭受两次盗寇袭击，1861 年

---

① 陈义编著《献县教区简史》，天主教沧州（献县）教区，2000，第 1 页。

② 天主教献县教区编《献县教区——我们共同的家》（内部资料），天主教献县教区，2003，第 1 页。

10 月，总堂迁至献县张庄，并开始建造可容纳 2000 余人的哥特式建筑——献县张庄耶稣圣心主教座堂，至 1866 年 3 月 28 日落成。主教座堂建成之前的 1865 年，由于来访的江南代牧区年文思代牧（Andre Borgniet, S. J.）染霍乱身亡，郎怀仁主教调任江南代牧区，第 2 任主教为杜巴尔（Eduard Dubar, S. J.）。1878 年，杜主教在华北五省大饥荒期间染疫病身亡。当时教友增至 26023 人。1880 年，步天衢（Henri-Joseph Bulté, S. J.）被任命为直隶东南代牧区主教，1900 年，教区共有圣堂 674 座，教友 50575 人。

直隶东南代牧区在马泽轩（Henri Magnet, S. J.）主教任职期间（1901~1918）获得较大发展，其时，信徒人数迅速增加，突破 10 万人大关。刘钦明（Henri Lecroart, S. J.）主教任职期间（1919~1936），教务亦呈现蒸蒸日上的态势。1923 年，直隶东南代牧区在天津马场道创办了天津工商学院，为天主教在华创办的第二所高等院校。1924 年 12 月 3 日，直隶东南代牧区根据主教座堂所在地更名为献县代牧区，辖四个总铎区：第一区辖河间府北部地区及神州；第二区辖河间府南部及冀州；第三区辖广平府西部地区；第四区辖大明府及广平东部地区。

这一时期，主教座堂占地 700 余亩，有 6 座圣堂，14 座楼房，平房数百间，总计有房舍 1300 间，还建有花园、鱼池、运动场等，驻堂人员达 1200 人（不包含学生）。总堂机构分东、西两大院。东大院系男性机构，有主教府、大修院、耶稣会院、初学院、文学院、哲学院、小修院和慕华中学。西大院系女性机构，有若瑟医院、4 个女修会（加拿大宝血会、法国拯亡会、国籍炼灵主母会、献堂会）及女校和育婴堂。总堂内还有不少工厂、作坊，有发电房、制药厂、木器厂、白铁厂、酿酒厂、绣花房、洗衣房等。1874 年献县印书馆成立，其在中外宗教界、学术界享有盛誉。

由于献县代牧区教务发展迅速，教区覆盖面积巨大，信徒人数众多，罗马教廷遂自其中逐渐划分出多个传教区。

首先，1929 年 5 月 13 日，罗马教廷应刘钦明主教之请求，将献县代牧区第三总铎区划分为"永年代牧区"。辖 10 县，信徒 39084 名，并委任中国籍神职班管理，首任主教为崔守恂。

其次，1936 年 3 月 29 日，教宗又将献县代牧区第四总铎区划分为"大名监牧区",下辖 6 县,信徒 37000 名,委托匈牙利耶稣会管理,首任监牧为查宗夏(Nicola Szarvas,S. J.)主教。

再次,1939 年 4 月 27 日,罗马教廷又自献县代牧区划分出"景县监牧区",其版图为原献县代牧区第二总铎区,下辖 12 县,信徒约 3 万人,首任监牧为凌安澜(Leopoldo Brellinger,S. J.)。[①]

1937 年 12 月 2 日,教宗任命赵振声为献县代牧区首任国籍主教,1938年 3 月 27 日祝圣。其时,因抗日战争爆发,时局动荡,赵主教遂将大修院、女修会迁往河间城。自献县代牧区划出永年、大名、景县传教区之后,其管理范围缩小至 9 县,有信徒 61464 名,神父 84 人,修士 67 人,总堂驻堂人员达 1200 人。

抗日战争期间,献县代牧区遭受了巨大的磨难,其中最骇人听闻的则数 1939 年和 1941 年的两次重大迫害。1939 年 7 月 15 日,教区设在河间的大修院有 24 名师生被日军认定为私通八路军而遭活埋。其次,1941 年 9 月8 日,献县代牧区云台山墓地附近有 3 名亲日分子被杀,致使神父、修士、贞女等 19 人被日军枪挑、活埋。

1946 年 4 月 11 日,罗马圣座在中国实行圣统制,献县代牧区遂正式更名为献县教区。

献县教区在出版、教育、学术等方面曾经有过很高的成就,影响深远。献县印书馆出版包括经文、教义、教史、语文、历史、政治、社会等方面的著作或译著,具有较高学术水平,在中外宗教界、学术界享有很高声誉。据 1951 年统计,印书馆存有 1941 年前出版的各种图书共 211223 册。其中德日进、桑志华、戴遂良、顾塞芬等传教士的著作学术价值极高,德日进神父于 1929 年曾参加周口店"北京猿人"的挖掘工作,为中国考古事业做出了很大贡献,其著述超过 1200 种,被学术界公认为 20 世纪新托马斯主义的主要代表人物之一。上述传教士的主要著述计有:德日进的《中国史前时代》、《化石人——最近的发掘和现存的问题》、《中国的新石器时代》

[①] 以上历史变迁参见天主教献县教区编《献县教区——我们共同的家》(内部资料),天主教献县教区,2003,第 4~5 页。

（与桑志华合著）；桑志华的《二十二年在中国北方考察报告（1914－1935）》；戴遂良的《中国哲学语录》、《大众教义》、《佛的汉文传记》和《道家先贤》；顾塞芬的《中华拉丁法语大字典》、《春秋》（拉丁文译本）等。中国神父的重要著译有萧若瑟神父所译的《崇修引》《新经全集》，所著的《圣教史略》《天主教传行中国考》《要理条解》；刘斌神父所著的《默想全书》《退思录》《真教理证》；李西满神父所译的《师主篇》，所著的《退省神工》等，均在教会内外广为流传。

献县教区创办的知名教育机构以慕华中学和天津工商学院最为突出。慕华中学，又名"张庄公学"或"圣母公学"，创办于1876年，1937年经省教育厅批准，正式立名为"慕华中学"，曾名重一时。1942年，因抗日战事慕华中学停办。天津工商学院，为今保定河北大学前身，1921年8月由耶稣会士于溥泽负责兴建，教会内部称"耶稣圣心大学"，分工商两科，专为培养技术和商业人才，以利玛窦、南怀仁等前辈传教士为楷模，实事求是，崇尚科学。位于天津工商学院内的北疆博物院，于1922年由桑志华神父创立，为当时享誉国际的大学博物院，1923年5月，巴黎大学生物学博士德日进神父应桑志华神父之邀来华，他们共同主持北疆博物院。1957年，北疆博物院改名为天津自然博物馆。

四 献县教区现状

1949年，中华人民共和国成立后，献县教区主教座堂4/5的房舍被当地政府设立的医院、中学、粮库等机构占用。1955年，东大院被人民委员会和中学相继占用。1956年，县卫生院改名献县人民医院，又占用了整个西大院。

1979年圣诞节，教区大部分神父连续举行多台露天弥撒，大批教友从几十里甚至上百里外连夜赶来，每天成群结队地跟着神父，不停地参与弥撒。当时献县教区有5万名信徒。

1980年献县教区恢复，有神父21位，修士2位，修女17位，信徒5万人。1981年10月22日，河北省天主教代表会议召开，会议决定按行政区划重新划分教区，献县教区遂改为"沧州教区"，下辖一市14县，其中包括原景县教区的吴桥、东光两县，原天津教区的沧州、南皮等六县，而原献县教区的深县、武强、饶阳、安平四县则划归景县（衡水）教区管辖。

1981 年 3 月 17 日，河北省天主教爱国会在石家庄召开了有关赵振声主教及另外两位神父朱光、张金山的追悼、平反会，4 月 3 日，赵振声主教及上述两位神父的遗骸被移至献县云台山教士墓重新安葬。① 12 月 25 日，张庄小教堂开放，弥撒从午夜零时开始，有 4500 人参礼。此后，教区陆续修复教堂百余座。

自 1980 年献县教区恢复宗教活动至今，共"自选自圣"了三位主教，分别是刘定汉主教、侯经文主教和李连贵主教。

主教座堂耶稣圣心堂（也叫张庄总堂）迄今已有 140 余年的历史，其原始建筑历尽沧桑，虽有部分损坏，但基本保持了原有的风貌。1993 年被河北省人民政府确定为重点文物保护单位，由于院内原主教堂于"文化大革命"后期被拆毁，经有关部门批准，于 2000 年开始，在原址新建哥特式大教堂一座，建筑面积 1000 平方米，堂高 46 米，堂前广场 4900 平方米。2003 年 10 月 1 日完工，并举行祝圣典礼。2006 年，堂内举行了教区成立 150 周年庆典活动。

1999 年 11 月，李连贵神父被公推为教区主教候选人，2000 年 3 月 20 日，在献县总堂由刘定汉主教主礼、景县范文兴主教和陈锡禄主教襄礼祝圣为主教，时年 36 岁，为中国最年轻的主教之一。目前，整个沧州（献县）教区共有神父 128 位，修女 300 多位，其中沧州地区有 65000 名信徒，献县信徒 14000~16000 人，附近的泊头有 8000 名，河间有 20000 名。

第二节　献县天主教所面临的现代化转型及其挑战

面对市场经济和社会转型的冲击，天主教会在教会建设、福传、慈善事业开展等诸多方面都面临着挑战和困境。

---

① 泉水：《献县教区第一任华籍主教赵振声的简史》，《中国天主教》1990 年第 3 期，第 65 页。

一 现实困境与挑战

（一）宗教教产落实问题

自1980年代教会恢复正常信仰活动以来，教产的落实与归还一直是天主教会不得不长久应对的一个重大而棘手的问题。1981年，河北省宗教部门和沧州地区宗教部门对原献县教区所属房产情况，联合进行了专题调查后得出初步结论。

1. 教区所属房产情况

献县总堂：1958年献县总堂（包括东堂和西堂）共有房屋1202间。1958年以前，献县境内天主教房产及出租情况：普济医院（政府与教会合办）占西堂房屋461间；1956年粮库租房34间；此外还有借给农业社、小学和群众的40余间和自用房254间。

云台山：原有土地215亩，内含耕地150亩，房间71间，1946年起，均由国营献县农场使用。

天津：教会有房产20余处，挂在崇德堂名下计有2941间。

北京：有房产两处：石虎胡同1号199间，占地27.58亩；石虎胡同8号27间，占地1.07亩；此外，广安门、北线阁等处亦有教会房产。

河间：房屋188间。

泊镇：原有教会房屋26间，1956年与献县总堂和献县教区的其他教产一起被献给了国家。

2. 教产归还情况

1979年、1994年、1996年，当地政府退还献县总堂东大院部分房产，1997年退还西大院原宝血会楼房一处。

泊镇旧天主堂房产异地置换为龙屯一处洼地，后建教堂一座。

北京宣武区北线阁20号43间房产，1994年置换为南苑西小区东里4楼房屋9间。

北京石虎胡同1号部分房屋172间，1996年发给房屋产权所有证，但房屋仍由租户使用，教会收取租金。

目前，鉴于部分教产已被政府所修道路等公共基础设施占用，另有部分为租户居住，收回、归还难度很大。被政府占用的部分，政府还没有一个明确的方案。租户居住的部分，租户要求教会给予补偿，而教会拿不出这笔钱。还有些地产，土地属于教会，而房子则由占有者私建，其归还问题牵涉的就更为复杂，归还难度无疑更大。

教产归还的难度，主要在于教产归还与落实问题无法诉诸法律，只能求助于国家相关政策的落实，而目前国家的宗教政策还带有 50 年代的烙印，相对滞后。无从诉诸法律，教会则面临"打不起官司告不起状"和无人受理的尴尬境况，而被动期待国家政策的落实也面临着相当大的困难。政策的落实往往具有很强的伸缩度和不确定性；此外，当教会希望政府出面，协调三方解决问题时，由于教会、租户考虑的出发点不同，都抱观望等待的心理，问题之不易解决可想而知。

从政府角度来说，出于现代化、城市化迅猛进程中市政工程建设的需要，它们往往不得不继续占用或征用原本尚未完全解决的教会教产问题，如献县道路改造工程，就曾占用了天主教的许多教产，而教会方面多能积极配合。宗教主管部门认为其在落实教会教产方面力度很大：县政府在落实政策这方面做得也很好，对占用的教产，该退回的也退回，如县一中等，也都退还给天主教会了。

结合教会、政府官员双方的表述，不难看出，这一问题绝非短期内能够解决，在现有的宗教政策框架内，也难以出现变化。

（二）信徒增长缓慢

随着国家宗教自由政策的日益深入人心，社会气氛的日趋宽松包容，以及社会空间的日益开放，天主教在福传方面却似乎显得乏善可陈，尤其与基督新教相比，这一反差就显得尤为明显。

天主教信徒基本上表现出自然增长态势，即信徒家庭世代相传，血缘继承，通过福传而皈依的新信徒很少。就宗教政策而言，国家对于各宗教的传播也有明确的限制，即不得在宗教活动场所之外进行福传。

受上述条件的制约和影响，献县教区天主教信徒数量几乎没有大的增长，个别地方甚至还出现滑坡现象，其直接的影响就是圣召人数的日益减少。前几年设在张庄主教座堂院内的备修院都没有招上生，2012 年情况有所好转，有十余名新生。现在，整个备修院仅有 20 名学生，均为初中学历，在这里学习 4 年后，就可以去河北神哲学院或全国神哲学院深造。

（三）市场经济对信徒牧灵培育的冲击和挑战

信徒的牧灵培育向来是教会的核心工作。然而，在献县，市场经济催生下的新的"读书无用论"对天主教信徒的孩子也有一定的冲击和影响。此外，信徒当中还普遍持有一种顾虑，即担心接受教育越多，下一代的信仰遭受腐蚀和损害的概率就越大。

此外，教会的培育跟不上，不少信徒子女选择上私立学校，这恐怕与教会接触较少有关系。

在改革开放初期，家庭世代相传的继承性信仰对于新老两代信徒的信仰维系仍起着很强的作用，但现如今，随着经济、社会的发展，人员的流动性增强，年轻人普遍外出打工，这种传统的信仰模式似乎就显得难以为继。

由于村子里的年轻人多外出打工，前往教堂做弥撒的信徒多为妇女、老人。即便是在本地打工的年轻信徒，由于有些从事的工种劳动强度非常大，如当地某机床厂的工人们每天工作 16 个小时，这样，让他们参加早间弥撒就显得不太现实。

应该说，随着社会的快速变迁与发展，信徒的生活模式与教会的牧养模式势必都要发生改变，而如何把信仰落实到生活当中，如何有效牧养外出打工人员，如何保证他们的灵性生命，如何带领与照看留守的老人与孩子，对教会的牧灵培育来讲，都将是一个全新而不容回避的挑战。

（四）宗教慈善与社会服务

医疗保健和社会服务既是国计民生的重要组成部分，也是天主教会慈善事业的重要组成部分，在一百四十多年的教区历史中，沧州（献县）教区一直将医疗保健、社会服务事业作为教区社会服务必不可少的组成部分，并在极为艰苦的条件下，先后建起多座医院、诊所、残婴院、养老院。据统计，1856~1966 年，教区共创建有若瑟医院一座，在北京、天津及小郭庄、淮镇、十五级乡等地建有诊所 10 个，免费施药所 27 处。改革开放后，从 1980 年到 2003 年，教区又在各地建起诊所 20 个，其中大型诊所有 3 个，分别是：任丘市的"联合诊所"、献县的"东双坦诊所"及乐寿镇周庄村的"康乐诊所"。

任丘"联合诊所"位于任丘市北环老京开道口南 100 米处，占地面积 3500 平方米，有医护人员 30 多名，大部分为修女和贞女。诊所以眼科为主，又称眼科医院，此外，还设有儿科、内科、中医科、按摩室、放射室、化验室、B 超室等科室，并且成为融门诊楼、住院部、宿舍楼、餐饮楼于一体的大型诊所，远近闻名，广受赞誉。

"东双坦诊所"现为教区的三大诊所之一，位于献县正东 30 里，沧石路北约 3 里处。由原籍献县的中国台湾新竹教区刘献堂主教于 1992 年回家乡出资创办，占地面积 5400 平方米。自 1997 年开业以来，"东双坦诊所"已由原来的三人门诊发展成为一座大型综合性诊所。现有医护人员 23 名，其中修女 19 名，设有内科、儿科、口腔科、耳鼻喉科、化验室、放射室、彩超室等科室。"东双坦诊所"以其博爱的精神、真诚的服务，越来越受到当地民众的欢迎和信赖。

教区三大诊所之一的"康乐诊所"，位于献县西北乐寿镇周庄村内，占地面积 1520 平方米。由刘良善神父于 1992 年筹资创办。诊所现有医护人员 13 名，设有内科、眼科、放射科、化验科及心电图室等科室，并配有相应的医疗设备。随着医疗水平和服务质量的提高，诊所渐渐成了病患者获得健康和快乐的地方。①

除开办面向大众的诊所外，教区还创办了多家养老院、孤儿院，并为麻风病人、艾滋病人，以及其他特定人群提供服务。

---

① 上述慈善事业的相关资料参见献县教区网站：http://www.xianxiancc.org/showart.asp？id = 230。

（五）献县天主教会在开展慈善和社会服务方面的挑战

一是政府肯定天主教在社会服务中的积极作用，但缺乏相应的配套政策和实施渠道，这势必导致地方政府及其主管宗教干部不愿过多插手教会在该领域的工作，怕惹麻烦。

二是由于缺乏政府相关的政策支持，教区在兴办上述慈善及社会服务事业时，其方式往往比较低调，既不能公开宣传自己，公然向社会层面谋求资助，同时也难以得到政府和社会在更大范围内的支持。如沧州（献县）教区目前正在兴建二期工程，投资 508 万元，由于较难获得政府及社会方面的捐款，尚有 168 万元工程款没有落实。圣若瑟养老院二期工程，计划容纳 150 人，服务面向社会。地方政府虽然提出支持，但没有落实补贴。该院收养老人原则上是免费的，并将之纳入医保范围。除专业护理人员需要一些费用外，其余服务人员均系义工。目前，信徒们也力所能及地提供部分资助。

二 自身调适与应对

（一）针对外出务工教友的牧灵辅导

对于外出创业与打工的信徒，献县教区出台了相应牧灵措施并付诸实践。从 2010 年开始，教区组织移民信仰团。教区选派神父到本县外地打工相对集中的地区和城市组织信仰团体，成立相关组织机构，设立会长，每个团体由会长负责管理，再交给当地教会进行信仰培育，参与所在地教会的信仰活动。现在献县教区已在外组织 50 个移民信仰团体，其中以北京、天津居多，最远可辐射到海南。移民信仰团体中，天津有 600 多名信徒，分4 个小组，大约每月聚会一次。由会长担任负责人联系当地教会进行聚会，也有小组选择在打工的工厂里组织聚会。此外，秦皇岛有 100 多名信徒，沈阳有 300 多名信徒。上海、石家庄、西安、内蒙古等地的移民信仰团体也都组织有序。据信徒反映，这样的移民团体对于他们的信仰培育很有帮助。此外，教区还充分利用春节期间打工信徒回家省亲的机会，给他们办培训班，以坚振他们的信仰。当然，这些信徒移民团体的健康发展，除了献县教区自身的主动作为，还有赖于移民团体所在地区教会的大力支持和热情接纳。

（二）神职人员的培训

献县教区非常重视对神职人员的培训。现在，已经有十余位神父有出国留学经历或尚在外留学，出国目的地为菲律宾、德国、美国、法国、意大利、奥地利等国。出国留学者中，现有博士 1 名，在读博士生 3 名；其中，还有一位修女戎丽娜获得了《圣经》研究方面的博士学位，回国后任教于河北省神哲学院。

除了选派神职人员、修女赴外留学、深造，教区还设立了灵修年制度，神父和修生有一年的时间在一起灵修，由灵性成熟的神父来带领与教导他们。在与参加灵修年的神父的交谈中，笔者了解到，神父和修生们对外界持较为开放的态度，这一点可以从他们学习教材、聘请的教师、特邀讲座嘉宾等一窥端倪。他们的主要教材有《灵修陪伴》《身心整合》等，但也为修生们提供一些天主教以外的书籍，包括马歇尔·卢森堡的《爱的语言——非暴力沟通》，甚至还邀请过一位佛教居士前来讲课交流。修生们认为，这些书提供了一些人际沟通的方法与技巧，也会带来一些新的知识与信息，且对自己深层的灵性修养，不会造成冲击。

（三）鼓励平信徒传福音

过去，天主教不大注重与鼓励平信徒的福传活动，献县教区也一样，不过，近年来，这一状况有了较大改变。各堂区都出现了一些传福音小组。2004 年，李光启神父发动教友福传，他自己也穿梭往来于各个村子，深入基层搞福传活动。在 2006 年的一次座谈会上，李光启神父讲到了他们福传的经验。我们在福传中主要采取了四种做法：第一，抓好信徒中的领头人物，也就是抓好会长，和会长齐心合力搞福传；第二，抓好堂区内男女信徒中的骨干分子，根据他们各自的特点，布置他们做适合自己情况的一些福传工作；第三，利用"避静"，多学习一些福传方面的知识；第四，在礼仪和教友的祈祷方面，融入一些《圣经》学习、教唱圣歌的内容。李连贵主教也表示：我们要抓住教区成立 150 周年这个大好机会，在教区内进行大规模的福传活动。他还补充说，献县的政府和领导也希望他们天主教能为献县的经济建设贡献力量，把教会的事情办好，干出些事情来。现在一些堂口已经在福传这方面行动起来了，他们不但要保护好下面的福传积极性，同时还要引导好，拿出些行之有效的办法来，使献县的福传工作有一个良好的局面。[①]

2009 年 7 月 17 日上午，范圪垯福传小组利用这个时间，在教友家里学习教会知识、歌曲，更好地为福传做准备，让更多的人认识耶稣，成为天主所喜悦的儿女，彰显天主的大爱。范圪垯福传小组常常利用农闲时间，到周围的村子里传播福音，受到许多教外朋友的欢迎。2009 年 11 月 28 日至 29 日，张庄堂区在副主任司铎葛广利神父的组织带领下也举办了为期两天的传道员培训班。

2012 年，献县教区福传工作借着信德年进入了一个新阶段。罗马教宗本笃十六世钦定 2012 年 10 月 11 日至 2013 年 11 月 24 日（普世君王节）为"信德年"，呼吁所有的天主的神圣子民们在信德年反省自己的信仰、深化自己的信仰，以便在信仰沙漠化的当今社会中见证信仰、宣传信仰。献县教区立即予以响应。2012 年 9 月 21 日圣玛窦宗徒瞻礼日，李连贵主教发表牧函《主，请增加我们的信德》，号召信徒通过三个方面的努力来善度信德年：一是要做一个天主圣言的聆听者；二是要做一个圣言的答复者；三是要做一个圣言的宣认者。

2012 年 10 月 15 日到 27 日，献县教区分别在河间市天主堂与献县总堂举办了福传员培训班，学员们先后学习了教宗的通谕《信德之门》（*Porta Fidei*）、教区主教牧函《主，请增加我们的信德》以及"梵二"文献中的《教会宪章》（*Lumen Gentium*）和《教友传教法令》（*Constitutio Dogmatica De Ecclesia*），并且还利用一天的时间，学习了中国社会及教会的现状。在培训班的最后一天，神父组织传道员们去街头福传，虽然每位学员在街上

---

① 引自 http://home.51.com/shipanshi/diary/item/10037713.html。

所遇到的情况不一样，有的学员甚至遭到了不礼貌的回应，但是回来时脸上依然带着灿烂的微笑。福传班即将结束时，全体学员向教区每位传道员发起了倡议书，号召全体传道员包括所有教友们行动起来，广传福音。

与此同时，献县教区针对平信徒的培训也迈出了第一步。2012年7月5日下午3点钟，献县大张庄堂区"教友圣经学习班"开学典礼拉开了帷幕。本堂神父和应邀授课的神父及近30名中青年教友参加了这次典礼。这班学员为堂区内中青年教友，授课人是本堂葛广利神父及原河北神学院资深圣经教授唐振福神父等，教学计划初步定为一年课程，以导论形式介绍包含新、旧约在内的整部《圣经》。本班纪律严格、教学认真，并有定期考核制度，预计为学习期满并考试合格的学生授予由主教及本堂神父联合颁发的毕业证书。

这个班为献县教区第一个长期地、有系统地为教友们开办的《圣经》学习班，以培养信徒研读《圣经》的骨干力量，以便学成后组织和协助堂区开展教友团体的《圣经》分享等活动。这次《圣经》学习班的开办，顺应了教会"梵二"大公会议的精神和教友们渴望研读《圣经》的愿望，对教区推动教友研读《圣经》具有重大意义。

近年来，新领洗的信徒在整个献县教区达到了2000人。这些人有的是因为联姻关系而进入教会，也有的是通过福传而皈依了天主教。他们原本的信仰包括佛、道教或民间信仰，也有个别穆斯林。

第三节 献县天主教会对当代社会的参与与互动

宗教对当代社会的参与与互动，一般而言包括如何（积极或消极）应对社会问题及其变化和发展趋势等，如何进入现代社会的公共领域，如何对以国家和市场为主导的两大社会系统进行道德干预等内容。其主要表现形态为宗教慈善与社会服务事业，教宗教职人员与信徒对社会的道德伦理建设的介入，教界与非信仰群体及其他信仰群体之间的交流与互动，对市场社会和市场行为的反应和应对，对宗教经济的发展和处理，以及政教关系等。

献县教区在参与当代社会方面既注重延续自身传统，又根据时代需要，以各种方式参与当代社会，服务大众，提升社会风气。

一　天主教会的慈善和社会服务事业

慈善服务事业一直是天主教的长项，献县教区也不例外。1862 年 7 月，献县霍乱流行，法籍吉玉隆修士遂开办药房，接待病人。1930 年，费道隐神父在张庄总堂开办小型医院圣若瑟医院，周围一二百里的病人纷纷前来就诊。1949 年，张庄总堂与冀中行署卫生局以若瑟医院为基础合办普济医院，医护人员总数达到 200 余人。1956 年 10 月 31 日，普济医院改为献县人民医院，由县政府代管。除圣若瑟医院外，献县教区在小郭庄、淮镇乃至北京、天津等地先后开办有诊所，1948 年至 1958 年，这些诊所先后被当地政府接管。

1984 年，贾书善、贾书元神父率先在任丘开办新华路圣心医院，1985 年，改为仁光联合诊所。随后，各堂区的诊所相继设立，截至 2000 年，全教区教会开办的大小诊所共计 20 处。较大型的诊所共有三个：任丘“联合诊所”、“东双坦诊所”和“康乐诊所”。

除诊所外，献县教区还开办了老人院和残婴院。1990 年在河间范家圪垯建敬老院一座。1998 年迁至老庄子。1990 年，信徒王平安在河间市卧佛堂镇小店建“平安养老院”。1993 年，路德庄敬老院开始兴建，到 1997 年建成，占地面积 70 亩，植有大片果树，环境优美。服务人员为修女院望会生。

在慈善社会服务方面，尤其值得一提的是郝圣花贞女。1993 年 12 月 15 日，郝圣花贞女创办了任丘残婴院，该院靠近尹村，占地面积 12 亩，至今已经收养 114 名残障弃婴。弃婴中有三分之二患有脑瘫，只能像植物人一样躺在床上，不能动弹。于是，负责看护的修女和贞女除了承担喂饭、擦洗等工作之外，还要为他们做康复训练。每人每天一次，每次一个小时，此外，还配合以简单的日常用语，矫正他们的发音，使他们掌握基本的语言能力。在修女与贞女长年累月的照顾与帮助下，有个别弃婴恢复得较好，重新融入了社会。

2009 年 8 月 18 日，郝圣花又在献县西双坦建成了一所敬老院。教区李连贵主教亲临并且主持了弥撒圣祭，数十位神父和敬老院赞助者以及各地信徒到场表示祝贺。这个敬老院原来是一所废弃的学校，占地 24 亩，但房屋破败不堪，院内杂草丛生。现在，这里窗明几净，鸟语花香。住院的 60 多位老人精神状态良好，乐在其中。这里收养的以无儿无女的孤寡老人为主，其中三分之一为教友，三分之二为教外人士。敬老院对外免费。有部分教外老人，在居住多年之后，因受感动而归信天主教。如 79 岁的李广夫老人就是因感动而归信的。

残婴院和敬老院的开支主要靠信徒捐助。在这里服务的有 7 名贞女和两名专业护理人员。每逢节假日，经常有信徒和社会上爱心人士来看望他们，并给他们带来礼物，演出节目，给他们的生活增添色彩。

二　修女群体的社会服务工作

献县教区圣望修女会以自己独特的方式服务教会，参与社会。她们有祭衣工作室，自开堂以来就致力于教会圣服的自主研发与制作。经过二十余年不懈努力和经验探索，拥有一批专业的工作团队，并且开创自己的独特品牌。该工作室现主要经营天主教圣服，如祭衣、祭披、肩衣、嘎巴、主教礼帽、大白衣、各式领带、唱经服、读经服、辅祭服、抱花蜡祭服、神职长袍大礼服、罗马衫、主日学校服、天使服、礼服等主内圣服，也承接各修会修女会衣的设计及制作。随着规模的不断扩大，圣望修女会现制作并销售：蒙殓、全套寿衣、祭台布、手工艺床单、被罩、桌布、各种礼仪专用蜡烛及大瞻礼、节日专用饰品等。她们制作的祭衣不仅供应本教区的需要，还远销其他教区。

此外，修女们还创作壁画，制作雕塑，造型精美逼真，庄严素朴，广泛适用于各教堂的装饰与圣事礼仪，受到人们的称赞与喜爱。

三　教会的善会群体

献县教区现有多个善会，著名的如亚纳会、马利亚会、德勒撒会等。上述善会除在教会服务外，也开展一些面向社会的服务活动。任丘亚纳会成立于 2000 年，现有会员 40 名，在堂区服务，并定期到河间小店平安养老院做义工；肃宁葛庄亚纳会成立于 2002 年。几乎百分之九十的女信徒是善会成员，她们是教会的主要服务力量，服务工作包括圣堂打扫、清洗，圣堂用品的修补、装饰，儿童培育，照顾老人，传播福音等。

四　制度化的尝试——基金会

2012 年 7 月 14 日献县教区献爱基金会第一届理事会在教区主教公署召开，献爱基金会宣告正式成立。会议议决并通过了《天主教沧州（献县）教区献爱基金会章程》，拟定了基金会服务的三个主要目标：教育、济困和新教友福传。献爱基金会旨在秉承基督博爱的精神"以仁为本，服务社会，奉献爱心，见证信仰"，努力为教区的福传事业和社会的发展贡献力量。献爱基金会筹集了 40 万元，主要帮助贫困和有病的人，服务对象无教内教外之分，凡有困难者皆可帮助。该基金会第一笔款项用于帮助一位教外人士。

五　鼓励教友创业和回馈社会

献县教区鼓励信徒开拓事业，创造财富，服务社会，奉献爱心，教区也出现了一些具有一定经济实力的信徒实业家。如河北兴林集团公司，由郝村许氏五兄弟于 1986 年创立，属河北省百强企业，享有自营进出口权，是目前国内模具行业中最大的民营企业之一。产品不仅销售全国各地，还出口到美国、日本、泰国等国家。此外，他们也积极支持教会的各种慈善与公益事业。除了河北兴林集团公司，河北群明电缆有限公司、任丘市松岛电缆厂、任丘市八方电子集团等也都是实力雄厚、声誉良好的由信徒创办的企业。而上述企业的法人代表李恩山、孙记章等都是乐善好施、慷慨大方的实业家信徒代表。

六　注重发挥海外神职人员的力量

献县教区还善于发掘与利用献县籍海外神职人员的力量为家乡教会和民众服务。献县教区共有 40 多位海外神父，他们在国外四处求援募捐，想方设法改善家乡父老的生活。

据不完全统计，他们先后为家乡打井 30 口并铺设管道；独资捐建小学校约 7 所；建成青少年活动中心 2 座；捐建幼儿园 4 所；修缮柏油路和街道约 7 条；建成大小诊所 4 个；其他如帮助贫困人士，捐助学生等更是不计其数。他们通过种种善举，向人证明：天主教会不仅关心来世，也关心现世；不仅救赎人灵，也关怀世间的疾苦。

七 注重信徒健康婚恋观的培养

献县教区利用自身优势来关心与引领信徒生活的方方面面。对于已婚信徒，他们有夫妇恳谈会。2012 年 8 月 24 日至 26 日，在献县教区露德庄避静院，献县教区举办首期夫妇恳谈会，为期三天；特邀请沈阳北堂陈仲权、王秉选夫妇，石家庄北堂王伟、白洁夫妇和陈国防、张彩洽夫妇及宋虎斌神父共同指导带领，有十四对夫妇及教区婚姻家庭委员会金春路等两位神父、四位修女全程参与，管家团队由范圪垯堂区孙文正神父及四队夫妇组成。在分享中，大家踊跃发言：以前总是看到对方的缺点，现在感觉自己很自私，以前夫妻之间的矛盾通过这次学习也化解了，在以后的家庭生活当中一定互敬互爱。孙神父在总结发言中指出：家庭是社会的细胞，也是教会的细胞，家庭和睦是教会和谐的基础，只有家庭和睦，教会才能良性发展，每一位夫妇都肩负着使命，改变内心的世界，更新自我，恳谈会呼唤每一对夫妇内心的真正改变并影响他人。恳谈会结束后，神职人员为全体参与者举行感恩圣祭。圣祭中，夫妇们再一次彼此握住对方的手，重发婚配圣愿，表示忠于对方，爱护对方，并彼此拥抱，有的参与者夫妇激动得热泪盈眶。共有 50 余人参加了此次夫妇恳谈会。

对于未婚信徒，教区也安排有相应的活动，如 2012 年 1 月 26 日正月初四下午两点，在教区主教府餐厅楼二楼活动室内举行了教区公教青年"你我有约"联谊会第一届相亲大会，来自教区各堂口的青年男女共 110 位参加。活动的主要内容有：自我介绍、小组分享、联谊晚会等，会上，修女还主讲了"天主教信仰及择偶标准"。这样的活动对于教内青年男女树立健康的婚姻观很有帮助。

八 鼓励教会人士参与公共社会活动，服务社会，扩大教会的社会影响

献县教区还鼓励神职人员参与多种形式的社会活动。2011 年 10 月 16 日，在有 3 万人参赛的北京马拉松比赛中，献县教区圣望会 14 位修女和田双、朱双弟两位修士作为"为慈善而跑"的团队队员而参加了此次比赛。参加比赛的修女当中，有五位跑完半程 21 公里，有 9 位跑完 9 公里。神职人员参与马拉松比赛，既展现了新时代神父与修女的风采，也为教区的慈善事业募集了资金（受惠家庭计有 8 户），赢得了社会各界的赞赏和好评。

九 传媒活动

献县教区也非常重视文字与宣传工作，2007 年 5 月，他们创办了教区的月报《晓明》，每期 4 版，设有普世教会、信仰生活、历史广角、文艺副刊四大栏目，每期印数 25000 份，覆盖整个教区，甚至还传播到其他教区。截至 2012 年 10 月，《晓明》已先后发行 66 期，其间未有间断。报纸中缝，穿插有书刊、捐助等信息，甚至有征婚广告，可见该报不仅注重信仰，也关心日常生活。

献县教区的官方网站（http：//www.xianxiancc.org）也办得有声有色，设置有"教区新闻"、"精彩文章、"经典教程"、"软件下载"、"天一影音"、"每日礼赞"、"瞻礼单"、"每日读经"、"海内知己聊天室"和"通讯录"等几大板块，内容丰富、更新及时，使用方便。网站保存了教区的珍贵资料，并及时、动态发布主教的重要文告，活跃了信徒的信仰生活，成为一个很好的融福传、信息发布与沟通交流为一体的教区平台。

十 注重与其他宗教的友好互动

献县教区与其他宗教和睦相处，没有发生过冲突。在伊斯兰教的开斋节，李连贵主教还曾经代表天主教献县教区参加。李主教与本教区其他宗教人士，也都保持着较好的人际关系。

第四节　结论与反思

此次针对河北天主教现状的调研旨在从宗教社会学和比较宗教学的视野来观察和理解当代中国宗教在改革开放以后中国政治、经济和社会环境出现剧烈变革和重大转型的特殊时期，从一个封闭的前现代社会向一个开放的现代社会转变的过渡时期，天主教是如何或被动、或主动地参与社会构建的，这一参与性行为具体而言包括如下几个方面：从世俗化与去世俗化角度出发对社会变化的应对问题；当代宗教的原教旨倾向；社会道德参与以及各宗教间的关系及互动。

通过对献县天主教系统走访与调研，笔者对在一教独大、多宗教并存的区域环境中，各宗教如何面对转型期现代社会的挑战，如何保留、构建和调整自身的信仰传统和特点，如何积极参与社会，如何与政府进行互动，以及如何面对其他宗教的存在和发展等一系列问题进行了思考和反省，并希冀这一区域性个案研究有助于读者具体而深刻地理解当代中国的宗教发展及其与社会的互动。

第五章　天主教中国化：历史视野、
　　　　现实境遇及其困境

第一节　有关中国天主教在华传播的历史叙事

就在华天主教的传播状况而言，孟高维诺、利玛窦、刚恒毅即代表着在华天主教的三个截然有别的历史阶段。如果说前两个阶段还仅仅是有限度的文化适应和融合，那么，自刚恒毅以来，天主教在华传播则构成了一个真正有效的进程，为日后天主教在华建立圣统制提供了坚实的基点，并深刻地影响了今日中国天主教的面貌。

一　孟高维诺时期的中国天主教

孟高维诺（Giovanni da Montecovino，1247~1328）可以说是拉丁礼教会（公教）真正派往中国本土进行传教，并取得丰硕成果的第一位传教士。1289年孟高维诺受教宗尼古拉四世（Nicolaus PP.IV，1227~1292）之托出使中国，从1294年抵达元大都，1328年去世于此，孟高维诺在华传教共计34年。

其传教成绩可归结为如下两方面。

一是为建立圣统制建基。孟高维诺在大都、泉州等地建立起多个教区，并接受和任命了多位主教。

二是传教策略。早在1305年，孟高维诺就在寄回欧洲的信中，表示已将《新约》和《圣咏》译成了鞑靼人所使用的语言（蒙文）。[1]

---

① 顾卫民：《中国天主教编年史》，上海书店出版社，2003，第22~39页。

由于有关孟高维诺时期天主教在华传播资料的缺乏，要想全面勾勒当时的传教面貌似乎勉为其难。但是，可以肯定的是，由于元朝的短命历史，以及天主教和当时作为异端的也里可温教同蒙元王朝过于亲密的政教关系，在元王朝被明朝的军事实力驱赶之后，天主教和也里可温教都遭受了池鱼之灾，而未能在中国本土真正地扎下根来。

二　利玛窦时期的中国天主教

和孟高维诺时期的天主教不同的是，利玛窦（Matteo Ricci，1552～1610）所面对的明王朝是一个由汉人而非少数民族建立的王朝，因此，他无须应对元朝时期激烈的民族和文化矛盾。利玛窦的传教对象主要是居于上层社会的儒家知识分子。当然他的雄心在于最终使万历皇帝本人皈依天主教，但是，这一抱负显然因过于理想化而功亏一篑。

毫无疑问，利玛窦"合儒""补儒"的传教精神和方法，已经为中国天主教在近代的传播打下了坚实的基础，并在客观上促进了中西文化交流。但是，其缺点也不容忽视，比如：（1）出于权宜之计，对信仰的诠释和传播有所保留[①]；（2）未能祝圣和建立传教事业亟须的本地神职。

遗憾的是，由利玛窦神父所开启的天主教在华传教新局面，随着教会内部传教路线的分歧，尤其是围绕"礼仪之争"而展开的冲突，最终在康熙末年天主教会在中国的传播遭到中国官方的抵制，给在华天主教会的传教活动带来重创。

不过，随着近年来学术界对于清朝康乾"禁教"时期在华天主教传教活动的关注和研究的深入，人们发现，"禁教"时期天主教会的活力虽然遭到了相当程度的抑制，但是，类似陆方济（François Pallu）、白日升（Jean

---

① 如最初利玛窦在和中国士大夫交往时，并没有传达有关耶稣受难、复活的信息，而在其《天主实义》中也同样省略了这一有关基督论的神学表达。这很大程度上与其合儒、补儒，但排斥佛教和道教思想的传教思路有关。其实，利玛窦如果了解《道德经》中有关"受天下垢，是为社稷主，为天下谷，是为圣人王"的说法的话，自然不会选择在阐释和传达基督论时有所保留。而且日后艾儒略等人改变了利玛窦之前的保守做法，尤其是吴经熊在进行天主教和儒家、佛教、道教的跨宗教对话时，则完全改变了之前利玛窦的态度，变得更为开放和灵活。

Basset)、徐德新（Jean-Gabriel-Taurin Dufresse）等在中国内地秘密开展传教活动的欧洲传教士如李安德、易贞美、张大鹏等和以往被忽视、冷落的本土传教士都在天主教福传活动方面做出了非凡的努力，取得了值得珍视的成果，并日益引起后人的关注和重视。

三　刚恒毅时期的中国天主教

作为首任驻华宗座代表，刚恒毅（Celso Costantini，1876～1958）在华 11 年（1922～1933）的履职经历与前人相比，可以说真正掀开了天主教在华传播的全面进程，为日后在华天主教的健康良性发展和最终建立圣统制，打下了坚实的基础，并直接影响了今日中国天主教会存亡绝续的命运。

刚恒毅的使命在于践履教宗本笃十五世于 1919 年所颁布的《夫至大》（*Maximum illud*）牧函之精神和 1926 年教宗庇护十一世所颁布的通谕《教会事件》（*Rerum ecclesirum*），即建立本地教会，培养本地神职，保持传教区的非殖民化。为此，他强调积极、灵活地推进天主教在中国传播的进程，为此采取了一系列鲜明措施，并取得了积极的成果。

（一）首届全国主教会议的召开

1924 年，在首任驻华宗座代表刚恒毅的积极推动下，第一届全国主教会议得以在上海顺利召开，如此全国规模的中国天主教会议，乃天主教会在华传教史上之首次。按照大会决议，中国神职人员有资格担任教会内任何职务。[①] 这一决议为日后的中国主教的遴选和祝圣工作铺平了道路。

（二）首批中国本土主教的祝圣

1926 年，刚恒毅着手推举中国神职人员担任主教职务一事，并最终确定了六位人选：宣化代牧赵怀义、汾阳代牧陈国砥、台州代牧胡若山、海门代牧朱开敏、蠡县代牧孙德桢和蒲圻代牧成和德。教宗庇护十一世为彰

---

① 穆启蒙编著《天主教史》（卷四），侯景文译，台中光启出版社，1979，第 261 页。

显国籍主教任命的意义，特命刚恒毅带领新当选的六位主教候选人前往罗马，并为其亲自祝圣。

（三）打破法国保教权的掣肘，积极寻求中梵在外交关系上的突破

刚恒毅遵照教廷的指示，一直设法在中国政府和教廷之间建立直接的外交关系，1926 年的中梵秘密教约，1929 年的建交尝试，虽然都因法国方面的反对和干涉功亏一篑，但从中可看出其视野、眼量与意志的卓越不凡。

（四）在传教方法上，主张质、量并重，上层、下层路线合流

刚恒毅的传教方法，可以说立足于教会初创时期使徒保禄的传教原则，就福音在中国的传播经验而言，利玛窦曾发扬光大过这一原则。但是，在此基础上，刚恒毅细化了前人的传教方法，比如，他不但重视利玛窦曾经强调过的对知识分子和上层人士的传教方法，即传教的"质的方法"；也重视后来新教在中国采用的对普通民众的传教方法，即"量的方法"，主张质、量二法并举，不可偏废。

（五）抵制传教士当中普遍存在的"欧洲中心论"的文化傲慢

刚恒毅摒弃了传教士以往有意识地在传教区移植西方文化、习俗和观念的殖民主义做法，针对中国文化的特质，进行了一系列的有益尝试：如对孔子、孟子思想的接受和化用，对耶道、耶佛对话的可能性的肯定；在修院教育和教会报刊上推行白话文；推动成立北平辅仁大学；倡导本地礼仪和中国习俗，甚至受佛教僧团隐修制度的启发，提倡在中国广泛修建隐修院；在教堂建筑和圣像艺术方面则注重采纳中国传统风格和元素，并有意识地聘请有特殊造诣的外籍传教士前来中国学习、观摩中国建筑精华，从而在教会圣堂建筑中自觉吸纳中国元素等。

天主教在中国的传播虽说有教廷的权威性政策在先，但刚恒毅本人在此进程中所表现出的灵活、机智和果敢做法，才是中国天主教会"中国化"富有成效的真正原因，并由此使得二十世纪二三十年代成为中国天主教会一段充满活力的时期。1933 年，刚恒毅因病久治不愈而回国。经过刚恒毅总主教

十余年的积极经营，天主教会在中国的传教区由 57 个飙升至 121 个，本土主教由绝无仅有增至 23 名，此外还拥有 1600 名中国神父、3600 名中国修女。

第二节　1949～2015 年间中国天主教会所面临的历史境遇及自身调试

综上所述，自元代孟高维诺在中国建立教会以来，天主教传入中国无疑已有七百多年的历史，但是，其从一个具有"洋教"色彩的外来宗教转变为一个走"中国化"道路的宗教，不过区区几十年的光阴。①

与民国时期真正肇端的天主教会相比，1949 年中华人民共和国建立之后的天主教会，不得不面对一种全新的政教关系格局，如果说前者的障碍主要在于法国保教权的干扰、传教士的殖民主义心态和中国文化对于天主教的疑惧的话，那么，1949 年之后，天主教会则被迫面对世界的冷战化格局，以及这一格局在中国所产生的具体变化。

改革开放以来的 30 多年，则是中国天主教不断复苏和日渐迈入正常化发展道路的时期。

就外在的宗教政策环境而言，改革开放以后，中国共产党及其领导下的中国政府围绕落实宗教信仰自由政策制定了一系列的具体政策，以期引导天主教与社会主义社会相适应，并积极将其纳入国家在经济发展和构建和谐社会等方面的一体化发展规划之中，从而完善和深化了对天主教从政策引导向法制化管理的逐步转变，其中重要的政策文件、指示和宗教管理法规包括以下几点。

一是 1982 年，全国宗教工作指导在思想上得到拨乱反正。

二是 1993 年 11 月，在全国统战工作会议上针对宗教工作的三条重要指示。

三是由国务院直接颁布的管理宗教事务的行政法规先后有两次，分别是 1994 年 1 月 31 日颁布实施的《宗教活动场所管理条例》和《中华人民

---

① 李桂玲：《大陆的天主教与现代化》，《宗教》1996 年第 1、2 期，第 56 页。

共和国境内外国人宗教活动管理规定》，以及 2004 年 7 月 7 日颁布的《宗教事务条例》。《宗教事务条例》的出台和实施，直接取代了 1994 年所颁布的《宗教活动场所管理条例》。目前，《宗教事务条例》是我国有关宗教事务管理方面比较系统、详尽的第一部综合性行政法规。该条例共分 7 章 48 条，系统地囊括了有关宗教管理部分的权限、职责以及宗教团体的相关权利和义务，有效降低了以往宗教管理工作中所带来的随意化、不可持续性和规则误判。值得一提的是，2004 年颁布的《宗教事务条例》，在 2017 年得到了最新的修订。修订后的《宗教事务条例》于 2017 年 6 月 14 日在国务院第 176 次常务会议上正式通过，并于 2018 年 2 月 1 日起颁布施行。该条例共分 9 章 77 条。

与上述宗教信仰自由政策的逐步落实和深化相呼应的，则是中国天主教自身教务活动的恢复和积极重建。

各级党和政府先后下达一系列文件，落实教产，拨款维修遭到破坏的教堂，恢复天主教正常的信仰活动，为"文化大革命"中受到不公正待遇的天主教神职人员和普通信徒平反昭雪、恢复名誉。

建立健全中国天主教会的各项制度建设，如中国天主教爱国会、中国天主教教务委员会和中国天主教主教团的恢复、建立及其调整。

对全国各教区的划分及管理、选圣主教和晋升神父方面进行了详细的规定。

创办一系列全国性和地方性修院和修女院，为司铎和修女的培育创造了坚实的条件。印刷出版了数量众多的《圣经》、圣书和报刊，为福传和提升信徒素质提供了充分有益的平台。

最后，天主教会还在民主办教、与社会主义社会相适应、参与社会服务及公益事业方面进行了一系列有益的尝试。

可以说，经过逾 30 年教务活动的恢复和重建，中国天主教会在教产落实、教堂重建、修院建设、司铎培育、福传事业、提升信徒素质、开展与世界天主教的交往与对话、积极参与公益社会服务等方面取得了相当大的进展。

一 教务活动恢复、教产落实及宗教活动场所的建设

改革开放以来，天主教教务活动的恢复和开展首先始自 1978 年中国天主教爱国会的重新恢复工作。一些在 50 年代负责爱国会工作的人士先后回到了北京，协助政府为"文化大革命"中受迫害的广大神职人员和平信徒平反冤假错案。同时还着手搜集"文化大革命"中被大量毁坏、流失的弥撒经本、祭衣等宗教用品，以便为恢复宗教活动做准备。同年，位于北京市委党校校内的利玛窦等西方传教士的墓地也得以修复。①

事实上，早在"文化大革命"期间，出于外交工作的特殊需要，周恩来总理就曾于 1973 年破例在北京宣武门南堂恢复了宗教活动，以便为在京的外国使节提供专项宗教服务。当时，这里是全国唯一一所可以举行弥撒活动的宗教场所。②

继 1980 年 5 月中国天主教爱国会第三届代表会议和中国天主教第一届代表会议召开之后，全国各省、市、自治区先后恢复和建立了天主教爱国会和教务委员会这两大群众团体，神职人员陆续返回各自的岗位，许多地方的教产开始归还教会，教堂得以重新开放或拨款修缮，各地信徒终于可以集会、祈祷、望弥撒，过正常的宗教生活了。

1980 年 7 月 16 日，国务院同意了国务院宗教事务局、国家基本建设委员会、外交部、财政部和国家城市建设总局合拟的《关于落实宗教团体房产政策等问题的报告》，报告要求"将宗教团体房屋的产权全部退还给宗教团体，无法退还的应折价付款"，而在'文化大革命'期间被占用的教堂、寺庙、道观及其附属房屋，属于对内对外工作需要继续开放者，应退还各教使用，如宗教团体不许收回自用者，由占用单位或个人自占有之日起付给租金，房屋被改建或拆建者，应折价付款。③ 根据该报告的精神，各级人民政府宗教部门在敦促占用单位退还"文化大革命"中被占用或改作他用

---

① 何光沪主编《宗教与当代中国社会》，中国人民大学出版社，2006，第 356 页。
② 中国天主教爱国会、中国天主教主教团编《中国天主教独立自主自办教会教育教材》（试用本），宗教文化出版社，2002，第 160 页。
③ 中国天主教爱国会、中国天主教主教团编《中国天主教独立自主自办教会教育教材》（试用本），宗教文化出版社，2002，第 160 页。

的教堂或附属房屋方面做了大量的协调和实施工作。

1980 年圣母升天瞻礼，北京南堂和上海的徐家汇天主教堂首批恢复了正常活动，各自举行了隆重的弥撒和庆祝活动。同年，天津西开天主教堂于圣诞节前修复开放，沈阳、济南、武汉、成都等大城市的教堂也恢复宗教生活并举行了隆重的圣诞庆祝活动。

1989 年 2 月 17 日，中共中央和国务院发表了《〈关于在新形势下加强天主教工作的报告〉的通知》。该通知的第二点"继续抓紧落实政策，帮助天主教会解决自养问题"特别提到了天主教房地产退还及落实工作进展缓慢给教会自养带来的现实困境，并将此提高到"会影响党和政府同天主教界人士的关系，天主教爱国团体也难以团结广大教徒群众贯彻独立自主自办教会的方针"的高度。中央极力敦促各地政府、各军队系统和人民团体"应对被占用教堂及教会房产（包括教堂、修院及其附属的房屋使用的土地）情况进行一次认真的清理。凡是按照党中央、国务院有关政策规定处理了的，不再重新处理；尚未落实的，应尽快落实"，以便"积极帮助天主教会拓宽自养的路子"，并"最终实现天主教完全自养"。

可以说，到 1990 年代初，经过十年多时间的努力，在各级政府的直接敦促和帮助下，中国天主教会的房产有相当一部分得到了退还和修复，① 天主教活动在中国完全恢复了正常。为了满足不断增长的信徒宗教生活需要，在各级政府的直接支持和帮助下，全国各地教会或扩建，或自筹资金新建了教堂。据统计，从 1980 年代到新千年伊始，为了宗教房产政策的落实，全国各地各级党政部门先后拨款数十亿元，用于维修、重建包括天主教宗教活动场所在内的各大宗教团体的宫观寺庙，以及为占用宗教活动场所的企事业单位和个人搬迁新址。上述拨款和资助，有力地保障了天主教活动场所的正常使用。②

事实上，由于天主教会自养能力的局限，中国各级政府针对天主教会

---

① 中国天主教会的教产落实情况在全国各地的差异性较大，在某些边疆地区如青海省，天主教会的教产落实程度往往不尽如人意。

② 中国天主教爱国会、中国天主教主教团编《中国天主教独立自主自办教会教育教材》（试用本），宗教文化出版社，2002，第 160~161 页。

恢复和新建宗教活动场所的支持和扶植工作从来就没有中断过，比如，作为广州市天主教重要活动场所的石室教堂。自 1979 年 10 月 2 日重新开放以来，在其长达数十年的修复和建设中，各级政府向来不乏支持和资助。1984 年，国务院宗教事务局拨款 10 万元，维修该堂瓦面，重新装上避雷针，修复花岗岩大十字架，并对教堂内外全面清洗及修葺。1986 年，政府拨款 5 万元，维修石室全部钢窗，把所有窗户换上国产彩色玻璃。1990 年，广州市政府拨款 3 万元，维修石室广场地面和教堂前的五级石阶。同年 12 月 24 日修复大时钟芯和南、西、北三向钟面。1992 年，广州市政府再度拨款 3 万元修葺教堂内的四根大石柱。2004 年 7 月 18 日，石室教堂全面维修工程正式动工，维修费用除天主教自筹资金 300 万元外，其他大部分由广州市财政拨款支持。①

截至 2000 年，全国新建或修复开放的教堂及祈祷场所达 5600 余所，平均每一天都有一座新建或修复的教堂开放②；到 2004 年，全国新建或修复开放的教堂及祈祷场所突破 6000 余座/所，③ 而到了 2008 年，这一数字又有了新的变化，即 6300 余座/所，④ 可以说，目前，全国教堂和祈祷场所的数量已基本满足了广大天主教信教人士过正常宗教生活的需要。

从新的宗教活动场所的建设速度来看，2004~2010 年，各地方教会共新建教堂近 300 所，建设速度为平均 50 所/年，就此而言，2011 年新建、翻建和奠基开工的教堂数量无疑与之前的建设速度相比有着一定的差距，也就是说，随着改革开放以来相关宗教政策的不断落实和完善，教会教产的落实与建设情况基本上已能满足各地神长教友宗教生活需要，因此，硬件设施建设的速度趋缓是一种合理的现象，但与此同时，个别宗教活动场所建设的规模和力度相比以前有了更高的要求，如 2011 年 5 月 28 日开工奠基的苏州教区主教府暨工业园区天主教堂，占地面积就达 12000 余平方米，其

---

① 余庆斌：《广州石室教堂》，《中国宗教》2004 年第 12 期。
② 中国天主教爱国会、中国天主教主教团编《中国天主教独立自主自办教会教育教材》（试用本），宗教文化出版社，2002，第 162 页。
③ 何光沪主编《宗教与当代中国社会》，中国人民大学出版社，2006，第 360 页。
④ 马英林主教《同心同德谱写中国天主教爱国爱教事业新篇章——在中国天主教第八届全国代表会议上的工作报告》，《中国天主教》2011 年第 1 期，第 6 页。

规模可谓宏大；而温州教区 2011 年 9 月 17 日奠基培土的丽水耶稣圣心堂于 12 月 3 日开工动土的教区总堂，其建筑总面积、投资的力度与工程改造的难度也堪称少见。

此外，值得注意的是，一些新建的宗教活动场所，已开始在外观和内部空间的设计上，有意抛弃哥特式及中国传统的古老建筑风格，转而大胆采纳富有现代建筑特色的创新设计，更为直观、新颖地将宗教艺术语言和现代建筑艺术语言相结合，从而巧妙展示了建筑的宗教内涵和感染力，并使人们感受到天主教特有的气氛和魅力，予人以深刻印象。

二 充满争议的教区划分和教区管理

1946 年 4 月 11 日 教宗庇护十二世应田耕莘枢机之请在中国建立教阶制，将全国教会分为 20 个教省，其中，总主教区 20 个，主教区 79 个，监牧区 38 个，共计 137 个教区。[①] 到了 1949 年，全国天主教教区增加至 144 个，由 139 位主教加以管理；20 位总主教中，3 位为中国人，17 位为外籍人士。[②] 此后，台湾于 1952 年 8 月 7 日建立圣统制，为中国第 21 个主教区。自此，中国天主教会共被划分为 21 个总主教区。

改革开放之后，经过近半个世纪的情况变化，鉴于某些教区与国家新的行政区划不相一致，有的教区牧灵状况也发生了重大变化。为了便于管理和适应新的发展形势，1986 年 11 月，中国天主教主教团和教务委员会通过了《关于教区调整的规定》。中国天主教主教团根据所在省、市、自治区教务委员会和有关教区的意见，陆续对一些教区进行了调整。[③] 调整后全国教区的数目由原来的 137 个，合并为 97 个。[④]

事实上，早在《关于教区调整的规定》出台之前，中国的教区重组就

---

① 参见《专载：成立中国教会体制正常命令》，牛亦未译，《圣心报》1947 年第 61 卷第 3 期，第 80~82 页。

② 参见教宗庇护十二世《成立中国教会圣统制诏书》，转引自罗渔、吴雁编著《大陆中国天主教四十年大事记（1945-1986）》，台湾辅仁大学出版社，1986，第 2 页。

③ 晏可佳：《中国天主教》，五洲传播出版社，2004，第 111 页。

④ 中国天主教爱国会、中国天主教主教团编《中国天主教独立自主自办教会教育教材》（试用本），宗教文化出版社，2002，第 229 页。

已拉开了帷幕，比如 1981 年 9 月，辽宁省天主教第一次代表会议决定将沈阳、营口、抚顺、热河四教区合并，组建天主教辽宁教区，徐振江任主教。① 作为一个动态的发展过程，从改革开放之初到 2000 年以后，这一趋势就从未停止过，

有时候，一个教区的合并、调整和更名是出于牧灵的需要，如 1999年湖南省原有 9 个教区被合并为长沙一个教区。同年 12 月，贵州省将贵阳、安龙和石阡 3 个教区合并为贵州教区。② 2000 年，湖北将 11 个教区调整为 5 个教区，将原汉口总主教区、武昌和汉阳教区合并为现在的武汉教区，牧灵范围涉及武汉 13 区及孝感地区。③ 安徽地区原来被划分为三个教区和一个监牧区：蚌埠教区、芜湖教区、安庆教区、屯溪监牧区，但是，由于安徽省教职人员整体短缺的实际情况，2001 年 7 月 3 日，经中国天主教主教团的批准，上述三个教区和一个监牧区合并为一个教区，即安徽教区。④

有的时候教区是随着所在地区行政区划的变化而进行调整，比如梅州教区在新中国成立前被称为嘉应教区，1981 年随着政府行政区划的调整被更名为天主教梅县教区。后来梅县升级为梅州市，于是教区也就相应地改为天主教梅州教区。⑤

事实上，不仅如此，天主教的教区划分和调整也将随着中国社会的变化而出现新的变化。因此，为了进一步促进教区管理的制度化和规范化，2003 年 3 月 22 日中国天主教爱国会常务委员会和主教团联席会议审议通过了《中国天主教教区管理制度》，其中第一章第 1~5 条详细规定了教区的定义、范围以及成立新的教区和重新划分教区时须遵循的程序。该制度的出台无疑为天主教福传事业打下了牢固的基础，并确保中国教会沿着正确的道路健康发展。

---

① 郭树民神父《辽宁教区张化良主教祝圣大典侧记》，《中国天主教》1988 年第 3 期，第 16~18 页。
② 河北信德社：《中国天主教手册（2010）》，河北信德社，2010，第 348 页。
③ 河北信德社：《中国天主教手册（2010）》，河北信德社，2010，第 278 页。
④ 河北信德社：《中国天主教手册（2010）》，河北信德社，2010，第 206 页。
⑤ 河北信德社：《中国天主教手册（2010）》，河北信德社，2010，第 301 页。

由 1946 年到今天中国天主教的教区划分的短暂历史梳理不难看出，中国天主教教区的划分从历时性上来看，先后分为两种教区划分模式，一种是 1946 年建立教阶制时实行的教区划分模式，由圣座主导；另一种是以现行行政区为依据的新的教区划分模式，由中国天主教主教团主导；而从共时性上来看，这两种教区划分模式并非简单的后者替代前者的关系，矛盾和混乱的地方恰恰在于，这两种教区划分模式往往是同时并存的。

从上述案例不难看出，教区划分问题不解决，现实中的新教区和未定新教区与历史上的老教区重叠、交错的现象就难以避免，势必给中国天主教会内部的合一造成直接障碍。这一问题，同中梵之间长期以来所关切和磋商的主教任命问题互为表里，不过，随着 2018 年、2020 年中梵之间顺利签署主教任命临时协议，相信教区调整问题也将迎来一个基于对话和坦诚相待的新的解决契机。

三　牧灵福传发展及神职人员的培养

随着改革开放以来中国天主教会的平稳发展，截至 2009 年底，根据河北信德文化研究所的最新统计资料显示，中国天主教内地教会共有神职人员（主教、神父、执事）3397 位，其中，3268 位神父分布在百余个教区。全国 10 所大修院共有 628 位大修生。106 个女修会有 5451 位发愿修女。30 所备修院有小修生 630 位。男修会会士约有 350 多位。全国有 5967 座教堂或祈祷场所。据不完全统计，全国有天主教信徒共计约 5714853 人。①

如果我们将 1949 年和 2009 年前后半个世纪有关中国天主教会福传事业的统计数字进行对比的话，不难看出，中国天主教会在神职人员和信徒的数量上，除男修会会士略逊于 1949 年的数字之外，其他如中国司铎、修女、信徒数量方面，均大大超过以前。

第三节　中国天主教会面临的发展危机及时代挑战

在 1949 年之前，中国天主教会的传教重点主要针对农村地区，在日后

---

① 参见《信德报·2010 年春节特刊》，2010 年第 5 期第 3 版。

的"文化大革命"发动之前，中国的农村地区一直呈现出强烈而鲜明的宗法制传统社会特征，个人生活于由家族血亲和姻亲所交织而成的社会网络当中，从社会学上来讲，即一个名副其实的"熟人社会"。中国天主教会也在一定程度上适应了中国农村社会的传统宗法制特点，通过归化某些信徒，从而达到确保其家族成员或后辈成员接纳天主教信仰。

改革开放之后，中国社会发生了巨变，随着经济发展的加速和城市化、工业化的规模日益庞大，中国社会正在从一个农村人口占绝对多数的社会向一个城镇人口占多数的社会发展，根据 2014 年的人口统计资料：中国城镇常住人口为 74916 万人，比上年末增加 1805 万人，乡村常住人口为 61866 万人，减少 1095 万人，城镇人口占总人口比重为 54.77%。全国城镇人口首次超过了农村人口①。

与此同时，中国社会的户籍管理制度越来越宽松，伴随着社会转型，大规模的人口流动不可避免，而原有的乡村秩序亦同步发生了翻天覆地的变化。据统计，截至 2014 年，全国居住地和户口登记地不在同一个乡镇街道且离开户口登记地半年以上的人口（即人户分离人口）2.98 亿人，比上年末增加 944 万人，其中流动人口为 2.53 亿人，比上年末增加 800 万人。②

作为一度在农村获得较好发展势头的中国天主教会，在这一席卷全国的千年未有之变局中显得应对乏术、积重难返，其消极和不适，恰恰说明，1949 年之前天主教会将传教重点放在中国农村地区，并制订出符合当地风情的传教策略和方法，而随着中国社会的发展，尤其是改革开放之后所带来的巨大社会变迁，这一曾经的传教优势正逆转为今天的传教劣势。下面，笔者将从如下几点来分析当今中国天主教会所面临的巨大困境和挑战。

一 固化为"种族"身份意义上的信仰认同

生活在农村地区的天主教徒，当信徒占某一村落的多数或绝对多数时，他们往往会表现出高度的团结精神，但是，这样一种内部团结往往有其两

---

① http://www.mnw.cn/news/china/844094.html.
② http://www.mnw.cn/news/china/844094.html.

面性，在遭受政治迫害或社会挑衅时，如义和团运动、抗日战争等，这种团结精神能够确保他们团结一心、成功地抵御外部压力；与此同时，这种团结也容易导向狭隘的、热衷挑衅的情感和行为，使他们对教会之外的人士或多或少抱有敌意。美国社会学家赵文词（Richard Madsen）在其《中国天主教徒》（*China's Catholics：Tragedy and Hope in an Emerging Civil Society*）一书中将这种内围性的、受限于自身封闭信仰系统、保持着强烈身份认同的共同体特征称为"种族"（ethnicity），即它并非诉诸自身富有活力的宗教信仰或良心选择，而是以某些类似葬礼这样的外在性标记来被赋予归属感。

学者刘昭瑞针对广东汕头揭西县上山子这一"教友"村所进行的人类学调研中，将该村天主教徒的皈依模式称为"传代教"，意思是作为一个家庭的传统信仰而世代信教者。在当今中国社会，"传代教"却遇到了非常大的危机：后代信徒因自动继承了信仰身份，其信仰往往不够坚定，对教会礼仪等持以游离态度；在今天的上山子村，年轻人的信仰热情明显比老年人要弱。可以说，随着现代社会的来临，宗教危机现象，也出现在上山子村当中。①

二　福传状况迟滞不前，信徒素质有待提升

长期以来，中国天主教会始终没有从根本上改变其信徒农村人口多、妇女多、文盲多的"三大特点"。②

与1949年之前天主教相对于基督新教的传教优势相比，今天的天主教会在传教的力量对比和福传成果上，完全无法和新教相提并论。按照最保守的估计，截至2012年，中国基督新教的信仰人数已达2300万，更有甚者，认为这一数字应该被提升至12000万。无论如何，基督新教的迅猛增长和日渐强化的社会影响力是显而易见的。

与基督新教相比，中国天主教会的福传状况却处于一种相对停滞的状态，海外天主教观察家将此现象称作中国天主教会信徒增长的"高原现

---

① 相关研究细节和结论参见刘昭瑞《上帝的山葡萄园——一个天主教村的调查报告》，刘小枫主编《基督教文化评论》第十辑，贵州人民出版社。

② 漠道：《中国教会神职博士的学与用》，《信德》报2011年第3版。

象"，即经历 20 世纪八九十年代的高速增长之后，截至 1998 年，或最晚至 2000 年，教会福传的动力开始呈现后继乏力的状况，新皈依的教会成员勉强能够抵消原有成员的流失（如因自然生理原因离世等），从而其呈现出一种相对平衡状态。①

吴梓明等学者针对山东泰安满庄天主教会所做的个案田野调查的结果，也可大体印证上述有关中国天主教会的福传基本面。在文章中，吴梓明指出，在 1984 年时，整个泰安市的天主教信徒数量尚仅次于伊斯兰教，居于第二位；而到了 1990 年，基督新教信徒人数则赶超天主教，从而取代了之前天主教的地位；到了 1996 年，基督新教的信徒人数已是天主教信徒人数的 3 倍；而到了 2000 年，整个泰安天主教信徒人数比 1990 年时少了 1000 多人。②

出于对福传迟滞状况的担忧，2000 年以后中国天主教会也开始加大了福传的力度，但是，其效果并不尽如人意。通过对比 2008～2011 年大多数地方教会的复活节领洗人数可以看出，尽管很多地方教会开始日益强调平信徒福传，并且持续增加福传投入，采取多种方法，广开福传途径，但是，中国天主教会的福传事业仍然面临着很多困境。

这首先表现在，整体福传进度缓慢。以 2008 年为例，根据国家统计局 2009 年 2 月 26 日公布的统计数字，中国人口的出生率为 12.14‰，死亡率为 7.06‰，自然增长率为 5.08‰，全国 2008 年新增人口 673 万人，与此相较，中国天主教会 2008 年复活节领洗人数约为 13608 人，2009 年复活节领洗人数约为 22308 人。如果将全年非集中领洗人数估算在内，则中国天主教领洗人数约为 3 万人。就此而言，中国天主教领洗人数的增长仍然不过是中国全年新增人口的零头。

其次，各地方教会福传差距较大，有些教区福传活跃，领洗人数增长较快，如辽宁省，全区仅 2011 年复活节就有 902 人领洗入教，而 2010 年复活节至 2011 年复活节则多达 2429 人领洗；再如河北邢台教区，2011 年复

---

① 参见林瑞琪：《二十一世纪中国圣召前景引人关注》，http://www.chinacath.org/article/other/wenzh/qt/2010-05-29/6763.html。

② 吴梓明等：《圣山脚下的十字架——宗教与社会互动个案研究》，香港：汉语基督教文化研究所，2005，第 202 页。

活节则有 1472 人领受洗礼，其他如天津西开总堂、江苏徐州教区、河北沧州教区等受洗人数也较为可观，与此相较，有些地方教会的福传则相当疲软，不仅"原地踏步"，甚至还呈现"倒退"之势，如湖南、安徽、宁夏、吉林、安康、荆州等教区。

此外，改革开放之后，随着市场经济的大力发展，工业化、城市化进程的加剧，农村闲散中青年人口迁徙到城市当中，使得农村逐渐出现空巢化、老龄化现象。这一情况在以农村人口占多数的天主教徒那里也同样存在，徙居到城市的天主教徒，如果不能得到城市教会很好的接纳和滋养，那么中国天主教容易出现信仰冷淡或流失现象。

三 主教青黄不接，神职人员匮乏，圣召难以为继，修生培育严重萎缩

从主教选圣、出缺的情况来看，从 2000 年到 2011 年，中国天主教会先后祝圣了 45 位年轻主教（含助理主教和辅理主教），其中，从 2004 年中国天主教第七届代表会议到 2010 年中国天主教第八届代表会议，中国天主教"一会一团"更是先后审批并选举和祝圣了 25 位主教，其中助理主教 10 位，辅理主教 1 位。①

2000 年以后中国天主教大批量地自选自圣主教，恰恰反映出中国天主教界主教普遍年迈、青黄不接的现实状况。据有关方面的资料统计，截至 2007 年，主教当中 70 人年逾 80 岁，10 人年逾 90 岁，有 46 个教区没有主教。② 截至 2009 年，则有 49 个教区主教出缺；全国仅有 50 多位主教，其中 55 岁以下的主教仅有 24 位，一些八九十岁的老主教依然坚守岗位。③ 主教的缺乏，无疑给教会的牧灵和福传工作带来了巨大的压力和不利影响，并使得中国天主教会的福传事业受到严峻的考验。笔者根据自己的观察和统

---

① 马英林：《同心同德谱写中国天主教爱国爱教事业新篇章——在中国天主教第八届全国代表会议上的工作报告》，《中国天主教》2011 年第 1 期，第 6 页。
② 参见《教廷中国会议二十专家协助圣座制定长远方向》，《公教报》2007 年 2 月 18 日第 19 版。
③ 王美秀：《中国天主教观察》，金泽、邱永辉主编《中国宗教报告（2010）》，社会科学文献出版社，2010。

计，对 2000 年以后去世主教的名单进行了归纳和整理，以期从一个层面帮助人们理解近十年来中国天主教因主教选圣青黄不接而导致的严重困境。

同新老主教的青黄不接相比，天主教会内的圣召及修生培养情况同样形势严峻。

针对 21 世纪以来中国天主教会的圣召及培育情况，曾有海外学者撰文指出，1999 年至 2008 年的 10 年间，中国天主教会晋铎人数总计约 560 人，平均每年晋铎人数为 50 多人，其相对中国教会人数的增长情况而言，呈现出一定的同步现象，但令人担忧的是，上述晋铎人数多集中于 2000 年之后的最初几年，具体而言，1999~2004 年，平均每年晋铎人数为 70~80 人，而 2004 年之后，晋铎人数则显著下滑，到 2007 年甚至不足 10 名。[①]

从 2010 年 11 月底河北信德文化研究所就全国十大修院 1982~2010 年在读修生人数的统计分析来看，上述判断和结论是较为客观的。全国十大修院在读修生总数于 1997 年达到 931 人的峰值人数，其中 1982 年最少，为 42 人，2010 年为 605 人。1982~1997 年，在读修生人数呈现出不断上升的趋势，而 1997~2010 年，则呈波动性的不断下降趋势。[②]

为了应对日益严重的圣召危机，在普遍受到圣召危机影响的全国天主教十大神哲学院当中，作为遭受危机最严重的神哲学院之一的四川天主教神哲学院开始率先寻求突破，转换圣召模式。

2013 年 6 月 15 日，继 2007 级毕业班的 15 名修士派遣礼暨毕业典礼举行之后，目前该修院仅剩下两名修生，不仅造成了圣召的难以为继，还造成了教学资源的巨大浪费。2014 年 3 月 26 日，围绕四川神哲学院成立三十周年纪念之际举行的巩固西南地区圣召工作会议上，贵州教区肖泽江主教、万州教区何泽清主教、宜宾教区罗雪刚主教、南充教区主教兼四川天主教修道院院长陈功鳌，以及各教区负责圣召培养的神职人员共同决定，在四川天主教神哲学院举办年轻教友神学培训班，转换圣召模式。四川天主教

---

① 参见林瑞琪：《二十一世纪中国圣召前景引人关注》，http：//www.chinacath.org/article/other/wenzh/qt/2010-05-29/6763.html。

② 参见河北信德文化研究所举办的"当代圣召培育论坛：陶成与教育"中有关全国十大修院及部分女修会资料，http：//www.xinde.org/Feature/AFOV/2010121716034.html。

神哲学院开始积极转变思路，因势利导，为西南"三省一市"的年轻男性平信徒开办了为期两年的免费神学课程，让他们在接受神学知识培养的同时，为可能的圣召储蓄力量。

四　中国天主教社会服务与慈善公益事业存在的问题

不可否认，自改革开放以来，中国天主教各基层教会在努力恢复宗教建设、落实教产、培养神职人员、出版印刷教会圣典书刊的同时，力所能及地、逐步开展了大量具有社会公益和慈善性质的服务工作，既为社会提供了积极的援助，为促进社会和谐贡献了力量，也为践行天主教荣主益人的信仰理念提供了具体的途径，并树立了良好的社会形象。但是，也应当看到，相比国外天主教会在社会服务和慈善公益领域的成熟理念和先进服务模式，中国天主教无疑从理论到实践皆存在着一些差距，下面笔者将从如下几个方面逐一加以分析。

第一，中国天主教会的社会理论探索严重滞后。社会理论研究处于不应有的边缘化状态，社会理论研究无法为天主教社会服务实践提供基础性的、超前的和具有先导性的理论指导，与积极引导宗教与社会主义社会相适应的宏观社会环境极不协调，也不利于建构和谐社会的长期目标。[①]

第二，发展不平衡，社会服务机构处于初级发展阶段。截至2009年，虽说天主教各类社会、文化服务组织已达422个，但是，这一数字与近600万名信徒总数相比极不协调；此外，18个公益事业机构也与全国上百个教区的数量相差悬殊。根据调查统计，全国大多数教区迄今为止尚未成立社会服务中心或办公机构，有些教区甚至没有成立公益实体机构，其对社会和弱势群体提供的服务和支持就不能不受到巨大限制。

第三，政策环境影响具有信仰背景的公益事业的发展。这一影响体现在如下三个方面：一是政教关系的影响：由于中国目前的宗教事务管理还处在由行政法规型向依法管理型转变的过程中，各地政府对政教关系的处

<hr>

① 刘继同：《天主教社会理论体系特征与社会服务实践模式理论研究》，北京天主教与文化研究所编《天主教研究论辑》第3辑，宗教文化出版社，2006，第361页。

理某种程度上还存在较强的人为因素。在那些政教关系正常或良好的地区，基层教会开展社会公益事业的空间较为宽裕，相反则比较狭窄。二是天主教服务公益实体机构注册、营业难问题：在基层教会开办的各类社会服务和慈善公益机构中，一般而言，诊所和养老院等机构比较容易注册，而残婴院则比较困难，截至 2005 年，全国 13 家教会开办的残婴院只有 3 家获得了注册。全国七十多家天主教社会服务机构中，目前也只有河北进德公益（2006 年）、辽宁省天主教社会服务中心（2012 年）和汕头市天爱公益慈善基金会（2013 年）获得了正式注册。三是国家相关法规不完善，导致很多优惠政策难以享受和落实：在进德公益注册基金会成功之前，全国所有的具有天主教背景的社会服务机构皆无法为社会团体和个人的慈善捐款开具免税发票，导致社会上很多企业、团体和个人无法与它们合作。据统计，截至 2006 年 6 月，全国只有 22 家基金会或公益组织有权享受社会捐款全额免税的优惠，这一政策的限制，势必严重制约和影响包括天主教在内的有信仰背景的非政府组织的正常发展。

不过，值得注意的是，2012 年 2 月，国家宗教局联合中央五个部门发布了《关于鼓励和规范宗教界从事公益慈善活动的意见》文件，为宗教界开展公益慈善活动提供了具体的政策指导。这显示中国宗教界在积极参与社会公益慈善事业方面，取得了良好的效果，赢得了社会的接纳和认同，尤其是政府的赞赏和认可；此外，该意见的出台，将促使中国宗教界的慈善公益事业被纳入更加规范、有序的发展道路，从而将自发发展转变为自觉发展，无疑将进一步激发宗教界投身公益慈善事业的热情，这对于一直"摸着石头过河"的中国宗教界的社会服务团体、机构来说不啻是一缕难得的曙光。

第四，社会认同度不高、接纳有限。受"文化大革命"之前长期"左"的错误路线的影响，国内很多人对宗教还存在着较强的偏见，有的甚至将其与"封建迷信""鸦片"等而视之，这就严重地阻碍了人们正确理解、接纳和最终认同有信仰背景的公益组织。①

①　上述对天主教社会公益事业存在问题的分析得益于张士江神父的相关文章。参见张士江《从进德公益展望有信仰背景的公益事业的发展》，张士江、魏德东主编《中国宗教公益事业的回顾与展望》，宗教文化出版社，2008，第 9~11 页。

第四节　结论和思考

　　总而言之，当代中国的天主教会作为一个从前现代宗教向现代宗教过渡的社会信仰团体，一方面受制于 20 世纪 50 年代以降与普世天主教会的割裂所造成的历史困境，另一方面受制于具体的社会发展环境和宗教治理现状，而对上述两大困境和挑战的突破，已推动中国天主教会在其内部有意识地进行"梵二"大公会议那种"与时俱进"（*aggiornamento*）的革新尝试（虽然其在教会自身的发展和自我调适方面远远无法与同时期的新教相比），如类似"河北进德"之类的天主教 NGO 组织的成立及其所发挥的日益重要的影响，北京教区的上智编译馆的恢复及其所推动的青年学者论坛，河北信德、上海教区等在经典编译、书刊出版方面的重视和密集投入，以及拜互联网之所赐而带来的对地域限制、政治规制和地方教会狭隘视野的突破和超越等，都是中国天主教会寻求积极转变、自我更新和社会参与的不懈努力。若此种动力和热情有朝一日能够成为中国天主教的普遍面貌，则其成为一个现代社会变革中的当代中国社会建设的积极参与者似乎不是匪夷所思的事情。

　　（原载卓新平主编《基督宗教研究》第 21 辑，宗教文化出版社，2016）

主要参考文献

I 工具书

陈剑光、林雪碧合编《中国新方志中的基督宗教资料》增订版，香港：圣神修院神哲学院，香港基督教协进会，2012。

松潘县志编纂委员会编《〈松潘县志〉序》，民族出版社，1999。

辽宁省地方志编纂委员会办公室主编《辽宁省志·宗教志》，辽宁人民出版社，2002。

任继愈主编《20世纪中国学术大典（宗教学卷）》，福建教育出版社，2002。

中共中央文献研究室综合研究组、国务院宗教事务局政策法规司编《新时期宗教工作文献选编》，宗教文化出版社，1995。

沙百里：《中国天主教指南（2014）》，新加坡中华公教联络社，2013。

台湾地区主教团秘书处编译《梵蒂冈第二届大公会议文献》，（台北）台湾天主教教务协进会，2006。

II 非公开出版物

曹志斌：《散居回族农村社会文化变迁研究》，硕士学位论文，中央民族大学民族学与社会学学院，2005。

曹源强：《民国时期冀南地区会道门研究》，硕士学位论文，山东大学中国近现代史专业，2010。

陈义编著《献县教区简史》（内部资料），天主教沧州（献县）教区，2000。

董洪昌：《走过二十五年——沈阳天主教神哲学院简介》（未刊稿），沈阳，2000。

董传林：《建国 60 年华北农村社会生活变迁》，博士学位论文，南开大学历史学院，2010。

傅文俭等编《献县教区——我们共有的家》（内部资料），天主教献县教区，2003。

郝红暖：《清代民国河北地区慈善组织的历史演变与空间运作（1644-1937）》，暨南大学，博士论文，2010。

河北天主教信德室：《天主教教理》（合订本），石家庄，2000。

河北信德社：《中国天主教手册（2010）》，河北信德社，2010。

胡世斌：《陕西天主教（635-1949）》，教会内部刊物，西安，2010。

金鲁贤：《回忆录——绝处逢生》（上卷），天主教上海教区，2009。

刘洪流：《民国回族报刊宗教与文化对话的基本模式》，硕士学位论文，河北大学，2009。

刘家峰：《中国基督教乡村建设运动研究——1907—1950》，博士学位论文，华中师范大学，2001。

刘澎：《宗教问题文集》，普世社会科学研究所，北京，2008。

隆德理：《西湾子圣教源流》，张树榛译，张保禄、苏俊杰编译，西湾子堂区历史小组，2016。

裴军民：《作盐、作光、传薪火，爱国、爱教、促和谐——在沈阳市天主教第十二次代表会议上的工作报告》（未刊稿）。

任延黎、王美秀：《中梵关系研究》（内部报告），中国社会科学院世界宗教研究所，1998。

孙琥瑭：《调适与疏离——当代中国天主教本地化研究》，博士学位论文，中央民族大学哲学与宗教学学院，2010。

温陶芬：《近代直隶（河北）天主教会教育研究》，硕士论文，河北师范大学，2010。

台湾地区主教团秘书处编译《天主教法典》（拉丁语-中文版），河北信德社转印，1985。

田炜帅：《陆征祥与中国教会》，河北信德社，2016。

约瑟夫·拉辛格：《礼仪之精神导论》，河北信德社，2010。

张春申：《教会本位化之探讨》，天主教上海教区光启社，2013。

《中国天主教》编辑部：《中国天主教图集》，北京，2007。

张士江：《第三个千年黎明中国青年司铎面临的挑战》，《信德学刊》（第 1 期），2001。

周强：《回族风俗习惯法律保障研究》，博士学位论文，中央民族大学历史系，2011。

Ⅲ 专著

Agostino GIOVAGNOLI e Elisa GIUNIPERO（a cura di）, *Chiesa cattolica e mondo cinese tra colonialismo ed evangelizzazione（1840-1911）*, Urbaniana University Press, Roma 2005.

Agostino GIOVAGNOLI（a cura di）, *La Chiesa e le culture, Missioni cattoliche e "scontro di civiltà"*, Guerini e Associati, Milano 2005.

Angelo S. Lazzarotto, La Chiesa Cattolica in Cina, La "politica di liberta' religiosa" dopo Mao, Editoriale Jaca Book, Milano, aprile 1982.

Daniel H. Bays edited, *Christianity in China, From the Eighteenth Century to the Present*, Stanford University Press, Stanford, California, USA, 1996.

Gerolamo Fazzini e Angelo S. Lazzarotto, *Cattolici in Cina, Una storia di fedelta' le sfide del future*, San Paolo, 2009.

Richard Madsen, *China's Catholics, tragedy and Hope in an Emerging Civil Society*, University of California Press, 1998.

Robert H. Bellah ed. , *Good Society*, Vintage Books, 1992.

彼得·贝格尔：《神圣的帷幕——宗教社会学理论之要素》，高师宁译、何光沪校，上海人民出版社，1991。

陈方中、江国雄：《中梵外交关系史》，台湾商务印书馆，2003。

戴立勇：《现代性与中国宗教》，中国社会科学出版社，2008。

菲利普·休斯：《大公会议史纲》，陈文海译注并增补，人民出版社，

2020。

房芸芳：《亦写亦祷——晚清西学东渐中的李问渔》，学林出版社，2020。

方豪：《中国天主教史人物传》，宗教文化出版社，1998。

傅安乐：《当代天主教》，东方出版社，1996。

赫尔曼·费希尔：《传教士韩宁镐与近代中国》，雷立柏编译，新星出版社，2015。

胡卫清：《苦难与信仰：近代潮汕基督徒的宗教经验》，生活·读书·新知三联书店，2015。

胡国桢主编《普世价值与本土关系——天主教社会思想论文集》，台北：光启文化出版社，2006。

何光沪主编《宗教与当代中国社会》，中国人民大学出版社，2006。

尕藏加：《藏区宗教文化生态》，社会科学文献出版社，2010。

古伯察：《鞑靼西藏旅行记》，耿昇译，中国藏学出版社，2006。

顾裕禄：《中国天主教述评》，上海社会科学院出版社，2005。

顾卫民：《中国天主教编年史》，上海书店出版社，2003。

国家宗教事务局宗教研究中心组编《中国五大宗教论和谐》，宗教文化出版社，2010。

国务院宗教事务局政策法规司编《中国宗教团体资料》（第一辑），中国社会出版社，1993。

江泽民：《江泽民文选》，人民出版社，2006。

康志杰编著《基督教的礼仪》，宗教文化出版社，2011。

康志杰：《基督的新娘——中国天主教贞女研究》，中国社会科学出版社，2013。

康志杰：《鄂西北磨盘山天主教社区研究》，香港：原道出版有限公司，2013。

康志杰：《中国天主教财务经济研究（1582－1949）》，人民出版社，2019。

柯毅霖著：《晚明基督论》，王志成、思竹、汪建达译，四川人民出版社，1999。

利玛窦：《天主实义今注》，梅谦立注、谭杰校勘，商务印书馆，2015。

林瑞琪：《近代天主教在华传播史论集》（第二版），（香港）圣神研究中心，2012。

刘德宪：《回归与重建——梵二精神和中国教会的更新与复兴》，浙江省天主教教务委员会，2009年。

刘国鹏：《刚恒毅与天主教本地化》，社科文献出版社，2011。

刘志庆：《中国天主教教区沿革史》，中国社会科学出版社，2017。

刘志庆、尚海丽：《河南天主教资料辑注》，宗教文化出版社，2011。

刘鼎寅、韩军学：《云南天主教史》，云南大学出版社，2004。

梁洁芬：《中共与梵蒂冈关系》（1976～1994年），辅仁大学出版社，1996。

廖翔慧：《追寻文明交融的起点——成都平原天主教的家庭支持研究》，民族出版社，2017。

李向平：《中国当代宗教的社会学诠释》，上海人民出版社，2006。

李向平：《信仰但不认同》，社会科学文献出版社，2010。

卢国龙编《宗教在文化战略中的地位和作用》，中国社会科学出版社，2014。

罗渔、吴雁编著《大陆中国天主教四十年大事记（1945-1986）》，台湾辅仁大学出版社，1986。

穆启蒙编著《天主教史》，侯景文译，台中光启出版社，1979。

南怀仁文化协会编《永远的朝圣者——韩德力神父文选》，（台北）光启文化事业出版社，2007。

南怀仁文化协会：《中国教会的今天与明天》，（台北）光启文化社，2006。

彭小瑜：《教会法研究——历史与理论》，商务印书馆，2011。

任延黎主编《中国天主教基础知识》，宗教文化出版社，2005。

沙百里：《中国基督徒史》，耿昇、郑德弟译，中国社会科学出版社，1998。

孙琥瑭：《当代中国天主教本土化研究：以太原教区与石家庄教区为例》，民族出版社，2014。

天主教辅仁大学历史学系编辑《中梵外交关系史国际学术研讨会论文集》，（台北）辅仁大学历史系，2002。

王作安、卓新平主编《宗教：关切世界和平》，宗教文化出版社，2000。

吴梓明等：《圣山脚下的十字架——宗教与社会互动个案研究》，香港道风山汉语基督教文化研究所，2005。

伍昆明：《早期传教士进藏活动史》，中国藏学出版社，1992。

萧若瑟：《天主教传行中国考》，河北献县天主堂，1931。

肖恩惠：《人的精神与神圣精神》，宗教文化出版社，2010。

徐宗泽：《中国天主教传教史概论》，商务印书馆，2015。

晏可佳：《中国天主教》，五洲传播出版社，2004。

杨熙楠、雷保德编《翻译与吸纳——大公神学和汉语神学》，香港道风山汉语基督教文化研究所，2004。

乐峰、文庸：《基督教知识问答》，宗教文化出版社，2009。

张士江、魏德东主编《中国宗教公益事业的回顾与展望》，宗教文化出版社，2008。

张光来：《寻径》，辅仁大学出版社，2019。

张先清：《小历史——明清之际的中西文化相遇》，商务印书馆，2015。

赵庆源：《中国天主教教区划分及其首长接替年表》，（台南）闻道出版社，1980。

中国天主教爱国会、中国天主教主教团编《圣神光照中国教会——中国天主教爱国会成立五十年来的辉煌足迹》，宗教文化出版社，2008。

中国天主教爱国会、中国天主教主教团编《中国天主教独立自主自办教会教育教材》（试用本），宗教文化出版社，2002。

中国天主教一会一团研究室编《中国天主教本地化神学论集》，宗教文化出版社，2016。

张力、刘鉴唐著：《中国教案史》，四川省社会科学院出版社，1987。

周萍萍：《英敛之评传》，广西师范大学出版社，2019。

卓新平：《基督教与中国文化的相遇、求同与存异》，香港中文大学崇基学院，2007。

卓新平：《"全球化"的宗教与当代中国》，社会科学文献出版社，2008。

卓新平主编《中国宗教学30年（1978－2008）》，中国社科出版社，2008。

卓新平、南俰伯：《基督宗教社会学说及社会责任国际学术研讨会文集》，宗教文化出版社，2009。

卓新平、萨耶尔主编《基督宗教与当代社会国际学术研讨会文集》，宗教文化出版社，2003。

IV　论文

Gianni Cardinale, All'appello non manca solo Pechino, in *30 Giorni*, N. 06, 2006.

Giuseppe Ruggieri, La condanna dei comunisti del 1949, *Cristiani d´Italia* (in Italian). Traccani. Retrieved August 28, 2016.

Richard Madsen, *Morality and Power in a Chinese Village*, pp. 130－152, Berkeley: University of Califonia Press, 1984.

保罗、泽勇：《盐井天主教史略》，《西藏研究》2000年第3期。

陈红星：《独立自主自办原则的由来和基本内容》，《中国宗教》2003年第2期。

陈红星：《宗教公益事业是构建和谐社会的有益方式》，《中国宗教》2007年第8期。

陈方中：《梵中关系大事记》（一），《恒毅月刊》第576期2013年4月。

褚汉雨：《革新后的礼仪对弥撒外送圣体的规定》，《中国天主教》2005年第4期。

范丽珠：《公益活动与中国乡村社会资源》，《社会》第26卷，2006年第 5 期。

范丽珠：《中国北方乡村民间宗教的复兴及其策略》，《甘肃理论学刊》2010 年第 6 期。

傅国钧、王树臣、骆素青：《和谐社会视野下加强宗教爱国力量建设的思考——以河北天主教为例》，《民族与宗教》2008 年第 2 期。

韩德力：《中国与梵蒂冈在过去五十年中的关系》，收入南怀仁协会编《韩德力神父文选：永远的中华朝圣者》，光启文化事业出版社，2007。

韩德力：《对抗而非对话引发了新一波的中梵冲突》，南怀仁协会编《韩德力神父文选：永远的中华朝圣者》，光启文化事业出版社，2007。

胡立耘：《清末民初西方传教士在康区的文化活动相关学术资源研究》，《山东图书馆学刊》2017 年第 2 期。

胡尧：《阿坝藏区宗教传播概述》，《四川职业技术学院学报》第 25 卷第 1 期，2015。

胡晓：《法国传教士倪德隆在四川藏区活动考述》，《宗教学研究》2011 年第 2 期。

黄海德："中外学术界关于中国民间信仰概念的认知与检讨——附带论及中国社会中宗教与社会的联系与互动关系"，《中外关系史论丛第 19 辑——多元宗教文化视野下的中外关系史》，2010。

洪伟：《论宗教活动场所在构建和谐社会中的重要作用》，《云南社会主义学院学报》2012 年第 3 期。

房兴耀：《中国天主教未来努力的方向》，《中国宗教》2011 年第 5 期。

方立天、李向平、陈红星、张利伟、张士江、妙贤、邓国胜、李树丛等：《宗教公益：共建和谐的有益方式》，《中国宗教》2007 年第 8 期。

付晓岩：《傅铁山主教考察辽宁教区》，《中国天主教》2003 年第 6 期。

傅建成：《论民国时期华北农村家庭的宗教信仰》，《历史教学》1995 年第 2 期。

高琳：《盐井巴黎外方传教士及其传教考辨》，《阿坝师范学院学报》2018 年第 1 期。

高师宁、杨凤岗：《宗教信仰与市场经济》，卓新平、许志伟主编《基督宗教研究》第十二辑，宗教文化出版社，2009。

郭君铭：《河北宗教历史文化资源的价值与开发前景》，《领导之友》2010年第6期。

郭树民：《辽宁教区张化良主教祝圣大典侧记》，《中国天主教》1988年第3期。

姜玉春：《正定教堂惨案及其与南京大屠杀之关联初探》，《南京大屠杀史研究》，2012年第2卷。

康志杰：《宗教能够促进和谐——以当代中国天主教为例证》，北京天主教与文化研究所编《天主教研究论辑》第4辑，宗教文化出版社，2007。

李晓晨：《新中国建立前后华北农村破除迷信探析》，《中共党史研究》2005年第4期。

李晓晨、王建美：《正定教堂惨案的历史考察及其价值》，《基督宗教研究》第21辑。

李桂玲：《大陆的天主教与现代化》，《宗教》1996年第1、2期。

李建生：《积极引导宗教与社会主义社会相适应理论初探——党自十一届三中全会以来对马克思主义宗教理论的新发展》，《新疆师范大学学报》（哲学社会科学版）1999年第1期。

李纯娟：《漫谈中国天主教修女的培育》，收入南怀仁协会编《中国教会的今天与明天》，2006。

刘瑞云：《拉萨宗座代牧区成立史实考述》，《宗教学研究》2016年第4期。

刘广玉、经跃民：《辛庄村教会在两个文明建设中发挥积极作用》，《宗教》1989年第2期。

刘继同：《天主教社会理论体系特征与社会服务实践模式理论研究》，北京天主教与文化研究所编《天主教研究论辑》第3辑，宗教文化出版社，2006。

刘国祥：《引导宗教与社会主义社会相适应是宗教工作部门的基本职责》，《当代宗教研究》1995年第4期。

刘锦涛、张箭：《基督教传入西藏年代析》，《西藏研究》2008年第

5 期。

刘明廉：《宗教与社会主义袖相适应是中国天主教求存与发展的内在要求》，《中国天主教》1997 年第 2 期。

李向平：《公益事业是宗教切入社会的最好途径之一》，《中国宗教》2007 年第 8 期。

刘昭瑞：《上帝的山葡萄园——一个天主教村的调查报告》，刘小枫主编《基督教文化评论》第十辑，贵州人民出版社。

刘柏年：《反省中国天主教会的过去及未来》，《鼎》1995 年 4 月总第86 期。

卢国龙：《隆礼以率教 邦国之大务——礼乐文明中的宗教理解》，《中国哲学史》2011 年第 2 期。

马勇：《松潘回族源流考》，《西南民族大学学报人文社科版》2005 年第 6 期。

马英林：《同心同德谱写中国天主教爱国爱教事业新篇章——在中国天主教第八届全国代表会议上的工作报告》，《中国天主教》2011 年第 1 期。

明石：《加强建设、促进管理、推进福传：中国天主教爱国会常委会、中国天主教主教团联席会议举行，《中国天主教》2003 年第 3 期。

漠道：《中国教会神职博士的学与用》，《信德》报 2011 年第 3 版。

木海：《好风正是扬帆时，——中国天主教爱国会成立五十周年庆祝大会侧记》，《中国天主教》2007 年第 5 期。

裴军民：《关于民主办教的思考》，《中国天主教会》2011 年第 1 期。

濮文起：《当代中国民间宗教活动的某些特点———以河北、天津民间宗教现实活动为例》，《理论与现代化》2009 年第 2 期。

秦炜棋、张延庆：《文化适应与非物质文化遗产光环下的回族武术》，《中央民族大学学报》（哲学社会科学版）2010 年第 2 期。

泉水：《献县教区第一任华籍主教赵振声的简史》，《中国天主教》1990 年 3 月。

沙百里著：《中国天主教会将其职责法规化》，林瑞琪译，《鼎》2003 年秋季号，第 23 卷，总第 130 期。

尚海丽：《近世基督教、天主教在中国内地传播的比较研究：以河北道为例》，《世界宗教研究》2010 年第 5 期。

石衡潭、王潇楠、赵健敏、邓绍曦：《改革开放以来天主教北京教区社会服务与实践》，载卓新平、萨耶尔主编《基督宗教与当代社会国际学术研讨会文集》，宗教文化出版社，2003。

谭立铸：《经济的人与人的经济——从〈在真理中的爱德〉通谕看天主教的经济观》，卓新平、许志伟编《基督宗教研究》第十三辑，宗教文化出版社，2010。

涂世华主教：《漫谈我国教会独立自主自办》，《中国天主教》2000 年第 4 期。

王怀茂：《也谈天主教民主办教》，《中国宗教》2013 年第 9 期。

王美秀：《中国天主教观察》，金泽、邱永辉主编《中国宗教报告（2010）》，社会科学文献出版社，2011。

王美秀：《天主教对中国祭祖的认识——过去与现在》，《世界宗教文化》2010 年第 5 期。

王艳：《加强神职人员的宗教教育，推进中国天主教的发展》，《中国天主教》2007 年第 6 期。

王铭铭：《宗教概念的剧场——当下中国的"信仰问题"》，《西北民族研究》2011 年第 4 期。

王辉、程濛：《上智编译馆神学与科学在此结合》，《中国民族报》2007年 8 月 21 日第 7 版。

吴丕清：《沧州回族渊源及发展》，《宁夏社会科学》1994 年第 5 期。

肖秀杰、焦以爽：《沧州回汉民族和谐关系探析》，《历史研究》2012年第 1 期。

肖秀杰：《沧州经堂教育概述》，《沧州师范专科学校学报》2009 年第25 卷第 4 期。

邢孟禧：《宗教与经济同步发展的典型村——江秋村天主教情况调查》，《宗教》1996 年第 1~2 期。

徐以骅：《从"正定天主堂惨案"谈基督宗教的中国化，《基督教学术》

2015 年第 13 辑。

颜小华：《关于藏边颜井村的宗教与现状考察》，《中国藏学》2009 年第 4 期。

晏可佳：《改革开放以来的中国天主教》，收入《中国天主教》，五洲传播出版社，2007。

姚蓓琴：《从松江县宗教现状看宗教在农村精神文明建设中的作用》，《当代宗教研究》1995 年第 2 期。

姚顺：《礼仪更新后天主教礼仪的几个突出特点》，《中国天主教》1994 年第 4 期。

叶小文：《世纪之交宗教工作的回顾与思考》，《光明日报》2000 年 5 月 17 日。

叶小文：《当前我国的宗教问题——关于宗教五性的再探讨》，《世界宗教文化》1997 年第 1 期。

余润深：《中国天主教发展的里程碑——中国天主教爱国会成立五十周年感怀》，《中国天主教》2008 年第 2 期。

余庆斌：《广州石室教堂》，《中国宗教》2004 年第 12 期。

詹思禄：《关于〈中国天主教爱国会章程〉和〈中国天主教主教团章程〉修改的说明》，《中国天主教》2011 年第 2 期。

张克祥：《心存感恩 服务社会——记辽宁省天主教社会服务中心》，《中国天主教》2011 年第 2 期。

张克祥：《天主教组织在构建和谐社会中角色的思考》，载北京天主教与文化研究所编《天主教研究论辑》第 5 辑，宗教文化出版社，2008。

张弩：《我国宗教界开展公益慈善活动的回顾与展望》，《中国宗教》2011 年第 4 期。

张学君：《巴塘教案与清政府对西藏政策的变化》，《中国藏学》1992 年第 3 期。

张永路：《马相伯及其天主教本土化理论——从结合体到和合体的转变》，《贵州大学学报（社会科学版）》2011 年第 5 期。

张炜升：《当代中国"宗教热"的探讨》，《重庆科学院学报》（社会科学版）2008 年第 7 期。

张化：《当代上海宗教特点、发展趋势及问题》，《当代宗教研究》1995年第 2 期。

赵建敏：《"一棵树的栽培，可由它所结的果实看出"》，《中国民族报》2007 年 8 月 21 日第 7 版。

赵建敏：《文化转型中中国天主教的融入》，卓新平、南鸿伯：《基督宗教社会学说及社会责任国际学术研讨会文集》，宗教文化出版社，2009。

郑筱筠：《慈善公益事业：宗教进入社会公共领域的有效途径》，卓新平、王晓朝、安伦主编《思源探新：论宗教与中国传统文化》，社科文献出版社，2013。

《中国宗教》编辑部：《展望未来，我们充满信心——访新当选的中国天主教爱国会主席房兴耀、中国天主教主教团主席马英林》，《中国宗教》2011 年第 1 期。

朱新阳：《发展中的上海宗教教育》，《上海教育科研》2005 年第 5 期。

朱宇杰：《总结历史经验 开创美好未来——纪念中国天主教自选自圣主教 50 周年座谈会在京召开》，《中国宗教》2009 年第 1 期。

卓新平：《霍布斯：西方政主教从的倡导者》，《竞争力》2010 年第11 期。

图书在版编目（CIP）数据

中国化与大公性双重张力下的中国天主教会 / 刘国
鹏著. -- 北京：社会科学文献出版社，2023.2（2023.11 重印）
ISBN 978-7-5228-1455-1

Ⅰ.①中⋯ Ⅱ.①刘⋯ Ⅲ.①罗马公教-教会-研究
-中国 Ⅳ.①B977.2

中国国家版本馆 CIP 数据核字（2023）第 037134 号

中国化与大公性双重张力下的中国天主教会

著　　者 / 刘国鹏

出 版 人 / 冀祥德
组稿编辑 / 宋月华
责任编辑 / 杨　雪
责任印制 / 王京美

出　　版 / 社会科学文献出版社·人文分社（010）59367215
　　　　　　地址：北京市北三环中路甲 29 号院华龙大厦　邮编：100029
　　　　　　网址：www.ssap.com.cn
发　　行 / 社会科学文献出版社（010）59367028
印　　装 / 唐山玺诚印务有限公司

规　　格 / 开本：787mm×1092mm　1/16
　　　　　　印张：14.5　字数：220 千字
版　　次 / 2023 年 2 月第 1 版　2023 年 11 月第 2 次印刷
书　　号 / ISBN 978-7-5228-1455-1
定　　价 / 148.00 元

读者服务电话：4008918866